元脱脱等撰

宋史

第二七册

卷二七一至卷二八五（傳）

中華書局

宋史卷二百七十一

列傳第三十

馬令琮　杜漢徽　張廷翰　吳虔裕　蔡審廷　周廣　張勳
石曦　張藏英　陸萬友　解暉　李韜　王晉卿　郭廷謂
子延濬　從子延澤　趙延進　輔超

馬令琮，本名令威，避周祖名改之，大名人。父全節，五代史有傳。全節歷橫海、定遠、昭義、彰德、定武、天雄六節度，皆署令琮爲牙校，累授彰德牙內都指揮使、檢校尚書左僕射，領勤州刺史。令琮少善騎射，嘗從其父平安州及與鎭州安重榮戰，皆有功，由是知名。晉開運二年，全節卒，令琮起復，拜隰州刺史。漢祖開國，爲西京巡檢使。周祖受命，改陳州刺史。征兗州，爲京城四門外巡檢。世宗嗣位，移隨州。顯德二年，入爲虎捷左第一軍都指揮使。六年，兼領建州刺史。

太祖卽位，出刺懷州。李筠叛，將親征，召三司張美餉兵食，美言河內密邇上黨，令琮日夜儲蓄以俟王師。太祖善之，命授團練使。執政言令琮方供億大軍，不可移他郡，故升懷州爲團練，以令琮充使，又充先鋒都指揮使。澤、潞平，爲昭義兵馬鈐轄。踰年被疾，詔許歸郡。乾德元年，卒，年三十九。太祖甚憐之，錄其子延恩爲殿直。

杜漢徽，京兆長安人。父阿孫，爲太原威勝軍使。漢徽有膂力，善騎射，年十七，仕後唐武皇爲廳直隊長。天成中，累遷護聖軍使。

晉天福六年，與慕容鄴等討安州李金全，生禽指揮使孫厚，以功遷興順指揮使。八年，從征鎭州安重榮，改護聖指揮使，贈阿孫爲左贊善大夫。開運二年，以所部戍深州，破契丹於樂壽，殺獲甚衆。

漢初，從高行周討杜重威於鄴，屢爲流矢所中，身被重創，猶力戰，觀者壯之。又率所部戍鎭州，破契丹於靈壽，獲車馬甚衆。

周世宗征劉崇，漢徽有戰功，補龍捷左第五軍都虞候，移所部屯安平縣，破契丹於縣南，獲器甲車帳，遷本軍左第四軍都虞候。

宋初，補本軍都校，領茂州刺史，改領潮州。從平李筠，又從平李重進，錄功居多。建隆三年，出爲天長軍使，移雄武軍使，知屯田事。是冬，被病，卽以符印授通判宋鸞，請告歸京。家人勸其求醫藥，漢徽笑曰：「我在戎行四十年，大小百餘戰，不死幸矣，安用藥爲？」未幾，卒。

張廷翰，冀州信都人。父愼圖，仕周爲兵部郎中。廷翰少慷慨，有智略，善騎射。晉天福中，冀州刺史張建武召補牙校，其後刺史李沖署爲本州牢城軍校。契丹入中原，署其黨何行通爲刺史，契丹主道殂，州人共殺行通，推廷翰知州事。漢初，就拜刺史，廷翰盡捕殺行通者戮於市。爲政寬厚簡易，民甚愛之。周廣順初，召赴闕，周祖見其貌魁偉，謂樞密使王峻曰：「冀州近邊，雖更擇人，亦無踰廷翰者。」卽日遣還。在郡八年，契丹將高牟翰數擾邊，皆爲廷翰擊走。廷翰家富於財，歲遣人齎金帛北入市善馬，常得數百匹，貢獻外悉遺貴近，甚獲美譽。顯德中，歷棣、海、沂三州團練使，屢率兵敗淮人，移萊州。宋初，又歷冀、亳二州。乾德二年，卒，年，四十七。

吳虔裕，許州許田人。父徽，左屯衞將軍。虔裕少爲郡吏，漢祖鎭許，愛其精謹，署以右職。及移鎭太原，以虔裕從。開國，擢爲引進使，轉內客省使。時鎭州節度劉在明卒，遣虔裕率兵巡護。隱帝卽位，召爲宣徽北院使。

周祖討三叛，以虔裕爲河中行營都監，率護聖諸軍五千以往。李守貞出兵五千餘，設梯橋，分五路於長連城西北以禦周祖。周祖令虔裕率大軍橫擊之，蒲人敗走，奪其梯橋，殺傷大半。師還，賜襲衣、玉帶。

會樞密使楊邠上言求解職，隱帝遣人諭邠曰：「樞機之任，非卿不可，卿何聽間離而爲此請耶？」使至而虔裕在坐，卽颺言曰：「機要重地，非可久處，俾後來者迭居可也。」使還以白帝，帝怒，出虔裕爲鄭州防禦使。乾祐末，誅大臣，急詔入朝，命將兵守澶州。及留子陂戰敗，遂降周祖。

廣順初，遣還，賜以襲衣、玉帶、鞍勒馬。從周祖討慕容彥超，破之。改汝州防禦使，歷右衞、左金吾衞二大將軍兼街仗使。

太平興國六年，遷右千牛衞上將軍，仍判[illegible]事。虔裕掌金吾三十餘年，端拱初，卒，年八十八，贈太尉。

虔裕性簡率，言多輕肆。右金吾上將軍王彥超告老，虔裕語人曰：「我縱僵仆殿階下，斷不學王彥超七十致仕。」人傳笑之。每朝會及從遊宴，太宗憐其壽高，常慰撫之。子延彬至儀鸞副使，延彬子仁美至內殿崇班。

蔡審廷，磁州武安人。曾祖凝，邢州別駕。祖綰，武安遠城三冶使。父顒，洛州長史。審廷少能騎射，晉初，應募補護聖散都頭。周顯德初，擢爲殿前散員，轉鐵騎副兵馬使。從世宗戰高平有功，遷軍使。太祖爲殿前都點檢，從世宗征淮南，審廷隸麾下，預戰紫金山，改副指揮使。宋初，授殿前散都頭指揮使。從征李筠，攻澤州先登，爲飛石傷足，帝賜以良藥、美酒。及車駕還京，幸其官署問之，賜賚甚厚。尋轉內殿直都虞候，俄改伴飯都指揮使。建隆中，領富州刺史兼內外馬步軍副都軍頭。

乾德初，授冀州刺史。征太原時，爲北面步軍都指揮使，屯兵易州。審廷訓練士卒甚整，太祖過鎮陽，見於行在所，賜名馬、寶劍，命爲鎮州兵馬都鈐轄。開寶八年，卒，年六十九。

周廣字大均，其先應州神武川人。父密，事晉歷鄜、延、晉三鎮節度使。周廣順初，至太子太師致仕。廣幼從其父爲牙校。漢初，授供奉官。未幾，擢左千牛衞將軍。周祖命將討慕容彥超於兗州，以廣爲行營都監。賊平，錄功遷右武衞將軍。俄改右神武將軍，充鎭淮軍兵馬都監。從世宗征淮南。既得江北數州，卽命廣勞來安集，民甚德之。因領常州刺史兼內外馬步軍都軍頭。淮南平，改眉州刺史。

宋初，授隰州刺史。乾德三年，遷潘州團練使，令訓練雄武諸營。開寶二年，從征太原，爲攻城樓櫓戰櫂都部署，師還，加內外馬步軍副都軍頭。六年，改右屯衞大將軍，領郡如故。太平興國二年，卒。

張勳，河南洛陽人。晉開運中，事留守景延廣爲典客，延廣表爲供奉官。周世宗將征淮南，以勳爲申州緣淮巡檢。因採光州機事聞于朝廷，卽命勳率兵同討平之，遂監光州軍，充內外巡檢。後攻黃州，敗吳人於麻城，復破柏業山砦，目中流矢。遷內園副使。及征瀛、莫，以爲霸州兵馬都監。

初，征李筠，勳從石守信董前軍，拔大會砦，及敗筠衆於太行，破澤州，皆預有功。太祖還京，命權知許州。未幾，李重進叛，又詔與石守信、李處耘先率兵進討。拔揚州，以勳爲兵馬都監，遷氈毯使。討朗陵，充前軍兵馬都監。荆湖平，以功就拜衡州刺史。乾德初，克郴州及桂陽監，以勳爲刺史兼監使。五年，代歸，至揚州卒，年六十八。太祖甚憐之，錄其子廷皦爲殿直。

勳性殘忍好殺，每攻破城邑，但揚言曰「且斬」，頗有橫罹鋒刃者。將赴衡州，州民皆涕泣相謂曰：「『張且斬』至矣，吾輩何以安乎！」

石曦，并州太原人，晉祖弟韓王暉之子。天福中，以曦爲右神武將軍。歷漢至周，爲右武衞、左神武二將軍。恭帝卽位，初爲左衞將軍。會高麗王昭加恩，命曦副左驍衞大將軍戴交充使。建隆三年，再使高麗，遷左驍衞大將軍，護秦州屯兵。西人犯邊，曦率所領擊破之，斬渠帥十三人。

太祖征晉，曦領兵二千人自澤、潞除道至太原，壅汾水灌其城，又益兵千人，部攻遼州。俄知雄州，代，爲潭州鈐轄。開寶八年，領兵敗南唐軍二千餘于袁州，平梅山、板倉諸洞蠻寇，俘馘數千人。太平興國中，歷右神武、右羽林大將軍，連知孟、襄二州，遷領誠州刺史。雍熙四年，改知霸州兼部署。會陳廷山謀以平戎軍叛入北邊，曦察知之，與侯延濟定計，禽廷山以獻。錄其功，加領本州團練使，同知鎮州。淳化二年，移原州，遷右龍武軍大將軍。被病請告，詔特給全奉。四年，卒，年七十四，賵賻加等。

張藏英，涿州范陽人，自言唐相嘉貞之後。唐末，舉族爲賊孫居道所害。藏英年十七，僅以身免。後逢居道於幽州市，引佩刀刺之，不死，爲吏所執。節帥趙德鈞壯之，釋而不問，以補牙職。

藏英後聞居道避地關南，乃求爲關南都巡檢使。至則微服攜鐵檛，匿居道舍側，伺其出擊之，仆於地，齧其耳啗之，遂禽歸。設父母位，陳酒肴，縛居道於前，號泣鞭之，臠其肉，經三日，刳其心以祭。即詣官首服，官爲上請而釋之。燕、薊間目爲「報讎張孝子」。

契丹用爲盧臺軍使兼榷鹽制置使，領坊州刺史。周廣順三年，率內外親屬并所部兵千餘人，及賫鹽戶長幼七千餘口，牛馬萬計，舟數百艘，航海歸周。至滄州，刺史李暉以聞。周祖頗疑之，令館於封禪寺，俄賜襲衣、銀帶、錢十萬、絹百匹、銀器、鞍勒馬。數月，世宗卽位，授德州刺史。未幾，召歸，對便殿，詢以備邊之策。藏英請於深州李晏口置砦，及誘境上亡命者以隸軍，願爲主將，得便宜討擊。世宗悉從之。以爲緣邊招收都指揮使，賜名馬、金帶。

藏英遂築城李晏口，累月，募得勁兵數千人。

會遣鳳翔節度王彥超巡邊，爲契丹所圍，藏英率新募兵馳往擊之，轉戰十餘里，契丹解去，改濮州刺史，仍領邊任。契丹將高牟翰以精騎數千擾邊，藏英逆擊於胡盧河北，自旦至晡，殺傷甚衆。值暮收兵，契丹遁去。後因領兵巡樂壽，契丹幽州驍將姚內斌偵知藏英兵少，以精騎二千陣於縣之北，藏英率麾下擊之，自辰及申，士皆殊死戰，內斌遂解去。世宗降璽書褒美。

征瓦橋關，爲先鋒都指揮使，敗契丹騎數百於關北。下固安縣，又改關南排陣使。宋初，遷瀛州團練使，并護關南軍。建隆三年，卒於治所，年六十九。孫鑑，自有傳。

陸萬友，蔚州靈丘人。少隸太原爲裨校。漢祖起義，擢爲護聖指揮使。隱帝卽位，出爲天雄軍馬軍都指揮使。

周祖之起兵也，萬友預謀。及踐阼，擢爲散員都指揮使，領獎州刺史。世宗嗣位，遷龍捷左第三軍都指揮使。轉控鶴右廂都校、領虔州團練使，改虎捷右廂、領閬州防禦使。恭帝嗣位，出爲安州防禦使。

宋初，歷沂、蘄二州防禦使。乾德四年，改汝州。開寶中，討南唐，造舟于采石磯以濟師，命萬友守之。江南平，爲和州防禦使。太宗嗣位，以爲晉、絳等州都巡檢使。帝征太原，克汾、石二州，以萬友爲石州都巡檢使，俄兼知石州，移巡警鳳翔、秦、隴。代歸，詔知瀛州，在郡二年，政務苛簡。雍熙二年，改右監門衞大將軍，充河陰兵馬都監。逾年卒，年七十三。萬友始業坊鏝，既貴達，不忘本，以銀爲坊鏝器數十事示子孫。性猛暴，以武勇自任，所至無善政。太宗以其勳舊，恩遇不替，聘其次女爲許王夫人。

解暉，洛州臨洛人。父珪，應募爲州兵，後唐天成中，西征至劍門，沒於陣。暉少有勇力，以父死戎事，得隸兵籍。戍鴈門，與契丹接戰，斬首七級，獲酋長一人。以功遷奉國軍隊長。

晉天福中，安重榮反鎭州，因舉兵向闕〔一〕。至宗城〔二〕，晉師逆戰，大破之。暉募軍中壯士百餘人夜擣賊壘，殺獲甚衆。暉頻中流矢，而督戰自若，顏色不撓，以功遷本軍列校。周廣順初，劉崇與契丹侵晉州，暉從都部署、樞密使王峻等往援之。暉率敢死士三十餘，夜入契丹帳擊之，殺獲甚衆，遷本軍第五指揮使。從世宗征淮南，率所部下黄州，禽刺史高弼，遷虎捷第一軍都虞候。

宋初，步軍都軍頭，從征澤州，力戰，目中流矢。師還，策勳爲內外馬步軍副都軍頭。建隆四年，充湖廣道行營前軍戰棹都指揮使。潭州平，降璽書獎諭。僞統軍黄從志據岳州，暉率舟師討平之，生禽從志及將校十四人，俘斬數千，溺死者衆。改控鶴右第二軍都指揮使，領高州刺史。

乾德六年，詔領所部軍屯上黨，從李繼勳略太原。開寶九年，破太原軍於境上，斬首千餘級，獲馬三十四。改均州刺史。

太平興國二年，詔於潞州北亂柳石圍中築城，名威勝軍，以暉爲軍使。從征幷州，與尚食使石彥贇〔三〕率所部先下隆州，殺幷州三百餘〔四〕；禽招討使李詢等六人，以獻于行在所，賜予有加。復令與彥贇督戰士隸城西行營，分攻太原。劉繼元降，太宗以太原宮女三人賜暉，俄以功遷本州團練使，知霸州。

雍熙初，充雲、應、寰、朔、忻、代等州都巡檢使。三年，代歸本郡。淳化二年，被病，上章告老，改右千牛衞上將軍致仕。詔未至而卒，年八十。

暉驚猛木強，每受詔征伐，常身先之。人所憚者，暉視之若甚易，由是頻立戰功，金創徧體。時稱驍將。子守顒至內殿崇班、閤門祗候。

李韜，河朔人。有勇力膽氣，善用矟，爲禁軍隊長。周祖征三叛，韜從白文珂攻河中，兵傅其城。文珂夜詣周祖議犒軍，留韜城下。時營栅未備，李守貞乘虛來襲，營中忽見火發，知賊驟至，惶怖失據。客省使閻晉卿率左右數十人，遇韜於月城側，謂韜曰：「事急矣，城中人悉被黃紙甲，爲火光所照，色俱白，此殊易辨，奈軍士無鬥志何？」韜憤怒曰：「豈有食君祿而不爲國致死耶！」卽援矟而進，軍中死士十餘輩隨韜犯賊鋒。蒲有猛將躍馬持戈擬韜，韜刺之，洞胸而墜。又連殺數十人，蒲軍遂潰，因擊大破之，守貞自是閉壘不敢出。俄驍將王三鐵降，城遂平，韜由此知名。累遷軍校，出爲趙州刺史，移慈州，乾德六年，卒。

王晉卿，河朔人。少勇敢，爲鄉里所推。周世宗在澶淵，晉卿以武藝求見，得隸帳下。及卽位，補東頭供奉官。從戰高平，征淮甸，每遣宣傳密旨，甚親信之。洎北征，爲先鋒都監，督戰有功，詔權控鶴都虞候。克關南，授軍器庫使。顯德四年，爲龍捷右第一軍都指揮使，領彭州刺史。恭帝卽位，出爲濱州刺史。

乾德中，爲興州刺史。四年，移漢州。時蜀初平，寇盜充斥，晉卿嚴武備，設方略，禽捕剪滅，靡有遺漏，自是雖劇賊無敢窺其境。然以賄聞，太祖惜其才而不問。秩滿歸闕，以疾求頤養，改左監門衞將軍，奉朝請。貢重錦十四、銀千兩以謝，詔不納，以其黷貨愧之也。未幾，詔戍北邊，疆場淸肅。開寶四年，復授莫州刺史。在郡謹斥候，善撫循，士卒皆樂爲之用，邊民安堵。六年八月，卒，年六十七。

郭廷謂字信臣，徐州彭城人。父全義，仕南唐爲濠州觀察使。廷謂幼好學，工書，善騎射。補殿前承旨，改濠州中軍使，李景每令偵中朝機事入奏。全義卒，擢莊宅使、濠州監軍。周世宗攻淮右，南人屢敗，城中甚恐，廷謂與州將黃仁謙爲固禦之計。周師遣諜以鐵券及其壘，廷謂拒之。城中負販之輩率不逞，廷謂慮其亡逸，籍置大寺，遣兵守之，給日食，俾製防城具，隨其所習，以故周師卒不得覘城中虛實。

周師爲浮梁渦口，命張從恩、焦繼勳守之，廷讓語仁謙曰：「此濠、壽之患也。彼以騎十勝，故利於陸；我以舟師銳，故便於水。今夏久雨，淮流汎溢，願假舟兵二千，斷其橋，屠其城，直抵壽春。」仁謙初沮其議，不得已從之，卽輕櫂銜枚抵其橋，麾兵斷笮，悉焚之。周師大衂，死者不可計，焚其資糧而還。以功授武殿使。

周師退保定遠，又募壯士爲負販狀，入定遠，偵軍多寡及守將之名。還曰：「武行德、周務勍也。」廷讓曰：「是可圖也。」又籍鄉兵萬餘洎卒五千，日夕訓練，依山銜枚設伏以破之，周師大潰，行德單騎脫走。時有以玉帛子女餉廷讓者，悉拒之，唯取良馬二百匹以獻。以功爲滁州刺史、上淮巡檢應援兵馬都監。

及紫金山之戰，南唐諸將多歸降者，獨廷讓以全軍還守濠州，追不能及。時濠守欲棄城走，廷讓止之。俄加本州團練使，繕戈甲，治溝壘，常若敵至。是秋，周師復至，表于景請援，且言周兵四臨，乞卑辭請和，以固鄰好。夜出敢死士千餘襲周營，焚頭車洞屋，周師蹂躪死者甚衆。既而援兵不至，周師急擊，廷讓集諸軍壘門之外，南望大慟而降于周。

至山陽，見世宗，特加宴勞，賜金帶、襲衣、良馬、器皿，拜亳州防禦使。以其弟本州馬步都校廷贇爲和州刺史。命攻天長軍，降其將馬贇。又爲樓櫓戰櫂左右廂都監，俄歸譙郡。

宋初，從征上黨，再知亳州。乾德二年，代還，改絳州防禦使。兩川平，馮瓚知梓州，爲僕夫所訟，召延謂爲靜江軍節度觀察留後以代之。州承舊政，有莊宅戶、車脚戶，皆隸州將，鷹鷂戶日獻雉兔，田獵戶歲入皮革；又有鄉將、都將、鎮將輩互擾閭里，延謂悉除之。開寶五年，卒，年五十四。

延謂性恭謹，事母以孝聞，未嘗不束帶立侍。子延濬。延謂兄延諭，仕南唐爲太子洗馬致仕，宋初至秘書監。延諭子延澤。

延濬字利川。幼謙和。初，延謂爲靜江軍節度使，延濬爲桂州牙內都指揮使。延謂卒，太祖錄延濬爲供奉官，屢使西北，宣諭機事。

太平興國初，以內庭宣索及殿前賜賚，移文庫務，未有專領之者。乃置合同憑由印〔五〕，命延濬與內藏庫副使劉蒙正掌之。又領八作司，及督治汴河。

雍熙三年，改崇儀使。詔與翟守素、田仁朗、王繼恩往河北，分路按行諸州城壘，發鎮兵葺之。端拱二年，詔建河北方田，命延濬等五人共往規畫，會罷其務而止。

淳化四年，李順亂，改西京作坊使，充成都十州都巡檢使。時成都將陷，延濬單騎入城，與郭載議募亡卒退保劍門，賊數千來躡其後，擊破之。王繼恩率兵至，以延濬爲先鋒壕砦使，卽領兵倍道先進。賊出探騎數十，延濬悉禽之，盡得賊機事。延濬易旗變號，賊不知覺，斬關掩入，斬千餘級。

繼恩又請延濬知漢州，州經兵燹，廨舍、橋梁、城砦悉毀。延濬募軍民葺之，又率州帑以應軍須。錄功，改洛苑使。又命率兵屯遂州，劍門鈐轄、轉運使劉錫言其勞，詔書嘉獎。眞宗初，改內園使。代還，會河朔用兵，延濬馳往邊城，按視砦壘。咸平二年，疾卒。子有倫，爲供奉官、閤門祗候。

延澤字德潤，南唐試秘書省正字。乾德中，四遷著作佐郎，轉殿中丞、知建州。淳化二年，太宗聞延澤洎右贊善大夫董元亨皆好學，博通典籍，詔宰相召問經史大義，皆條對稱旨，命爲史館檢討。歷國子周易博士、國子博士。咸平中，求休退，授虞部員外郎致仕。居濠州城南，有小園以自娛，其詠牡丹千餘首。聚圖籍萬餘卷，手自刊校。范杲、韓丕皆與之游。景德初，卒。元亨亦至虞部員外郎，嘗纘玄門碑誌三十卷。

趙延進，澶州頓丘人。父暉，周太子太師。暉爲偏將時，趙在禮據鄴。延進頗親學，嘗與軍中少年入民家，競取財賄，延進獨持書數十編以歸，同輩哂之。

漢末，暉領鳳翔節度，未赴鎮，王景崇據城反，命暉爲都招討使擊之。延進年十八，屢當軍鋒。景崇平，延進奉捷奏以入，授鳳翔牙內指揮使，領貴州刺史。暉徙宋州，亦從爲牙職，改領滎州刺史。睢陽有盜數百，各立酋帥，爲民患。延進以父命，領牙兵千餘悉禽戮之，詔書褒美。

丁外艱，表求持服。既終喪，周世宗征淮南，延進獻萬縑以助軍，仍請對，世宗召見之。時延進有從兄爲虎捷都虞候、帳前橫衝指揮使，世宗指延進語之曰：「爾弟拳勇有謀，將授以禁軍大校。」延進自陳好讀書，不願也。翌日，授右千牛衞將軍、濠州兵馬鈐轄。從征瓦橋關，爲隨駕金吾街仗使。

宋初，遷右羽林軍將軍、濠州都監。會伐蜀，以襄州當川路津要，命爲鈐轄，同知州務。蜀平，專領郡事。漢江水歲壞隄，害民田，常興工修護，延進累石爲岸，遂絕其患。入爲兩浙、漳泉國信使。開寶二年，授右龍武將軍，知靈州，以母老願留，得權判右金吾街仗使，歷知河中府、梓相靑三州。

太平興國中，大軍平并州，討幽薊，皆爲攻城八作壕砦使。嘗詔督造礮具八百，期以半月，延進八日成，太宗親試之，大悅。又令主城北諸洞子。及班師，命與孟玄喆、藥可瓊留屯定州。

遼人擾邊，命延進與崔翰、李繼隆將兵八萬禦之，賜陣圖，分爲八陣，俾以從事。師次滿城〔六〕，遼騎坌至，延進乘高望之，東西亙野，不見其際。翰等方按圖布陣，陣去各百步，士衆疑懼，略無鬥志。延進謂翰等曰：「主上委吾等以邊事，蓋期於克敵爾。今敵衆若此，而我師星布，其勢懸絕，彼若持我，將何以濟！不如合而擊之，可以決勝。違令而獲利，不猶愈於辱國乎？」翰等曰：「萬一不捷，則若之何？」延進曰：「儻有喪敗，則延進獨當其責。」於是改爲二陣，前後相副。士衆皆喜，三戰大破之，獲人馬、牛羊、鎧甲數十萬。以功遷右監門衞大將軍、知鎭州。及代，吏民數千守闕借留，詔許留一年。

俄改右領軍衞大將軍，出爲高陽關、平戎軍都監兼緣邊巡檢，改鈐轄。知揚州，召入，授右屯衞大將軍，徙知相州。遷右驍衞大將軍，改知鄧州。淳化初，飛蝗不入境，詔褒之。還，判右金吾街仗事。至道二年，拜右金吾衞大將軍。咸平二年，卒，年七十三，贈左武衞上將軍。

延進姿狀秀整，涉獵經史，好作詩什，士流以此多之。延進妻卽淑德皇后之妹，故在顯德、興國中，頗任以腹心。子昂，太平興國二年登進士第，至戶部郞中、直昭文館。

輔超，忻州秀容人，家世業農。超少勇悍有力，晉開運中，應募隸澶州軍籍。漢乾祐中，趙思綰據永興叛，周祖護諸將討之，督兵攻城。超率驍勇十七人升雲梯，斫北門樓，樓壞而入，士卒繼進，城遂陷，以功補小校。

顯德中，從太祖征淮南，常執銳前驅，定滁、泗，破淮陰，下揚州，以功轉日騎副兵馬使。宋初，從平上黨，再遷內直都知。太宗卽位，以超爲馬軍都軍頭。會親征太原，冒矢石攀堞先登，身被十三創，帝嘉其勇，賜錦袍、銀帶、帛五十段。詰朝，再乘城，中流矢者八，復加厚賜。大舉襲范陽，分兵三路，超隸偏將米信，爲田重進先鋒，取飛狐、蔚州，遷馬步軍副都軍頭。俄出補曹州馬步軍都指揮使，領峯州刺史，改欒州。召歸，轉都軍頭。

淳化三年，出爲德州刺史，坐誣奏使者毆殺驛吏，責授右監門衞將軍、領誠州刺史。五年，復加都軍頭、領澄州刺史。眞宗卽位，加領獎州團練使，眞拜萊州團練使，以年老願留京師，從之。景德元年，卒，年七十七。

論曰：太祖有天下，凡五代之臣，無不以恩信結之，旣以安其反側，亦藉其威力，以鎭撫四方。故一時諸將吳虔裕、蔡審廷之徒，數從征討，咸有勞績焉。若馬令琮守河內，儲兵食以迎王師；解暉擊湖南，冒鋒鏑以禽敵將：此忠藎驍果，尤可稱者。漢徽之疾危辭藥，藏英之爲親復讎，亦皆一節之美。惟張勳嗜殺，晉卿冒貨，雖立威著勤，所不取也。

校勘記

〔一〕因舉兵向闕　「闕」原作「關」。按此是指天福六年安重榮自河北進攻鄴都事，舊五代史卷九八安重榮傳稱其「揚旌向闕，聲言入覲」，注文引宋史解暉傳，此句「關」字作「闕」。通鑑卷二八二記此事作「南向鄴都，聲言入朝」，也可見作「闕」爲是，據改。

〔二〕宗城　原作「宋城」，據同上二書同卷同篇改。

〔三〕石彥贇　長編卷二〇作「折彥贇」，注說：「解暉傳作石彥贇。按折彥贇十一月庚辰復見，暉傳誤也。」

〔四〕殺幷州三百餘　長編卷二〇記此事作「殺三百餘衆」，太平治蹟統類卷二作「殺三百人」。按本書常稱北漢軍爲「幷軍」、「幷人」，卷二五四李繼勳傳卽有其例。疑此處有脫誤。

〔五〕合同憑由印　「印」原作「應」，據長編卷二〇改。

〔六〕滿城　原作「蒲城」。按上文趙延進原屯定州，爲禦遼而進駐此地，不應是遠在陝西的蒲城。據長編卷二〇改。

宋史卷二百七十二

列傳第三十一

楊業 子延昭等 王貴附　荊罕儒 從孫嗣　曹光實 從子克明　張暉　司超

楊業，幷州太原人。父信，爲漢麟州刺史。業幼倜儻任俠，善騎射，好畋獵，所獲倍於人。嘗謂其徒曰：「我他日爲將用兵，亦猶用鷹犬逐雉兎爾。」弱冠事劉崇，爲保衞指揮使，以驍勇聞。累遷至建雄軍節度使，屢立戰功，所向克捷，國人號爲「無敵」。

太宗征太原，素聞其名，嘗購求之。既而孤壘甚危，業勸其主繼元降，以保生聚。繼元既降，帝遣中使召見業，大喜，以爲右領軍衞大將軍。師還，授鄭州刺史〔一〕。帝以業老於邊事，復遷代州兼三交駐泊兵馬都部署〔二〕，帝密封橐裝，賜予甚厚。會契丹入鴈門，業領麾下數千騎自西陘而出〔三〕，由小陘至鴈門北口，南嚮背擊之，契丹大敗。以功遷雲州觀察使，仍判鄭州、代州。自是契丹望見業旌旗，卽引去。主將戍邊者多忌之，有潛上謗書斥言其短，帝覽之皆不問，封其奏以付業。

雍熙三年，大兵北征，以忠武軍節度使潘美爲雲、應路行營都部署，命業副之。以西上閤門使、蔚州刺史王侁，軍器庫使、順州團練使劉文裕護其軍。諸軍連拔雲、應、寰、朔四州，師次桑乾河，會曹彬之師不利，諸路班師，美等歸代州。

未幾，詔遷四州之民於內地，令美等以所部之兵護之。時，契丹國母蕭氏，與其大臣耶律漢寧、南北皮室及五押惕隱領衆十餘萬，復陷寰州。業謂美等曰：「今遼兵益盛，不可與戰。朝廷止令取數州之民，但領兵出大石路，先遣人密告雲、朔州守將，俟大軍離代州日，令雲州之衆先出。我師次應州，契丹必來拒，卽令朔州民出城，直入石碣谷。遣強弩千人列於谷口，以騎士援於中路，則三州之衆，保萬全矣。」侁沮其議曰：「領數萬精兵而畏懦如此。但趨鴈門北川中，鼓行而往。」文裕亦贊成之。業曰：「不可，此必敗之勢也。」侁曰：「君侯素號無敵，今見敵逗撓不戰，得非有他志乎？」業曰：「業非避死，蓋時有未利，徒令殺傷士卒而功不立。今君責業以不死，當爲諸公先。」

將行，泣謂美曰：「此行必不利。業，太原降將，分當死。上不殺，寵以連帥，授之兵柄。非縱敵不擊，蓋伺其便，將立尺寸功以報國恩。今諸君責業以避敵，業當先死於敵。」因指陳家谷口曰：「諸君於此張步兵強弩，爲左右翼以援，俟業轉戰至此，卽以步兵夾擊救之，不然，無遺類矣。」

美卽與侁領麾下兵陣於谷口。自寅至巳，侁使人登托邏臺望之，以爲契丹敗走，欲爭其功，卽領兵離谷口。美不能制，乃緣灰河〔四〕西南行二十里。俄聞業敗，卽麾兵却走。業力戰，自午至暮，果至谷口。望見無人，卽拊膺大慟，再率帳下士力戰，身被數十創，士卒殆盡，業猶手刃數十百人。馬重傷不能進，遂爲契丹所擒，其子延玉亦沒焉。業因太息曰：「上遇我厚，期討賊捍邊以報，而反爲姦臣所迫，致王師敗績，何面目求活耶！」乃不食，三日死。

帝聞之痛惜甚，俄下詔曰：「執干戈而衞社稷，聞鼓鼙而思將帥。盡力死敵，立節邁倫，不有追崇，曷彰義烈！故雲州觀察使楊業誠堅金石，氣激風雲。挺隴上之雄才，本山西之茂族。自委戎乘，式資戰功。方提貔虎之師，以效邊陲之用；而羣帥敗約，援兵不前。獨以孤軍，陷於沙漠；勁果猋厲，有死不回。求之古人，何以加此！是用特舉徽典，以旌遺忠；魂而有靈，知我深意。可贈太尉、大同軍節度，賜其家布帛千匹，粟千石。大將軍潘美降三官；監軍王侁除名，隸金州；劉文裕除名，隸登州。」

業不知書，忠烈武勇，有智謀。練習攻戰，與士卒同甘苦。代北苦寒，人多服氈罽，業但挾纊，露坐治軍事，傍不設火，侍者殆僵仆，而業怡然無寒色。爲政簡易，御下有恩，故士卒樂爲之用。朔州之敗，麾下尚百餘人，業謂曰：「汝等各有父母妻子，與我俱死無益也，可走還報天子。」衆皆感泣不肯去。淄州刺史王貴殺數十人，矢盡遂死。餘亦死，無一生還者。聞者皆流涕。

業既沒，朝廷錄其子供奉官延朗爲崇儀副使，次子殿直延浦、延訓並爲供奉官，延瓌、延貴、延彬並爲殿直。

延昭本名延朗，後改焉。幼沉默寡言，爲兒時，多戲爲軍陣，業嘗曰：「此兒類我。」每征行，必以從。太平興國中，補供奉官。業攻應、朔，延昭爲其軍先鋒，戰朔州城下，流矢貫臂，鬥益急。以崇儀副使出知景州。時江、淮凶歉，命爲江、淮南都巡檢使。改崇儀使，知定遠軍，徙保州緣邊都巡檢使，就加如京使。

咸平二年冬，契丹擾邊，延昭時在遂城。城小無備，契丹攻之甚急，長圍數日。契丹每督戰〔五〕，衆心危懼，延昭悉集城中丁壯登陴，賦器甲護守。會大寒，汲水灌城上，旦悉爲冰，堅滑不可上。契丹遂潰去，獲其鎧仗甚衆。以功拜莫州刺史。時真宗駐大名，傅潛握重兵頓中山。延昭與楊嗣、石普屢請益兵以戰，潛不許。及潛抵罪，召延昭赴行在，屢得對，訪以邊要。帝甚悅，指示諸王曰：「延昭父業爲前朝名將，延昭治兵護塞，有父風，深可嘉也。」厚賜遣還。

是冬，契丹南侵，延昭伏銳兵於羊山西，自北掩擊，且戰且退。及西山，伏發，契丹衆大敗，獲其將，函首以獻。進本州團練使，與保州楊嗣並命。帝謂宰相曰：「嗣及延昭，並出疎外，以忠勇自效。朝中忌嫉者衆，朕力爲保庇，以及於此。」五年，契丹侵保州，延昭與嗣提兵援之，未成列，爲契丹所襲，軍士多喪失。命李繼宣、王汀代還，將治其罪。帝曰：「嗣輩素以勇聞，將收其後效。」卽宥之。六年夏，契丹復侵望都，繼宣逗遛不進，坐削秩，復用延昭爲都巡檢使。時講防秋之策，詔嗣及延昭條上利害，又徙寧邊軍部署。

景德元年，詔益延昭兵滿萬人，如契丹騎入寇，則屯靜安軍(六)之東。令莫州部署石普屯馬村西以護屯田。斷黑盧口、萬年橋敵騎奔衝之路，仍會諸路兵掎角追襲，令魏能、張凝、田敏奇兵牽制之。時王超爲都部署，聽不隸屬。延昭上言：「契丹頓澶淵，去北境千里，人馬俱乏，雖衆易敗，凡有剽掠，率在馬上。願飭諸軍，扼其要路，衆可殲焉，卽幽、易數州可襲而取。」奏入不報，乃率兵抵遼境，破古城，俘馘甚衆。

及請和，眞宗選邊州守臣，御筆錄以示宰相，命延昭知保州兼緣邊都巡檢使。二年，追敍守禦之勞，進本州防禦使，俄徙高陽關副都部署。在屯所九年，延昭不達吏事，軍中牒訴，常遣小校周正治之，頗爲正所罔，因緣爲姦。帝知之，斥正還營而戒延昭焉。大中祥符七年，卒，年五十七。

延昭智勇善戰，所得奉賜悉犒軍，未嘗問家事。出入騎從如小校，號令嚴明，與士卒同甘苦，遇敵必身先，行陣克捷，推功於下，故人樂爲用。在邊防二十餘年，契丹憚之，目爲楊六郎。及卒，帝嗟悼之，遣中使護櫬以歸，河朔之人多望柩而泣。錄其三子官，其常從、門客亦試藝甄敍之。子文廣。

文廣字仲容。以班行討賊張海有功，授殿直。范仲淹宣撫陝西，與語奇之，置麾下。從狄青南征，知德順軍，爲廣西鈐轄，知宜、邕二州，累遷左藏庫使、帶御器械。治平中，議宿衞將，英宗曰：「文廣，名將後，且有功。」乃擢成州團練使、龍神衞四廂都指揮使，遷興州防禦使。秦鳳副都總管韓琦使築篳篥城，文廣聲言城噴珠，率衆急趣篳篥，比暮至其所，部分已定。遲明，敵騎大至，知不可犯而去，遺書曰：「當白國主，以數萬精騎逐汝。」文廣遣將襲之，斬獲甚衆。或問其故，文廣曰：「先人有奪人之氣。此必爭之地，彼若知而據之，則未可圖也。」詔書褒諭，賜襲衣、帶、馬。知涇州、鎭戎軍，爲定州路副都總管，遷步軍都虞候。遼人爭代州地界，文廣獻陣圖并取幽燕策，未報而卒，贈同州觀察使。

王貴者，并州太原人。廣順初，補衞士。宋初，累遷至散員都指揮使、馬步軍都軍頭，領勝州刺史。太平興國二年，出爲淄州刺史。受詔從潘美北征，攻沁州，頗立戰功。及從楊業，爲遼兵所圍，親射殺數十人，矢盡，張空弮又擊殺數人，遂遇害。年七十三。擢其子文晟供奉官，文昱殿直。

荆罕儒，冀州信都人。父基，王屋令。罕儒少無賴，與趙鳳、張輦爲羣盜。晉天福中，相率詣范陽，委質燕王趙延壽，得掌親兵。開運末，延壽從契丹主德光入汴，署罕儒密州刺史。漢初，改山南東道行軍司馬。周廣順初，爲率府率，奉朝請，貧不能振。顯德初，世宗戰高平，戮不用命者，因求驍勇士。通事舍人李延傑以罕儒聞，卽召赴行在，命爲招收都指揮使。會征太原，命罕儒率步卒三千先入敵境。罕儒令人負束芻徑趨太原城，焚其東門。擢爲控鶴、弩手、大劍直都指揮使。從平淮南，領光州刺史，改泰州，爲下蔡守禦都指揮使兼舒、蘄二州招安巡檢使。四年，泰州初下，眞拜刺史兼海陵、鹽城兩監屯田使。明年三月，世宗幸泰州，以罕儒爲團練使，賜金帶、銀器、鞍勒馬。六年春，軍吏耆艾詣闕請留，恭帝詔褒之。

建隆初，升鄭州防禦，以罕儒爲使，改晉州兵馬鈐轄。罕儒恃勇輕敵，嘗率騎深入晉境，人多閉壁不出，虜獲甚衆。是年冬，復領千餘騎抵汾州城下，焚其草市，案兵以退。夕次京土原，劉鈞遣大將郝貴超領萬餘衆襲罕儒，黎明及之。罕儒遣都監、氈毯副使閻彥進分兵以禦貴超。罕儒錦袍衷甲據胡牀享士，方割羊臂臑以啖，聞彥進小却，卽上馬麾兵徑犯賊鋒。并人攢戈舂之，罕儒猶格鬥，手殺十數人，遂遇害。劉鈞素畏罕儒之勇，常欲生致，及聞其死，求殺罕儒者戮之。太祖痛惜不已，擢其子守勳爲西京武德副使。因索京土原之不效命者，黜慈州團練使王繼勳爲率府率，閻彥進爲殿直，斬其部下龍捷指揮使石進德等二十九人。

罕儒輕財好施。在泰州，有煑海之利，歲入鉅萬，詔聽十收其八，用猶不足。家財入有籍，出不問其數。有供奉官張奉珪使泰州，自言後唐張承業之子。罕儒曰：「我生平聞張特進名，幸而識其子。」厚加禮待，遺錢五十萬，米千斛。

罕儒雖不知書，好禮接儒士。進士趙保雍登科覆落，客游海陵。罕儒問其所欲，保雍以將歸京師，且言緣江榷務以絲易茗有厚利。罕儒立召主藏奴，令籍藏中絲，得四千餘兩，盡以與之。然好勇善戰，不顧勝負。常欲削平太原，志未果而及於敗，人皆惜之。罕儒兄延福。延福孫嗣。

嗣，乾德初，應募爲控鶴卒，從李繼勳討河東。繼勳擇悍勇百人，間道截洛陽砦。嗣出行間請行，手斬五十餘級，賊焚砦宵遁。進薄汾河，賊將楊業扼橋路，嗣與衆轉戰，賊退踰橋。殺業所部兵千計，射中業從騎，獲旗鼓鎧甲甚衆，業退保城。進焚南門，奪羊馬城，矢集于面。賊數千夜來薄砦，繼勳選勇敢五百人接戰，而嗣爲冠。及旦，戰數合，多所斬馘。

從太祖征太原，賊來拒，焚洞子。遣殿前楊信領百人援之，嗣預焉，率先陷陣。召見，補御龍直。太平興國初，三遷至天武軍校。太宗再征太原，嗣自陳願率一隊先登，命主城西洞子。車駕巡師，嗣登城，手刃數賊，足貫雙箭，中手礮，折二齒。太宗見之，亟召賜錦袍、銀帶。從征幽州，隸殿前崔翰，斬三十級，補龍猛副指揮使。

五年，契丹侵雄州，據龍灣堤。嗣隸袁繼忠，繼忠令率千兵力戰奪路。內侍有至州閱城壘者，出郛外，敵進圍之，亟出兵接戰，十數合，斬騎卒七百餘。嗣軍夜相失，在古城莊外，三鼓突敵圍，壁于莫州城下，又領百人斧敵望櫓，斬五十級。敵爲橋界河，將遁，嗣邀擊之，殺獲甚衆。六年，從崔彥進捍契丹于靜戎北，砦于唐興口。彥進遣嗣率所部度河，與契丹戰，敗之，追奔二十餘里。

八年，李繼遷寇邊，嗣從袁繼忠、田欽祚戍三叉口，爲前鋒，斬賊千餘，追之，獲牛羊、鎧甲、弓矢數千計。進至萬井口、狐路谷，餘賊復來請戰。初以雄武千人爲後殿，爲賊所掩。繼忠命嗣援之，凡數戰，始與雄武合隊，因列陣格鬥，復奪人馬七百餘。欽祚夜還，依山爲營，賊亦砦其下。募勁卒五十往襲之，嗣爲其帥。抵賊所，刺殺百餘人，焚其砦而還，詔賜錦袍、銀帶。

雍熙三年，從田重進、譚延美〔七〕率師入遼境，疾戰飛狐口，遼師不利。重進引全師合擊，遼騎引去。進至飛狐城北，遼將大鵬翼率衆復至。重進陣壓東偏，數戰不勝，命嗣出西偏，麾兵薄山崖，以短兵接戰。遼兵敗，投崖而下，手斬百餘級。散卒千餘在野，嗣呵止之，悉斷弦折筈來降，追至河槽，復擊退。餘衆屯土嶺，裨將黃明與戰不勝，將退，嗣謂之曰：「汝且頓兵於此，爲我聲援，我當奪此嶺。」遂力戰，追奔五十餘里，抵倉頭而還。又領招收卒千人，克倉頭、小治〔八〕二砦。黃明與戰，克直谷砦，命嗣屯焉。

數日，遼人復致師，重進與戰，奔突往來，大軍頗擾。重進召嗣合戰，悉走之，奪礮具、鎧胄。賊乘夜復圍直谷、石門二砦，重進遣嗣以精兵五百濟之，嗣曰：「敵二萬餘，今援師甚寡，難以解圍。」重進頗憂之。嗣曰：「譚師屯小治，縮兵二千，願間道以往，邀其策應。」中夜，匹馬詣延美，延美曰：「敵勢若此，何可解也？」嗣曰：「請移全軍就平川，植旗立隊，別擇三二百人張白旗於道側。彼見旗幟綿亙遠甚，謂大軍繼至，嗣自以所部五百疾驅往鬥，必克其砦。」延美許焉。一日凡五七戰，遼兵遂引去，咸如嗣所料。

蔚州之降也，重進先命嗣率勇士數十人縋入，見守將，得其實狀。翌日，將受降，而敵反拒大軍所出之路，遂與鬥，殺傷甚衆，屢縋入城，取守將之歸服者。重進之壘，糧運頗乏，嗣遣降卒輦州廩濟之。遼援兵大至，副都指揮使江謙妄言惑衆，嗣卽斬之。悉收兵斂輜重還重進砦，與遼人轉戰。時軍校五人，其四悉鬥死，至大嶺，嗣與戰，敗走之。師還，太宗引見便殿，重進言其有勞，補本軍都虞候。

又從李繼隆禦敵於北平砦，將赴滿城〔九〕，道遇敵，疾戰，俘獲甚衆。又戰于鸞女祠，繼隆遣步卒二千，伏定州古城，爲敵所攻，命嗣援之。至唐河橋，嗣扼橋路出戰，解敵圍數重，與伏兵合，分爲三隊，背水爲陣。敵將于越率騎百餘隊臨烽臺求戰，嗣整兵與戰，數合，得與繼隆會，又陣於東偏，大敗之。繼隆以聞，詔嘉獎之，遷本軍都指揮使，領澄州刺史。

至道二年，加御前忠佐馬步軍頭，屯定州。遼人入侵，隸范廷召，提偏師捍遼兵於嘉山。廷召徙高陽，命嗣以兵二千爲殿。過平敵城，遼衆十餘萬來，嗣屢出戰。及桑贊、秦翰來援，夜二鼓，敵再至，嗣曰：「彼不利夜戰，我當破其砦，以趣大軍。」卽與贊、翰合勢，戒所部望敵炬火多處幷力衝之，詰旦，至瀛州。咸平三年，加領本州團練使，出爲郎山路都巡檢使，破敵砦於蒲陰，俘獲甚衆。

四年，命嗣領萬人斷西山路。會敵遽至，大兵不及進而止。五年，眞拜蔡州團練使、趙州部署。踰年，徙滄州。是冬，遼人入侵，命率所部自齊州抵淄、青警備。景德初，又命與劉漢凝、田思明率兵至冀州防邊。俄赴澶州行在所。會遼人請和，復遣還任。歷鄆州、鳳翔、永興部署。車駕幸亳州，留爲舊城內同都巡檢使。大中祥符七年，改虢州防禦使、邠寧環慶副部署，卒。嗣起行間，以勞居方面，經百五十餘戰，歿。兄子信、貴，並爲左侍禁；貴至內殿崇班。

曹光實，雅州百丈人。父噚，爲蜀靜南軍使，控扼邛崍，以捍蠻夷。光實少武勇，有膽氣，輕財好施，不事細行，意豁如也。噚卒，光實嗣職，遷永平軍節度管內捕盜遊奕使。乾德中，太祖命王全斌等平蜀。俄而盜賊羣起，夷人張忠樂者，嘗羣行攻劫，且憾光實殺其徒黨，率衆數千，中夜奄至，環其居，鼓譟並進。光實負其母，揮戈突圍以出，賊衆辟易不敢近，賊殺其族三百餘口。又發冢墓，壞其棺槨。光實詣全斌具以事白，誓雪寃憤。

時蜀中諸郡未下，乃圖雅州地形要害，兼陳用兵攻取之策，請官軍先下之。全斌壯其志，令率兵先導，果克其城，獲忠樂而甘心焉。全斌乃署光實爲義軍都指揮使。殘寇猶據沈黎，光實以所部盡平之。遂以光實知黎、雅二州兼都巡檢使，安集勞來，蠻族懷之。

六年秋，全斌遣入貢京師，遂言境內安乂，乞罷義軍歸農。太祖喜，謂左右曰：「此蜀中傑俊也。」詔升殿勞問久之，以爲黎州刺史。開寶三年，改唐州刺史。及平交、廣，羣盜未息，以光實爲嶺南諸州都巡檢使。既至，捕逐羣盜，海隅以寧。太平興國二年，就遷本州團練使。車駕征河東，以光實知威勝軍事，令調軍食。光實入告，願提一旅奮銳先登，帝曰：「資糧事重，亦足宣力也。」河東平，命爲汾、遼、石、沁等州都巡檢使。五年，改汝州團練使。大軍北征，與潘美分道出鴈門。光實爲前鋒，遇敵迎擊，敗之，斬首數千級，優詔嘉獎。

李繼捧之入朝也，以光實爲銀、夏、綏、麟、府、豐、宥州都巡檢使。繼捧弟繼遷逃入蕃落，爲邊患，光實乘間掩襲至地斤澤，俘斬甚衆，破其族帳，獲繼遷母妻及牛羊萬計。繼遷僅免，使人給光實曰：「我數奔北，勢窘不能自存矣，公許我降乎？」因致情款陳甥舅之禮，期某日降於葭蘆川。光實信之，且欲專其功，不與人謀。及期，繼遷先設伏兵，令十數人近城迎致光實，光實從數百騎往赴之。繼遷前導北行，將至其地，舉手麾鞭而伏兵應之，光實遂遇害，卒，年五十五。帝聞之驚悼，賵賻加等，以其子大理評事克讓爲右贊善大夫，克恭爲殿直。淳化二年，又錄克己爲奉職，後至內殿承制；克廣至閤門祗候。從子克明。

克明字堯卿。既生，會敵攻百丈縣，父光遠遇害，姆抱克明匿葦蒲中得免。既長，喜兵法，善騎射，從父光實奇之。補爲衙內都虞候。光實擊敵于葭蘆川，戰歿。克明時護輜重在後，聞光實死，懼軍亂，祕不發喪。陽令人西來傳光實命還軍銀州，而潛與僕張貴入敵中，獲光實尸以還，葬京師，繇是顯名。

初，蜀人留京師者禁不得還鄉里，克明以母老間道歸。李順反，聞克明將家子，且有名，欲脅以官。克明攜母遁山谷，夜止神祠中，夢有人叱之起，既覺而去，賊果至。及賊陷雅州，克明募衆數萬人以迎王師，遂復名山、火井、夾江〔一〇〕等九縣。分兵嘉、眉、邛三州，立七砦以邀賊。復收雅州，斬六十餘人，賊將何承祿等走雲南。蜀平，擢西頭供奉官、黎州兵馬監押。以餘寇未息，權邛州駐泊巡檢。

明年，峽路潰卒鄧紹等復起攻雅州，克明又平之。還軍邛州，遇賊王珂，戰于延貢鎮，擊以矛，中左髁。後又設伏山下，以數十騎與賊接戰，克明僞北，而所部失期，伏不發。克明挺身走，賊追急，乃倚大石引弓三發，斃三人，由是獲免。入朝，改內殿崇班，爲溫、台等七州都巡檢使。

景德中，蠻寇邕州，改供備庫副使、知邕州。左、右江蠻洞三十六，克明召其酋長，諭以恩信，是歲承天節，相率來集。克明慰拊，出衣服遺之，感泣而去。獨如洪峒恃險不至，克明諭兩江防遏使黃衆盈引兵攻之，斬其首領陸木前，梟于市。

宜州澄海軍校陳進反。時鬱江暴漲，州城摧圮，克明率丁夫伐木爲連舫，維之水上，狀如郛郭。又多張旗幟，浮巨栰，陳兵其上，爲守禦備。募溪峒兵三千，而黃衆盈亦濟兵千五百，將趣象州。會巡撫使曹利用約克明會兵，行次貴州，遇賊大敗之，斬首四百餘級。賊平，利用專其功。代還，眞宗問南方事，對稱旨，賜一子官，遷供備庫使，江、淮、兩浙都大提舉捉賊。克明使人捕賊，輒出私錢賚之，以故人人盡力。視賊中趫勇者，釋縛，使還捕其黨，前後獲千餘人。知江寧府張詠以其事聞，賜錢四十萬，領平州刺史，知辰州。

撫水蠻叛，徙宜、融、桂、昭、柳、象、邕、欽、廉、白十州都巡檢使兼安撫使。既至，蠻酋獻藥一器，曰「鎔峒藥」，藥箭中人，以是解之可不死。克明曰：「何以驗之？」曰：「請試以鷄犬。」克明曰：「當試以人。」乃取藥箭刺酋股而飲以藥，卽死，羣蠻慚懼而去。

是年冬，安撫都監王文慶、馬玉出天河砦東，克明與中人楊守珍出環州樟嶺西，磴道危絕，林木深阻，蠻多伏弩以待。玉所向力戰，屢敗蠻軍。是時朝廷意在招附，數詔諭克明，而克明亦憚深入，屢移文止玉。玉至如門團，爲蠻所扼，不得進。克明遷延顧望，月餘，乃至撫水州，與知州蒙承貴等約盟而還。

未幾，知桂州兼管勾溪峒公事，始置溪峒司。又奏閱廣南兩路土軍爲忠敢軍。州人覆茅爲屋，歲多火，克明選北軍教以陶瓦，又激江水入城，以防火災。代還，知滁州，徙鼎州。會交阯李公蘊寇邕州，以文思使復知邕州。既至，遣人入交阯諭以利害，公蘊拜表謝罪。遷西上閤門使，歷知登、舒、邵三州，復徙鼎州，卒。

張暉，幽州大城人。後唐淸泰初，隸控鶴軍，累遷奉國、弩手都頭。晉開運末，與武行德奪契丹甲船於河陰。行德領河陽，以暉爲弩手指揮使，復令引兵趣懷州。契丹將遁去，因領州軍。漢祖入汴，暉迎於滎陽，授懷州刺史。乾祐初，郢州刺史慕容業治多不法，以暉爲緣漢都巡檢使，領唐州，屯兵至郢州，卽代業。還京，改郢州刺史。

周廣順初，劉崇寇晉、絳，召暉爲步軍左廂排陣使。師還，改沂州刺史。三年，吏民詣闕舉留，俄改冀州。會詔築李晏口、束鹿、安平、博野、百八橋、武強等城，命暉護其役，踰月而就。從世宗征淮甸，充壕砦都指揮使。既拔楚、泗，卽授泗州。未幾，改耀州，俄爲西南面橋道使。

宋初，從征澤、潞，爲行營壕砦使，先登陷陣。事平，遷華州團練使，在郡頗有治狀。建隆二年，太原未下，詔入覲問計，暉對曰：「澤、潞經李筠之叛，瘡痍未復，軍旅一興，恐人力重困。不若戢兵育民，俟富庶而後爲謀。」乃賜襲衣、金帶、鞍勒馬，令還州。朝廷方議伐蜀，遷鳳州團練使兼緣邊巡檢壕砦橋道使。暉盡得山川險易，因密疏陳之，太祖覽之大悅。乾德二年，大軍西下，乃以暉充西川行營先鋒都指揮使。督兵開大散關路，躬撫士卒，且役且戰，人忘其勞。十二月，至青泥嶺，卒。

天禧五年，暉妻年百五歲，家貧，詣闕自陳。詔賜束帛，錄其孫永德爲三班借職。

司超，大名元城人。初事邢帥安叔千。漢祖在太原，超往依之，隸帳下爲小校。漢祖將渡河，遣超先領勁騎，由晉、絳趨河陽。及入汴，以超爲鄆州必敵指揮使。時京東諸州寇盜充斥，以超爲宋、宿、亳三州遊奕巡檢使。改宿州西固鎭守禦都指揮使，移屯潁州下蔡鎭。屢與淮人戰，有功。

周世宗命宰相李穀討淮南，以超爲步軍先鋒副都指揮使，又爲廬、壽、光、黃等州巡檢使。大敗淮人三千餘衆於盛唐縣，獲櫂船四十餘艘，禽其監軍高弼、果毅指揮使許萬以獻。

時黃州未下，即命超遙領刺史兼樓櫓戰櫂右廂都校。師還，改光州刺史，敗吳軍千餘於廨城北。顯德四年冬，與王審琦攻舒州，敗吳軍三千，先禽刺史施仁望獻於行在。即以超爲舒州團練使。

宋初，命副宋偓領舟師巡撫江徼，月餘特詔升舒州爲防禦，以超充使。太祖討李重進，以爲前軍步軍都指揮使，及平，遣歸治所。建隆三年春，遷蔡州防禦使。乾德六年，改絳州防禦使，徙晉州兵馬鈐轄。是秋，又副趙贊爲邢州行營都部署，進攻河東。及太祖親征，爲行營前軍步軍都指揮使，改鄭州防禦使。開寶七年，朝廷將討江左，以超久在淮右，習知江山險易，徙蘄州防禦使，行至淮西卒，年七十一。天禧元年，錄其孫文睿爲三班奉職。

論曰：昔許子卒於師，葬之加等。春秋書之，所以褒臣節而儆官守也。業、罕儒、光實咸當捍城之寄，臨戎力戰，歿于敵境。雖罕儒恃勇不戒，光實甘賊還之言，失在輕敵，然其忘軀徇節，誠可嘉也。業本太原驍將，感太宗寵遇，思有以報。常勝之家，千慮一失。然其素得士心，部卒不忍離去，從之以歿，則忠義之風槪可見矣。嗣與延昭並克紹勳伐。延昭久居邊閫，總戎訓士，威名方略，聞于敵人，於嗣爲優。暉於危時則有陷陣之功，平日則獻息戎之諫。超頻戰以清淮海，其忠誠勇果，率有可尚者焉。

校勘記

〔一〕以爲右領軍衛大將軍師還授鄭州刺史　「右」、「刺史」，長編卷二〇及東都事略卷三四都作「左」、「防禦使」。余嘉錫論學雜著下册楊家將故事考信錄說：「防禦使雖兼刺史，而其官位僅次于觀察使，非尋常刺史可比，業除鄭州防禦史，宋史乃以爲刺史，誤也。」

〔二〕復遷代州兼三交駐泊兵馬都部署　按本書卷二五八潘美傳，此時潘美爲三交都部署；長編卷二〇，太平興國四年八月命潘美爲河東三交口都部署，十一月命業知代州兼三交駐泊兵馬部署。疑此處「都」字衍。

〔三〕自西陘而出　「西陘」原作「西京」，按本書卷八六地理志雁門有西陘砦，長編卷二一作「西陘」，據改。

〔四〕灰河　原作「夾河」，長編卷二七作「灰河」，宋會要職官六四之六和兵八之七、太平治蹟統類卷三同。據改。

〔五〕契丹每督戰　長編卷四五作「戎母親督戰」，「每」當爲「母」字之誤。契丹母即上文楊業傳所說契丹國母蕭氏。據遼史卷七一后妃傳，蕭氏習知軍政，曾「親御戎車，指麾三軍」。

〔六〕靜安軍　長編卷五六作「靜戎軍」，并有注說：「楊延朗去年六月癸酉以莫防爲保州、威虜靜戎軍緣邊都巡檢，代李繼宣。」當以「靜戎軍」爲是。據寰宇記卷六八，靜戎軍本易州宥戎鎮，太平興國六年升爲軍，地正與威虜軍連接。

〔七〕譚延美　原作「譚廷美」，本書卷二七五、隆平集卷一七譚延美傳，作「延」不作「廷」；太宗實錄卷四一說：「以蘄州防禦使譚延美爲亳州防禦使。」也作「延」。據改。下文同。

〔八〕小治　長編卷二七、太平治蹟統類卷三都作「小治」。

〔九〕滿城　原作「蒲城」。承上文，此役當在雍熙三年以後，按長編卷二九、續通鑑卷一四，都載端拱元年十一月李繼隆敗契丹於唐河，追擊逾曹河事，續通鑑並云是月甲午遼兵拔滿城，庚子至唐河北，李繼隆乃出戰破之。荆嗣從李當在此役。又「蒲城」屬陝西路，非此役所赴，當爲「滿城」之誤，今改。

〔一〇〕夾江　原作「夾門」，據隆平集卷一八、東都事略卷三四曹克明傳改。本書卷八九地理志，嘉州有夾江縣。

宋史卷二百七十三

列傳第三十二

李進卿 子延渥　楊美　何繼筠 子承矩　李漢超 子守恩

郭進 牛思進附　李謙溥 子允正　姚內斌　董遵誨　賀惟忠

馬仁瑀

李進卿，幷州晉陽人。少以驍勇隸護聖軍。晉天福中，杜重威帥師敗安重榮於宗城，進卿力戰有功，擢爲興順軍校。周祖開國，命領所部兵戍靈壽，久之，遷龍捷指揮使。顯德初，從世宗戰高平，改鐵騎指揮使，歷散員左射都校，改鐵騎及內殿直都虞候。

宋初，領貴州刺史，三遷鐵騎左廂都指揮使，領乾州團練使。乾德初，遷控鶴左廂都指揮使，改漢州團練使。二年，轉虎捷左廂都指揮使，領澄州團練使。是歲冬，伐蜀，以進卿爲歸州路行營步軍都指揮使，拔巫山砦，下夔、萬二州。蜀平，錄功拜侍衛親軍步軍都虞

候，領保順軍節度。開寶二年，太祖親征河東，留進卿爲在京都巡檢，潁州刺史常暉、淄州

刺史韓光愿分爲河南、北巡檢。及還，改親軍馬軍都虞候。六年，遷步軍都指揮使，領靜江

軍節度。卒，年五十九，贈侍中。子延渥、延信。延信至內殿崇班。

延渥以蔭補供奉官，尋爲閤門祗候，三遷至西京左藏庫使。咸平初，歷知平戎寧邊順

安軍、保州、威虜軍鈐轄，又知冀州。六年，徙瀛州。

景德初，契丹大擧擾邊，經胡盧河，踰關南，十月，抵城下。晝夜鼓譟，四面夾攻。旬

日，其勢益張，唯擊鼓伐木之聲相聞，驅奚人負板秉燭乘墉而上。延渥率州兵強壯，又集巡

檢史普所部乘城，發礧石巨木擊之，皆纍纍而墜，殺傷甚衆。翌日，契丹主與其母親鼓衆急

擊，發矢如雨。延渥分兵拒守益堅，契丹遁去，死者三萬餘，傷者倍之，獲鎧甲、兵矢、竿牌

數百萬，驛書以聞。賜延渥錦袍、金帶，將士緡錢，遷延渥本州團練使。以通判、太子中允

陸元凱爲國子博士，賜緋；推官李翔爲太子中允；錄事參軍蔡亨爲右贊善大夫；侍禁、兵

馬監押王誨，殿直、貝冀同巡檢史普爲內殿崇班，充職如故。

初，戍棚垂板護城纔數寸許，契丹射之，矢集其上凡二百餘。及請葺城，詔取板視之，

眞宗頗稱其勞。又聞城守之際，陸元凱流矢中面，史普勇敢不避敵，復遷元凱屯田員外郎，

普尙食副使。普壽卒，又錄其子昭度爲右侍禁，昭儉爲奉職。

二年，延渥徙知邢州，歷天雄軍、貝州副都部署，知冀、貝、博三州。大中祥符八年，入朝，以疾，連賜告，換右領軍衞大將軍，領演州團練使。明年，從其請，以左武衞大將軍致仕。天禧初，卒。子宗禹，爲內殿崇班。

楊美，并州文水人。本名光美，避太宗舊名改焉。美狀貌雄偉，武力絕人，以豪俠自任。漢乾祐中，周祖征三叛，美杖策詣軍門求見，周祖召與語，壯之，留帳下。廣順初，累遷禁軍大校，從世宗征淮南，以功擢鐵騎都指揮使，領白州刺史。

太祖與美有舊，卽位，以爲內殿直都知。建隆三年，升青州北海縣爲軍，以美爲軍使，爲政尙簡易，民皆德之。乾德二年，召還，北海民數百詣闕乞留，詔諭之不去，笞爲首者始罷。遷馬步軍都頭。會討蜀，以美爲歸州路戰櫂左右廂都指揮使。蜀平，遷內外馬步軍副都軍頭，領恩州團練使。開寶二年，改領端州防禦使。六年，加都軍頭，領宣州觀察使。俄授虎捷左右廂都指揮使，領河西軍節度。會遣党進、潘美征太原，命美爲行營馬軍都虞候。太平興國二年冬，出爲保靜軍節度。三年夏，以疾求解官歸京師，尋醫藥，詔遣內侍與道士馬志視之。未幾，卒，年四十八，贈侍中，命中使護葬。美爲人任氣好施，凡得予賜及奉祿，盡賙給親戚故舊。死之日，家無餘財，人多歎息之。

何繼筠字化龍，河南人。父福進，歷事後唐至周，累官忠武、成德、天平三節度。繼筠幼時與羣兒戲，必分行伍爲戰陣之象。晉初，補殿直。周祖討三叛，表繼筠從行。賊平，改供奉官。

廣順初，福進鎭眞定，署衙內都校，嘗領偏師出土門，與幷人戰，斬首數千級，以功領欽州刺史。契丹將高模翰率二千騎擾深、冀，以葦栰度胡盧河。繼筠與虎捷都指揮使劉誠誨率兵拒之，至武強，獲老稚千餘人，模翰遁去。俄隨福進入朝，爲內殿直都知。福進卒，起復，爲濮州刺史，領兵戍靜安軍。契丹內侵，繼筠逆擊敗之，改棣州刺史。世宗征瓦橋關，命繼筠以所部兵出百井道，破幷人數千衆。恭帝卽位，以爲西北面行營都監。

建隆二年，升棣州爲團練，以繼筠充使。三年，命爲關南兵馬都監。乾德四年，加本州防禦使。開寶元年秋，命昭義節度李繼勳等征太原，以繼筠爲先鋒部署。至渦河與幷人遇，擊走之，奪汾河橋，敗其衆於城下，獲馬五百匹，擒其將張環、石贇以獻。二年春，太祖親征晉陽，契丹來援。繼筠時屯兵陽曲縣，驛召至行在所，授以方略，命將精騎數千赴石嶺關拒契丹，謂之曰：「翌日亭午，俟卿來奏捷也。」至期，帝御北臺以俟。見一騎自北來，亟遣逆問之，乃繼筠子承睿來獻捷。生擒刺史二人，獲生口百餘，斬首千餘級，馬七百餘匹，器甲甚衆。初，并人恃契丹爲聲援，及捷奏，太祖命以所獲首級、鎧甲示城下，并人喪氣。繼筠以功拜建武軍節度，判棣州。

三年，來朝，詔賜鞍馬、戎仗，令戍邊。四年秋，來朝，疽發背，車駕幸其第，錫賚甚厚。未幾，卒，年五十一。帝親臨之，爲之流涕，從容謂侍臣曰：「繼筠捍邊有功，朕不早授方鎭者，慮其數奇耳。今纔領節制，果至淪沒，良可惜也。」贈侍中，賻絹五百匹，中使護喪，令以生平所佩劍及介胄同葬。

繼筠深沉有智略，前後備邊二十年，與士卒同甘苦，得其死力。善揣邊情，邊人畏伏，多畫像祠之。子承矩。

承矩字正則。幼爲棣州衙內指揮使，從繼筠討劉崇，擒其將胡澄以獻。開寶四年，授閑廐副使。太平興國三年，漳、泉陳洪進納土，詔承矩乘傳監泉州兵。會仙游、莆田、百丈寇賊嘯聚，承矩與喬維岳、王文寶討平之，以功就遷閑廐使。疏爲政之害民者數十事上之，悉被容納。會改使名，即爲崇儀使。五年，知河南府。時調丁男百十輩轉送上供綱，承矩以爲横役，奏罷其事。徙知潭州，凡六年，囹圄屢空，詔嘉獎之。入爲六宅使。端拱元年，領潘州刺史，命護河陽屯兵。

未信知滄州，以其不習吏事，命承矩知節度副使，實專郡治。時契丹撓邊，承矩上疏曰：「臣幼侍先臣關南征行，熟知北邊道路、川源之勢。若於順安砦西開易河蒲口，導水東注于海，東西三百餘里，南北五七十里，資其陂澤，築隄貯水爲屯田，可以遏敵騎之奔軼。俟期歲間，關南諸泊悉壅闐，即播爲稻田。其緣邊州軍臨塘水者，止留城守軍士，不煩發兵廣戍。收地利以實邊，設險固以防塞，春夏課農，秋冬習武，休息民力，以助國經。如此數年，將見彼弱我強，彼勞我逸，此禦邊之要策也。其順安軍以西，抵西山百里許，無水田處，亦望選兵戍之，簡其精鋭，去其冗繆。夫兵不患寡，患驕慢而不精；將不患怯，患偏見而無謀。若兵精將賢，則四境可以高枕而無憂。」太宗嘉納之。

屬霖雨爲災，典者多議其非便。承矩引援漢、魏至唐屯田故事，以折衆論，務在必行。乃以承矩爲制置河北緣邊屯田使，俾董其役。事具食貨志。由是自順安以東瀕海，廣袤數百里，悉爲稻田，而有莞蒲蜃蛤之饒，民賴其利。

淳化四年，擢爲西上閤門使、知滄州，踰年徙雄州。御書印紙錄其功最，仍賜以弓劍。

前知。承矩推誠御衆，同其甘苦。邊民有告機事者，屏左右與之款接，無所猜忌，故契丹動息皆能

至道元年，契丹精騎數千夜襲城下，伐鼓縱火，以逼樓堞。承矩整兵出拒，遲明，列陣酣戰久之，斬馘甚衆，擒其酋所謂鐵林相公者，契丹遁去。是年春，府州嘗敗契丹衆，承矩條殺獲以諭州民，或揭於市，契丹愧忿，故有是役。太宗意其輕率致寇，復命與滄州安守忠兩換其任。魏廷式使河北，得雄州功狀，抗表上言。又遣內侍劉蒰覈實，及麾下士有功者千餘人，皆進擢賚賜。

眞宗嗣位，復遣知雄州，賜承矩詔曰：「朕嗣守鴻業，惟懷永圖，思與華夷，共臻富壽。而契丹自太祖在位之日，先帝繼統之初，和好往來，禮幣不絕。其後尅復汾、晉，疆臣貪地，爲國生事，信好不通。今者聖考上仙，禮當訃告。汝任居邊要，洞曉詩書，凡有事機，必能詳究，輕重之際，務在得中。」承矩貽書契丹，諭以懷來之旨，然未得其要。

咸平二年，契丹南侵，屢遣內侍以密詔問禦遏之計，密封以獻。嘗詔聽邊民越拒馬河塞北市馬。承矩上言曰：「緣邊戰櫂司自淘河至泥姑海口，屈曲九百餘里，此天險也。太宗置砦二十六，鋪百二十五，廷臣十一人，戍卒三千餘，部舟百艘，往來巡警，以屏姦詐，則緩急之備，大爲要害。今聽公私貿市，則人馬交度，深非便宜，且砦、鋪皆爲虛設矣。」疏奏，卽停

前詔，屢被手札褒飭。

三年，召還，拜引進使。州民百餘詣闕貢馬，乞借留承矩，詔書嘉獎，復遣之。承矩上言曰：

契丹輕而不整，貪而無親，勝不相讓，敗不相救。以馳騁爲容儀，以弋獵爲耕釣。櫛風沐雨，不以爲勞；露宿草行，不以爲苦。復恃騎戰之利，故頻年犯塞。臣聞兵有三陣：日月風雲，天陣也；山陵水泉，地陣也；兵車士卒，人陣也。今用地陣而設險，以水泉而作固，建設陂塘，綿亙滄海，縱有敵騎，安能折衝？昨者契丹犯邊，高陽一路，東負海，西抵順安，士庶安居，卽屯田之利也。今順安西至西山，地雖數軍，路纔百里，縱有丘陵岡阜，亦多川瀆泉源，因而廣之，制爲塘埭，自可息邊患矣。

今緣邊守將多非其才，不悅詩書，不習禮樂，不守疆界，制御無方，動誤國家，雖提貔虎之師，莫遏犬羊之衆。臣按兵法，凡用兵之道，校之以計而索其情，謂將孰有能，天地孰得，法令孰行，兵衆孰強，士卒孰練，賞罰孰明，此料敵制勝之道也。知此而用戰者必勝，否則必敗。夫惟無慮而易敵者必擒於人也。伏望愼擇疆吏，出牧邊民，厚之以奉祿，使悅其心，借之以威權，使嚴其令。然後深溝高壘，秣馬厲兵，爲戰守之備。修仁立德，布政行惠，廣安輯之道。訓士卒，闢田疇，勸農耕，畜芻粟，以備凶年。完長戟，修勁弩，謹烽燧，繕保戍，以防外患。來則禦之，去則備之，如此則邊城按堵矣。

臣又聞古之明王，安集吏民，順俗而敎，簡募良材，以備不虞。齊桓、晉文皆募兵以服鄰敵，故强國之君，必料其民有膽勇者聚爲一卒，樂進戰効力以顯忠勇者聚爲一卒，能踰高赴遠輕足善鬥者聚爲一卒，此三者兵之練銳，內出可以決圍，外入可以屠城。況小大異形，强弱異勢，險易異備。卑身以事强，小國之形也。以蠻夷伐蠻夷，中國之形也。故陳湯統西域而郅支滅，常惠用烏孫而邊部寧。且聚膽勇、樂戰、輕足之徒，古稱良策，請試行之。

且邊鄙之人，多負壯勇，識外邦之情僞，知山川之形勝。望於邊郡置營召募，不須品度人才，止求少壯有武藝者萬人。俟契丹有警，令智勇將統而用之，必顯成功，乃中國之長算也。

又如榷場之設，蓋先朝從權立制，以惠契丹，縱其渝信犯盟，亦不之廢，似全大體。今緣邊榷場，因其犯塞，尋卽停罷。去歲以臣上言，於雄州置場賣茶，雖貲貨並行，而邊氓未有所濟。乞延訪大臣，議其可否，或文武中有抗執獨議，是必別有良謀。請委之邊任，使施方略，責以成功。苟空陳浮議，上惑聖聽，秖如靈州，足爲證驗，況茲契丹又非夏州之比也。

四年十月，建議選銳兵於乾寧軍，挽刀魚船自界河直趣平州境，以牽西面之勢。五年，詔兼領制置屯田使。始建榷場，或者謂承矩意在繼好，然契丹無厭，未足誠信，徒使公行窺伺。會契丹有殺斥候卒者，復罷之。時契丹數窺邊城，大浚渠，頗撓其役。詔承矩握兵深入其境，以分其勢。承矩以無騎兵，第遣數千卒出混泥城，襲之而還。

景德元年，入朝，進領英州團練使。眞宗謂宰相曰：「承矩讀書好名，以才能自許，宜擇善地處之。」冬，出知澶州。承矩自守邊以來，嘗欲朝廷懷柔遠人，爲息兵之計。及是，車駕按巡本部，卒與契丹和，益加歎賞。韓杞之至也，命郊勞之。明年春，復知雄州。是歲，契丹始遣使奉幣。承矩以朝廷待邊人之禮悠久可行者，悉疏以聞。手詔嘉納，仍聽事有未盡者便宜裁處。

三年，眞拜雄州團練使。時邊兵稍息，農政未修。又置緣邊安撫使，命承矩爲之，且詔邊民誘其復業。承矩曰：「契丹聞之，必謂誘其部屬也。」乃易詔文爲水旱流民之意。王欽若時知樞密，援漢蟲達、周仲居改詔，請罪承矩。帝曰：「承矩任邊有功，當優假之。」第詔自今朝旨未便者，奏稟進止。

承矩頗有識鑒，典長沙日，李沆、王旦爲佐，承矩厚待之，以爲有公輔器。善推步，自知冥數，乃以老疾求僻郡。詔自擇其代，承矩以李允則爲請。乃授承矩齊州團練使，遣之任，至郡裁七日，卒，年六十一。特贈相州觀察使，賻錢五十萬，絹五百匹，中使護葬。以其子龜齡爲侍禁；昌齡、九齡爲殿直；遐齡爲齋郎。緣邊泊涿、易州民，聞承矩卒，皆相率詣雄州發哀飯僧。昌齡娶齊王女太和縣主，至內殿崇班。昌齡子象中，爲閤門祗候。

李漢超，雲州雲中人。始事鄴帥范延光，不爲所知。又事鄆帥高行周，亦不見親信。會周世宗鎭澶淵，漢超遂委質焉。卽位，補殿前指揮使，三遷殿前都虞候。

宋初，改散指揮都指揮使，領綿州刺史，累遷控鶴左廂都校，領恩州團練使。從平李重進，尋遷齊州防禦使兼關南兵馬都監。漢超在關南，人有訟漢超強取其女爲妾及貸而不償者，太祖召而問之曰：「汝女可適何人？」曰：「農家也。」又問：「漢超未至關南，契丹如何？」曰：「歲苦侵暴。」曰：「今復爾耶？」曰：「否。」太祖曰：「漢超，朕之貴臣也，爲其妾不猶愈於農婦乎？使漢超不守關南，尚能保汝家之所有乎？」責而遣之。密使諭漢超曰：「亟還其女幷所貸，朕姑貰汝，勿復爲也。不足於用，何不以告朕耶？」漢超感泣，誓以死報。在郡十七年，政平訟理，吏民愛之，詣闕求立碑頌德。太祖詔率更令徐鉉撰文賜之。

霸州監軍馬仁瑀嘗兄事漢超，多自肆，擅發麾下卒入遼境，剽奪人口、羊馬，由是二將交惡。太祖慮其生變，遣中使賜漢超、仁瑀金帛，令和解之。太平興國初，遷應州觀察使，判齊州，仍爲關南巡檢。二年八月，卒於屯所。太宗甚悼惜，贈太尉、忠武軍節度，中使護葬。漢超善撫士卒，與之同甘苦，死之日，軍中皆流涕。子守恩。

守恩，少驍果善戰，有父風。初補齊州牙職。開寶二年，太祖親征太原，漢超爲北面行營都監，守恩從父軍中。會契丹遣兵援河東，至定州西嘉山，將入土門，守恩領牙兵數千騎戰敗之。斬首三千級，獲戰馬、器甲甚衆，擒首領二十七人。隨漢超見于行在，賜戎服、金帶、器幣、緡錢，太祖謂左右曰：「此稚子能若是，他日將帥才也。」漢超卒，擢爲驍猛軍校，累官至隴州刺史、知靈州。與轉運使陳緯部芻糧過瀚海，爲賊所邀，守恩及子廣文助教象之、隴州衙內指揮使望之、弟寄班守忠皆沒。眞宗聞之震悼，特贈守恩洪州觀察使。次子祐之、順之、用之、潤之、慶之、成之、藏之。

郭進，深州博野人。少貧賤，爲鉅鹿富家傭保。有膂力，倜儻任氣，結豪俠，嗜酒蒲博。

其家少年患之，欲圖殺進，婦竺氏陰知其謀，以告進，遂走晉陽依漢祖。漢祖壯其材，留帳下。晉開運末，契丹擾邊。漢祖建號太原。契丹主道殂，漢祖將入汴，進請以奇兵間道先趨洺州，因定河北諸郡。累遷乾、坊二州刺史。少帝卽位，改磁州。

周廣順初，移淄州。二年，吏民詣觀察使舉留。是秋，遷登州刺史。會羣盜攻劫居民，進率鎭兵平之，部內淸肅，民吏千餘人詣闕請立屛盜碑，許之。顯德初，移衞州。衞、趙、邢、洺間多亡命者，以汲郡依山帶河，易爲出沒，伺間椎剽，吏捕之輒遁去，故累歲不能絕其黨類。進備知其情狀，因設計發擿之，數月間剪滅無餘，郡民又請立碑記其事。改洺州團練使，有善政，郡民復詣闕請立碑頌德，詔左拾遺鄭起撰文賜之。進嘗於城四面植柳，壕中種荷芰蒲薍，後益繁茂。郡民見之有垂涕者，曰：「此郭公所種也。」

建隆初，太祖親征澤、潞，遷本州防禦使，充西山巡檢。嘗與曹彬、王全斌入太原境，獲數千人。開寶二年，太祖親征河東，以進爲行營前軍馬軍都指揮使。九年，命將征河東，以進爲河東道、忻代等州行營馬步軍都監，招徠山後諸州民三萬七千餘口。太平興國初，領雲州觀察使，判邢州，仍兼西山巡檢，賜京城道德坊第一區。

四年，車駕將征太原，先命進分兵控石嶺關，爲都部署，以防北邊。契丹果犯關，進大破之，又攻破西龍門砦，俘馘來獻，自是幷人喪氣。時田欽祚護石嶺軍，恣爲姦利諸不法事，進雖力不能禁，亦屢形於言。進武人，性剛烈，戰功高，欽祚以他事侵之，心不能甘，自經死，年五十八，欽祚以暴卒聞。太宗悼惜久之，贈安國軍節度，中使護葬。後頗聞其事，因罷欽祚內職，出爲房州團練使。

進有材幹，輕財好施，然性喜殺，士卒小違令，必置於死，居家御婢僕亦然。進在西山，太祖遣戍卒，必諭之曰：「汝輩謹奉法。我猶貸汝，郭進殺汝矣。」其御下嚴毅若此。然能以權道任人，嘗有軍校自西山詣闕誣進者，太祖詰知其情狀，謂左右曰：「彼有過畏罰，故誣進求免爾。」遣使送與進，令殺之。會并人入寇，進謂誣者曰：「汝敢論我，信有膽氣。今捨汝罪，能掩殺并寇，卽薦汝於朝；如敗，可自投河東。」其人踴躍聽命，果致克捷。進卽以聞，乞遷其職，太祖從之。

初，開寶中，太祖令有司造宅賜進，悉用筩瓦。有司言，舊制非親王公主之第不可用。帝怒曰：「進控扼西山十餘年，使我無北顧憂。我視進豈減兒女耶？亟往督役，無妄言。」太平興國初，又賜宅一區。

牛思進者，祁州無極人。少從軍，以膂力聞。嘗取強弓絓於耳，以手引之令滿。又負墻立，力士二人撮其乳曳之，嶷不動，軍中咸異之。太平興國四年，知平定軍，從征河東，石嶺關部署郭進卒，命思進代之。師還，以功改本州團練使。七年，授右千牛衞上將軍致仕，卒。

李謙溥字德明，并州盂人。性慷慨，重然諾。父荛，後唐淸泰中，晉祖鎭并門，署爲參謀。天福初，爲開封府推官，使契丹還，上言：「屈節外國，非久長策。」時晉祖方父事契丹，不悅其言，出爲汝州魯山令，卒官。

謙溥少通左氏春秋。從晉祖入汴，補殿直，奉使契丹。少帝卽位，改西頭供奉官，漢初，遷東頭。周祖討三叛及守鄴都，謙溥往來宣密命，周祖愛之。廣順初，遷供備庫副使。世宗征劉崇，遼州刺史張乙堅壁不下，遣謙溥單騎說之，乙以城降，以功改閑廐使。師還，留爲晉州兵馬都監。以偏師入河東境，頻致克捷，世宗詔褒美之。

會隰州刺史孫義卒，時世宗親征淮南，謙溥謂節帥楊廷璋曰：「大寧，咽喉要地，不可闕守。且車駕出征，若俟報，則孤城陷矣。」廷璋卽署謙溥權隰州事。至郡，亟命浚城隍，嚴兵備，凡八日，并人果以數千騎來寇。時盛暑，謙溥單衣持扇，從二小吏登城，徐步按視戰具。并人退舍，後旬餘，大發衝車攻城。謙溥募敢死士，得百餘人，短兵堅甲，銜枚夜縋出城。

會廷璋兵至，合勢夾攻，掩其不及。并人大擾，悉衆遁去。追北數十里，斬首千餘級，時顯德四年也。明年五月，攻破孝義縣，以功領衢州刺史，監軍如故。世宗北征，召赴行在。恭帝卽位，爲澶州巡檢使，詔城莫州，數旬而就。改丹州刺史。

建隆四年，移慈州，兼晉、隰緣邊都巡檢，行石州事，以興同砦爲治所。冬，將有事于南郊。太祖命四路進兵，略地太原。鄭州刺史孫延進、絳州刺史沈繼深、通事舍人王睿等師出陰地，以謙溥爲先鋒，會霍邑。謙溥因畫攻取之策，繼深等共沮之，延進不能用。軍還，出白壁關，次谷口，謙溥語諸將曰：「王師深入敵境，今旣退軍，彼必乘我，諸君當備之。」諸將不答，謙溥獨令所部擐甲。俄追騎果至，延進等倉皇走谷中，獨謙溥麾兵拒之，并人引退。未幾，移隰州刺史。

開寶元年，命李繼勳等征太原，以謙溥爲汾州路都監。太祖征晉陽，爲東砦都監。前軍副部署党進遣謙溥伐木西山以給軍用，未至，聞鼓聲，乃并人逼西砦。大將趙贊禦之，并衆未退，謙溥麾所部赴之。太祖遽至觀戰，怪其赴援者非精甲，問之，乃謙溥也，帝甚喜。謙溥在州十年，敵人不敢犯境。有招收將劉進者，勇力絕人，謙溥撫之厚，藉其死力，往來境上，以少擊衆。并人患之，爲蠟丸書以間進，佯遺書道中，晉帥趙贊得之以聞。太祖令械進送闕下，謙溥詰其事，進伏請死。謙溥曰：「我以舉宗四十口保汝矣。」卽上言進爲并人所惡，此乃反間也。奏至，帝悟，遽令釋之，賜以禁軍都校戎帳、服具，進感激，願擊敵自效。開寶三年，召謙溥爲濟州團練使。後邊將失律，復爲晉、隰緣邊巡檢使，邊民聞之喜，爭相迎勞於道左。六年，領兵入太原，連拔七砦。八年，以疾求歸，肩輿抵洛，太祖遣中使領太醫就視之。至京師，疾篤，累上章辭祿，不許。明年春，卒，年六十二。太祖甚痛惜之，賻贈有加，葬事官給。

謙溥與宣祖同里閈，弟謙昇與太祖爲布衣交。其母閻嘗厚待太祖，及卽位，數迎入宮中，使左右掖之，不令拜，命坐飲食，話及舊故，賜賚優厚。雍熙中，太宗爲許王納謙昇女爲夫人，以謙昇爲如京副使。謙溥子允則、允正，允則至寧州防禦使。從子允恭爲內殿崇班、閤門祗候。

允正字修己，以蔭補供奉官。太平興國中，掌左藏庫，屢得升殿奏事，太宗頗記憶其舊故。雍熙中，與張平同掌三班，俄爲閤門祗候。四年，遷閤門通事舍人。時女弟適許王，以居第質于宋偓，太宗詰之曰：「爾父守邊二十餘年，止有此第耳，何以質之？」允正具以奏，卽遣內侍輦錢贖還，搢紳咸賦詩頌美。

淳化中，命討戎、瀘州叛蠻。遷西上閤門副使。太宗慮京城獄囚淹繫，命允正提總之。

嘗請詔御史臺給開封府司錄司、左右軍巡、四排岸司印紙作囚簿，署禁繫月日，條其罪犯，歲滿較其殿最。詔從其請。踰年，開封府上言：「京師浩穰，禁繫尤衆，御史府考較之際，胥吏奔命，有妨推鞫，況無欺隱，不煩推校。」卒罷之。允正又提點左右藏，屢乘傳北面，經度邊要。五年，爲衞州修河部署。會建清遠軍積石砦，命詣瀚海部分其役。還，拜西上閤門使、幷州駐泊鈐轄。俄代張永德知州事，徙代州。

咸平初，使西蜀詢訪民事，還，進秩東上閤門使，歷知鎭、莫二州。又爲幷代馬步軍鈐轄。契丹擾邊，車駕駐大名，允正與高瓊率太原軍出土門路來會，召見便殿。所部有廣銳騎士數百，皆素練習，命允正引以入，賜緡錢。遣屯邢州，與石保吉逐遼人，遼人遁去。俄以兵會大名，復還幷代。

五年，合涇原儀渭、邠寧環慶兩路爲一界，命王漢忠爲都部署，驛召允正爲鈐轄兼安撫都監，卽日上道。又命與錢若水同詣洪德、懷安沿邊諸砦經度邊事，加領誠州刺史。七月，罷兩路之職，復任幷代鈐轄。每錢若水按巡邊壘，卽詔權涖州事。進四方館使，代馬知節爲鄜延部署，兼知延州，改客省使，知定州兼鎭定都鈐轄。

大中祥符三年，累表求還。至京師，將祀汾陰，以疾難於扈從，命爲河陽部署以便養。會張崇貴卒，趙德明頗踰軼，亟詔徙允正爲鄜延部署，內侍密詔存諭。禮成，領河州團練使。允正頗知書，性嚴毅，疏財，喜自修飭。素病痟僂，以是罕在要近，累典邊任，多殺戮。是秋，徙知永興軍，卒，年五十一。

姚內斌，平州盧龍人。仕契丹，爲關西巡檢、瓦橋關使。周顯德六年，太祖從世宗北征，兵次瓦橋關，內斌率衆五百人以城降。世宗以爲汝州刺史，吏民詣闕舉留，恭帝詔褒之。內斌本名犯宣祖諱下一字，遂改今名。從平李筠，改虢州刺史。西夏數犯西鄙，以內斌爲慶州刺史兼青、白兩池榷鹽制置使。在郡十數年，西夏畏伏，不敢犯塞，號內斌爲「姚大蟲」，言其武猛也。

初，內斌降，其妻子皆在契丹。乾德四年，子承贊密自幽州來歸。五年，幽州民田光嗣等又以內斌兒女六人間道來歸，太祖並召見，賜以衣服、緡錢、鞍馬，令中使護送還內斌。開寶四年，召赴闕，上待之甚厚，遣歸治所。七年春，暴得疾，卒，年六十四。遣中使護喪，歸葬洛陽，常賻外，賜其子田三十頃。承贊爲供奉官、閤門祗候，死于陣；承鑒至殿中丞。

董遵誨，涿州范陽人。父宗本，善騎射，隸契丹帥趙延壽麾下，嘗以事說延壽不能用。及延壽被執，舉族南奔。漢祖得之，擢拜隨州刺史，署遵誨隨州牙校。周顯德初，世宗北征，大將高懷德，遵誨之舅也，表遵誨從行。師次高平，與晉人遇，將接戰，晉兵未成列，懷德命遵誨先出奇兵擊之，晉人潰，大軍繼進，遂敗之。

二年，討秦、鳳，大將韓通又表遵誨自隨。與賊戰于唐倉，先登陷陣，擒蜀招討使王鸞以獻，克秦、鳳二州。師還，錄其前後功，補東西班押班，又遷驍武指揮使。四年，從世宗征淮南，攻合肥，下之。六年，從韓通平雄、霸二州。

太祖微時，客遊至漢東，依宗本，而遵誨憑藉父勢，太祖每避之。遵誨嘗謂太祖曰：「每見城上紫雲如蓋，又夢登高臺，遇黑蛇約長百尺餘，俄化龍飛騰東北去，雷電隨之，是何祥也？」太祖皆不對。他日論兵戰事，遵誨理多屈，拂衣而起。太祖乃辭宗本去，自是紫雲漸散。及卽位，一日，便殿召見，遵誨伏地請死，帝令左右扶起，因諭之曰：「卿尚記往日紫雲及龍化之夢乎？」遵誨再拜呼萬歲。俄而部下有軍卒擊登聞鼓，訴其不法十餘事，太祖釋不問。遵誨益惶愧待罪，太祖召而諭之曰：「朕方赦過賞功，豈念舊惡耶？汝可勿復憂，吾將錄用汝。」遵誨再拜感泣。又問遵誨：「母安在？」遵誨奏曰：「母氏在幽州，經患難暌隔。」太祖因令人賂邊民，竊迎其母，送與遵誨。遵誨遣外弟劉綜貢馬以謝，太祖解其所服眞珠盤龍衣，命齎賜之。綜曰：「遵誨人臣，豈敢當此。」太祖曰：「吾方委以方面，不此嫌也。」

會李筠叛澤、潞，令遵誨從慕容延釗討之，遷馬軍都軍頭，因留之鎮守。三年，召歸，再遷爲散員都虞候。乾德六年，以西夏近邊，授通遠軍使。遵誨既至，召諸族酋長，諭以朝廷威德，封羊釃酒，宴犒甚至，衆皆悅服。後數月，復來擾邊，遵誨率兵深入其境，擊走之，俘斬甚衆，獲羊馬數萬，夷落以定。太祖嘉其功，就拜羅州刺史，使如故。太宗卽位，兼領靈州路巡檢。

遵誨不知書，豁達無崖岸，多方略，能挽強命中，武藝皆絕人。在通遠軍凡十四年，安撫一面，夏人悅服。嘗有剽略靈武進奉使鞍馬、兵器者，遵誨部署帳下欲討之，夏人懼，盡歸所略，拜伏請罪，遵誨卽慰撫令去。自是各謹封略，秋毫不敢犯。歷太祖、太宗朝，委遇始終不替，許以便宜制軍事。太平興國六年，卒，年五十六。帝軫悼久之，遣中使護葬，賵賻加等，錄其子嗣宗、嗣榮爲殿直。

賀惟忠，忻州定襄人。少勇敢，善騎射。周祖將兵討三叛，惟忠謁於道左，自陳其有武藝，周祖悅之，卽留置所部。洎開國，得隸世宗帳下，奏補供奉官，不辭，輒入朝。世宗怒之，及嗣位，終不遷擢。

初授儀鸞副使，令知易州，捍邊有功，尋遷正使。開寶二年，太祖駐常山，以惟忠爲本州刺史兼易、定、祁等州都巡檢使。嘗中流矢，六年，金瘡發而卒。太祖聞之嗟悼，卽以其子昭度爲供奉官。

惟忠性剛果，知書，洞曉兵法，有方略。在易州繕完亭障，撫士卒，得其死力，每乘塞用兵，所向必克，威名震北邊，故十餘年間契丹不敢南牧。昭度至西京作坊使。淳化中，知通遠軍，有罪當棄市，減死流商州。

馬仁瑀，大名夏津人。十餘歲時，其父令就學，輒逃歸。又遣於鄉校習孝經，旬餘不識一字。博士笞之，仁瑀夜中獨往焚學堂，博士僅以身免。常集里中羣兒數十人，與之戲，爲行陣之狀，自稱將軍，日與之約，鞭其後期者，羣兒皆畏伏。又市果均給之，益相親附。及長，善射，挽弓二百斤。

漢乾祐中，周祖鎭鄴，仁瑀年十六，願隸帳下，周祖素聞其勇，既見甚喜，留置左右。廣順初，補內殿直。世宗嗣位，命衞士習射苑中，仁瑀弓力最勁，而所發多中，賜錦袍、銀帶。

會太原劉崇入寇，世宗親征至高平，周師不利，諸將多引退。仁瑀謂衆曰：「主辱臣死，安用我輩！」乃控弦躍馬，挺身出陣射賊，斃者數十人，士氣益振，大軍乘之，崇遂敗績。世宗至上黨，諸將坐失律誅者七十餘人。擢仁瑀爲弓箭控鶴直指揮使，及還京，又遷散指揮使。從征淮南，至楚州，攻水砦。砦中建飛樓高百尺餘，世宗觀之，相去殆二百步，樓上望卒厲聲嫚罵，世宗怒甚，命左右射之，遠莫能及。仁瑀引滿，應弦而顚。及淮南平，身被數十創，賜以良藥，遷內殿直都虞候。又從平三關。恭帝嗣位，詔從太祖北伐。

初以佐命功授散員都指揮使，領貴州刺史，俄遷鐵騎右廂都指揮使，又爲虎捷左廂都指揮使，領扶州團練使。從平澤、潞，以功領常州防禦使，改龍捷左廂都指揮使。建隆二年，改領岳州防禦使，俄又移領漢州。

初，詔仁瑀等領荆湖諸郡，不數歲，復其地。至是，將征蜀，又詔領川、峽諸郡，遂平之。先是，薛居正知貢舉，仁瑀私囑所與者，榜出，無其人。聞喜宴日，仁瑀酒酣，攜所囑者詣居正切責之。爲御史中丞劉温叟所劾，帝優容之。王繼勳以后族驕恣，凌蔑將帥，人皆引避。獨仁瑀詞氣不相下，嘗攘臂欲毆之。會帝將講武郊外，遂欲相圖，各勒所部兵私市白梃。太祖密知之，詔罷講武，出仁瑀爲密州防禦使。

太祖征晉陽，命仁瑀率師巡邊，至上谷、漁陽。契丹素聞仁瑀名，不敢出，因縱兵大掠，俘生口、牛羊數萬計。駕還，仁瑀歸治所。明年，羣盜起兗州，賊首周弼、毛襲甚勇悍，材貌奇偉，弼號曰「長脚龍」。監軍討捕數不利，詔仁瑀掩擊。仁瑀率帳下十餘卒入泰山，擒弼，盡獲其黨，魯郊遂寧。

開寶四年，遷瀛州防禦使。兄子嘗因醉誤殺平民，繫獄當死。民家自言非有宿憾，但過誤爾，願以過失殺傷論。仁瑀曰：「我爲長吏，而兄子殺人，此怙勢爾，非過失也。豈敢以私親而亂國法哉？」遂論如律，給民家布帛爲棺斂具。太平興國初，移知遼州。四年，車駕征太原，命仁瑀與成州刺史慕容超、飛龍使白重貴、八作使李繼昇分兵攻城。及征范陽，命仁瑀率禁兵擊契丹於盧龍北，契丹兵奔潰。師還，遷朔州觀察使，判瀛州事。七年，卒，年五十。贈河西軍節度，葬事官給。

論曰：宋初，交、廣、劍南、太原各稱大號，荆湖、江表止通貢奉，契丹相抗，西夏未服。太祖常注意於謀帥，命李漢超屯關南〔一〕，馬仁瑀守瀛州，韓令坤鎭常山〔二〕，賀惟忠守易州，何繼筠〔三〕領棣州，以拒北敵。又以郭進控西山，武守琪戍晉州，李謙溥守隰州，李繼勳鎭昭義，以禦太原。趙贊屯延州，姚內斌守慶州，董遵誨屯環州，王彥昇守原州，馮繼業鎭靈武，以備西夏。其族在京師者，撫之甚厚。郡中筦榷之利，悉以與之。恣其貿易，免其所過征稅，許其召募亡命以爲爪牙。凡軍中事皆得便宜，每來朝必召對命坐，厚爲飲食，錫賚以遣之。由是邊臣富貲，能養死士，使爲間諜，洞知敵情；及其入侵，設伏掩擊，多致克捷，二十年間無西北之憂。以至命將出師，平西蜀，拓湖湘，下嶺表，克江南，所向遂志，蓋能推赤心以馭羣下之所致也。

若李進卿、楊美亦專師西征，而美居北海，以樂易結民心，誠得爲政之本。延渥、承矩、守恩、允正皆紹先業，以勳名著。承矩議屯田，贊和好，其謀甚遠。守恩以果敢死事。宋之武功，於斯爲盛焉。

校勘記

〔一〕命李漢超屯關南　「關南」原作「關西」，據上文李漢超傳改。

〔二〕韓令坤鎮常山　「常山」原作「常州」。按本書卷二五一韓令坤傳，令坤於建隆二年爲成德軍節度，成德軍卽常山郡，故傳論說：「平荆、湘則南服底定，鎮常山則北邊載寧。」據改。

〔三〕何繼筠　「筠」原作「勳」，據本卷何繼筠傳改。

宋史卷二百七十四

列傳第三十三

王贊　張保續　趙玭　盧懷忠　王繼勳　丁德裕　張延通
梁迥　史珪　田欽祚　侯贇　王文寶　翟守素　王侁
劉審瓊

王贊，澶州觀城人。少爲小吏，累遷本州馬步軍都虞候。周世宗鎮澶淵，每旬決囚，贊引律令辨析中理，問之，知其嘗事學問，卽署右職。及卽位，補東頭供奉官，累遷右驍衞將軍、三司副使。時張美爲使，世宗問：「京城衞兵歲廪幾何？」美不能對，贊代奏甚析，美因是銜之。及征關南，言於世宗，以贊爲客省使，領河北諸州計度使。五代以來，姑息藩鎭，有司不敢繩以法。贊所至，發擿姦伏，無所畏忌，振舉綱領，號爲稱職，由是邊臣切齒。師還，復爲三司副使。

建隆初，始平李重進，太祖素知贇材幹，可委以完葺，卽令知揚州。既行，舟覆於閶橋下，溺死，親屬隨沒者三人。上甚嗟悼，謂左右曰：「溺吾樞密使矣！」蓋將大用也。賻其家絹三百匹，米麥各二百斛。

張保續字嗣光，京兆萬年人。父洪，唐左武衞上將軍，保續以蔭補太廟齋郎。梁貞明中，調補臨濟尉，選充四方館通事舍人。後唐天成初，領瓜州官告國信副使。郊祀，改右贊善大夫。

晉天福中，歷太府、光祿二少卿，職同正，領通事舍人。開運二年，契丹入寇，杜重威、李守貞、符彥卿等率兵禦之。命保續馳騎往來軍中諭機事。既而大破敵於陽城，使還，以本官充西上閤門副使。明年，使荆南，復命轉東上閤門副使。契丹犯闕，被驅北徙，留范陽，歲餘逃歸。

漢乾祐初，出爲隴州防禦使。周祖革命，召爲東上閤門副使，從平慕容彥超。累遷引進副使、知閤門事。世宗卽位，授西上閤門使。明年，進秩東上閤門使。從上征淮南，會壽州納款，遣保續先往慰撫，及劉仁贍率將卒出降，以功遷判四方館事，就遷客省使。從平瓦橋關，奉使吳越。宋初，遷衞尉卿，判四方館、客省、閤門事。保續性介直，好儉素，在閤門前後四十年，善宣贊辭，令聽者傾聳。累使藩國不辱命，歷事六朝，未嘗有過。從征李筠，以足疾留河內，後歸京師。建隆三年，卒，年六十四。

趙玭，澶州人。家富於財。晉天福中，以納粟助邊用，補集賢小史，調濮州司戶參軍。刺史白重進以其年少，欲試以事，因以滯獄授之。玭爲平決，悉能中理。重進移刺虢、成二州，連辟爲從事。會契丹構難，秦帥何重建獻地於蜀，孟知祥署高彥儔秦州節度，成爲支郡，因署玭秦、成、階等州觀察判官。周顯德初，命王景帥兵討秦鳳。彥儔出兵救援，未至，聞軍敗，因潰歸。玭閉門不納，召官屬諭之曰：「今中朝兵甲無敵於天下，自用師西征，戰無不勝。蜀中所遣，將皆武勇者，卒皆驍銳者，然殺戮逼逃之外，幾無孑遺。我輩安忍坐受其禍？去危就安，當在今日。」衆皆俯伏聽命。玭遂以城歸朝。世宗欲命以藩鎭，宰相范質不可，乃授鄆州刺史，歷汝、密、澤三州刺史。

建隆中，入爲宗正卿。乾德初，出爲泰州刺史。二年，改左監門衞大將軍、判三司。玭狂躁婞直，多忤上旨，太祖頗優容之。嘗廉得宰相趙普私市秦、隴大木事，潛以奏白，然懼普知，因稱足疾求解職。五年春，罷使，守本官。自是累獻密疏，皆留中不出，常疑普中傷。六年，詣闕，納所授告命，詔勒歸私第。又請退居鄆州，不許。玭不勝忿，踰年，伺普入朝，馬前揚言其短。上聞之，召玭及普於便殿，面質其事。玭大言詆普販木規利，上怒，促令集百官逐普，且諭其事。王溥等奏玭誣罔大臣，普事得解。上詰責玭，命武士撾之，令御史鞫於殿庭。普爲營救，得寬其罰，黜爲汝州牙校。太平興國三年，卒，年五十八。

盧懷忠，瀛州河間人。少有膂力，善騎射。漢乾祐初，寓居河中，値李守貞之叛，周祖圍其城，懷忠夜踰城出見，陳攻取便宜。河中平，奏補供奉官。從征慕容彥超於兗州。顯德初，監沂州軍，以所部破海州，功居多。世宗議北征，先遣懷忠按視出師道路。三關平，遷如京副使。

宋初，遷內酒坊副使。會朗州軍亂，太祖將出師致討，遣懷忠使荆南，因謂曰：「江陵人情去就，山川向背，我欲盡知之。」懷忠使還奏曰：「繼沖甲兵雖整，而控弦不過三萬；年穀雖登，而民苦於暴斂。南遷長沙，東距金陵，西迫巴蜀，北奉朝廷。觀其形勢，蓋日不暇給矣。」太祖召宰相范質等謂曰：「江陵四分五裂之國，今出師湖南，假道荆渚，因而下之，萬全策也。」卽以懷忠爲前軍步軍都監。荆湖平，以功遷內酒坊使。

乾德二年，改判四方館事，知江陵府。四年，王師伐蜀。江陵當峽、江會衝，以供億之勞，遷客省使。又明年，使江南還，中途遇疾，肩輿歸京師。太祖遣醫丸艾以賜之，未幾卒，年四十九。大中祥符四年，錄其子熙爲校書郎。

王繼勳，陝州平陸人。隸河中府爲牙校。李守貞之叛，令繼勳據潼關，爲郭從義所破，走還河中。俄白文珂、劉詞領兵至城下，守貞又遣繼勳與其愛將聶知遇夜出攻河西砦，復爲漢兵所敗，被創而遁。繼勳度守貞必敗，遂踰城出降，周祖奏補供奉官。廣順初，領汾州刺史，充晉、磁、隰等州緣邊巡檢，歷憲、麟、石、磁四州刺史。

宋初，遷磁州團練使，坐境上用兵失律、荆罕儒陷陣，責授右監門衞率。初平荆襄，命權知道州，未幾，授本州刺史。州境與廣南接，劉鋹屢引兵入寇，繼勳因上言嶺表可圖之狀。及王師南伐，以爲賀州道行營馬步軍都監。繼勳有武勇，在軍陣，常用鐵鞭、鐵槊、鐵檛，軍中目爲「王三鐵」。

丁德裕，洛州臨洛人。父審琦，彰武軍節度。周廣順初，以蔭補供奉官。宋初，歷通事舍人、西上閤門副使。建隆三年，遷東上閤門使。從慕容延釗平荆湖，以功授引進使。又與潘美、尹崇珂克郴州，遷客省使。

乾德五年，遷內客省使。時成都初平，羣寇大起，用爲西川都巡檢使，與閤門副使張延通同率師討之，擒賊帥康祚，磔於市。歲餘，盡平其黨。頗與延通不協，歸朝，告其陰事，延通坐棄市。又奏轉運使、禮部郎中李鉉嘗醉酒言涉指斥，上怒，驛召鉉下御史案之。鉉言德裕在蜀日屢以事請求，多拒之，皆有狀。御史以聞。太祖悟，止坐鉉酒失，責授左贊善大夫。

未幾，德裕亦出知潞州。會征江南，遣德裕爲常州行營兵馬都監，領吳越兵，助主帥進討。常州平，命權知州事。又改昇州東南路行營都監，敗潤州軍五千餘於城下。及拔潤州，移領常、潤等州經略巡檢使。德裕以傾險爲衆所惡，恃勢剛狠，不恤士卒，黷貨無厭，越人苦之。錢俶奏其事，貶房州刺史，卒。

張延通，潞州潞城人。父彥威，周右金吾衞上將軍。延通性穎悟，有才幹，蔭補供奉官。宋初，歷通事舍人，遷東上閤門副使。開寶中，爲西川兵馬都監。太祖以蜀寇未平，命同內客省使丁德裕、引進副使王班、內臣張嶼領兵屯蜀部。德裕頗專恣，延通面質其短，德裕銜之；又與張嶼不協，延通亦爲和解之，德裕疑延通與嶼爲黨，益不悅。會太祖征太原，有使自行在至，備言太祖當盛暑躬冒矢石，勞頓萬狀。延通曰：「主上勤勞若此，而吾輩日享安樂。」蓋言不自安也。德裕不答。會張嶼先歸闕，太祖賜予甚厚。延通、德裕繼至，則召延通顧問，而待德裕稍薄。德裕頗疑懼，遂奏延通嘗對衆言涉指斥，且多不法事，指嶼爲黨。太祖怒，即收延通、張嶼及王班下御史臺鞫之，延通等引伏。太祖始欲捨之，及引問，延通抗對不遜，遂斬之。嶼、班并內臣王仁吉並杖脊，嶼配流沙門島，班許州，仁吉西窰務，時開寶二年也。

梁迥，博州聊城人。少爲吏部小史。周世宗在藩邸日，得給事左右。及嗣位，補殿直，改供奉官，四遷至左藏庫使。

太祖將討西蜀，以迥監秦州戍兵。蜀平，改監霸州兵，轉宮苑使。從征太原還，會命蜀州刺史聶章爲沁州兵馬部署，以迥監其軍。無何，幷人入寇，迥與閻彥進同率兵擊敗之，以功遷東上閤門使。開寶五年，命爲廣南道兵馬都監，兼諸州巡檢。

八年，奉使江南。迥素貪冒，外務矯飾，初若嚴毅不可犯，雖饋食亦不受，江南人頗憚之。既而奉以貲貨，殆直數萬緡，迥卽大喜過望，登舟縱酒，繼日宴樂。及歸，戀戀不發，人多笑之。暨王師伐金陵，命迥與潘美、劉遇率步兵先赴荆南。且以迥護行營步兵及左廂戰櫂，與吳人戰采石，殺獲甚衆。江南平，以功領順州團練使。

太宗卽位，判四方館事，領禁軍戍澤州。太平興國三年，錢俶來朝，命往淮、泗迎勞。夏，汴水大決，詔迥發畿內丁男三千護塞汴口。

四年，征太原，以迥爲行營前軍馬步軍都監，督軍攻城，中流矢四。車駕還，命與孟玄喆、崔翰率兵屯定州，以功遷引進使。五年，受詔與潘美城幷州於三交，及築緣邊堡障。七年，李繼遷寇邊，以迥領兵護銀、夏州。八年，召歸，授唐州防禦使，令赴職。

雍熙二年，繼遷誘殺都巡檢使曹光實，乘勢數寇邊。復召迥爲銀、夏都巡檢使，赴邊捍禦之。三年夏，卒於銀州官舍，年五十九。

迥性粗率，尤不喜文士，故事，節帥出鎮及來朝，便殿宴勞，翰林學士皆預坐。開寶中，迥爲閤門使，白太祖曰：「陛下宴犒將帥，安用此輩預坐？」自是罷之。至淳化中，翰林學士蘇易簡白於太宗，始復預焉。大中祥符八年，錄迥子廷翰爲奉職。

史珪，河南洛陽人。父暉，晉嚴衞指揮使。珪少以武勇隸軍籍，周顯德中，遷小校。太祖領禁衞，以珪給事左右。及受禪，用爲御馬直隊長，四遷馬步軍副都軍頭兼控鶴、弓弩、大劍都指揮使。開寶六年，加都軍頭，領毅州刺史。

太祖初臨御，欲周知外事，令珪博訪。珪廉得數事白於上，驗之皆實，由是信之，後乃漸肆威福。民有市官物不當價者，珪告其欺罔，當置法，列肆無不側目。上聞之，因下詔曰：「古人以獄市爲寄者，蓋知小民唯利是從，不可盡法而繩之也。況先甲之令，未嘗申明。苟陷人於刑，深非理道。將禁其二價，宜示以明文，自今應市易官物，有妄增價直欺罔官錢者，案鞫得實，並以枉法論。其犯在詔前者，一切不問。」自是珪不復敢言。

時德州刺史郭貴知邢州，國子監丞梁夢昇知德州，貴族人親吏之在德州者，頗爲姦利，夢昇以法繩之。貴素與珪善，遣人以其事告珪，圖去夢昇。珪悉記於紙，將伺便言之。一日，上因言：「爾來中外所任，皆得其人。」珪遽曰：「今之文臣，亦未必皆善。」乃探懷中所記以進，曰：「秪如知德州梁夢昇欺蔑刺史郭貴，幾至於死。」上曰：「此必刺史所爲不法。夢昇，眞清強吏也。」因以所記紙付中書曰：「卽以夢昇爲贊善大夫。」既又曰：「與左贊善。」珪以譖不行，居常怏怏。

九年，坐漏泄禁中語，出爲光州刺史。會歲饑，淮、蔡民流入州境，珪不待聞，卽開倉減價以糶，所全活甚衆，吏民詣闕請植碑頌德者數百人。太平興國初，以爲揚、楚等九州都巡檢使。

四年，征太原，命珪與彰信軍節度劉遇攻城北面。從征幽州，坐所部逗撓失律，責授定武行軍司馬〔二〕。數月，召爲右衞將軍、領平州刺史。督浚惠民河，自尉氏達京九十里，數旬而畢，民咸便之。會江、淮民麴謀首等數十百人聚爲盜，命珪率龍猛騎兵五百往捕，悉獲之。六年，遷隰州刺史，知保州、靜戎軍。上緣邊便宜十五事，皆從之。

雍熙中，從曹彬征幽州，爲押陣部署，以所部下涿州。師還，卒，年六十一。珪多智數，好以甘言小惠取譽於人，故所至不忍其去云。

田欽祚，潁州汝陰人。父令方，漢虢州團練使。帳下伶人靖邊庭妻有美色，令方私之，邊庭不勝忿。會陝西三叛連衡，關輔間人情大擾。邊庭率其徒數人夜縋入州廨，害令方，因掠郡民投趙思綰，至潼關，與守關使者戰，遂敗散。朝廷錄欽祚爲殿直，改供奉官。周世宗征淮南，爲前軍都監。從征關南還，會塞澶淵決河，命欽祚領禁兵護役，因令督治澶州城。淮人寇高密，刺史王萬威求濟師，命欽祚領州兵援之，旣至，圍解。

宋初，遷閤門通事舍人。乾德二年冬，討蜀，爲北路先鋒都監，令乘傳往來宣達機事。孟昶降，奉捷書馳奏，遷西上閤門副使。蜀土寇亂，又遣欽祚率師討平之。四年春，幷人寇樂平，從羅彥瓌拒之，獨以所部三千人破寇，擒副將一人，俘獲甚衆，以功遷西上閤門使。開寶二年，又與何繼筠破賊兵于石嶺關，領賀州刺史，判四方館使。

三年，契丹寇中山，以欽祚爲定州路兵馬都部署。與戰遂城，自旦及晡，殺傷甚衆。欽祚馬中流矢踣，騎士王超授欽祚以馬，軍復振，敵解去。朝廷將議討江表，遣欽祚覘之，還奏合旨，江南所得寶貨直三千萬，悉以賜欽祚。會興師，首命欽祚與曹彬、李漢瓊率騎軍先赴江陵，就命爲昇州西南路行營馬軍兼左廂戰櫂都監。領兵敗吳軍萬餘于溧水，斬其主帥李雄等五人，擒裨將二人。進圍金陵，爲南面攻城部署。旣平，以功加領汾州防禦使。

太平興國初，遷引進使，爲晉州都鈐轄。太原驍將楊業率衆寇洪洞縣，欽祚擊敗之，斬首千餘級，獲馬數百。太宗賜欽祚白金五千兩，令市宅。四年，從征太原，護前鋒騎兵，屯石嶺關以扞契丹。

欽祚性剛戾負氣，多所忤犯，與主帥郭進不協。進戰功高，屢爲欽祚所陵，心不能甘，遂自縊死。初，賊兵奄至，進出戰，欽祚但閉壁自守，旣去，又不追。所受月奉芻粟，多販鬻規利，爲部下所訴，責授睦州團練使。車駕北巡，以爲幽州西路行營壕砦都監。六年秋，改房州團練使，逾年，又改柳州。嶺外多瘴氣，因遘疾，累表乞生還闕下。上憐之，遷郢州團練使。在郡二年，入覲，欽祚見上，涕泣不已。以爲銀、夏、綏、宥都巡檢使，俄召還。會征幽州，命欽祚與宣徽南院使郭守文爲排陣使。時欽祚已被病，受詔不勝喜，一夕，卒。欽祚性陰狡，尤不喜儒士，好狎侮同列，人多惡之。子承誨，仕至供奉官、閤門祗候；承說至崇儀副使。

侯贇，幷州太原人。父義，漢遼州刺史。贇以蔭補殿前承旨。周顯德中，再遷至供奉官，使江南，復命領三門、集津發運事。

宋初，爲諸衞將軍。先是，朝廷歲仰關中穀麥以給用，贇掌其事歷三十年，國用無闕。

累遷至右武衞將軍。開寶中，歷知建安軍、揚徐二州，皆有善政。太宗卽位，移知福州，改右衞將軍。太平興國二年，錢俶初納土，詔賚馳往兩浙諸州閱視軍儲芻茭，累遷右衞大將軍。

七年，知靈州，按視蕃落，宴犒以時，得邊士心，部內大治，遷左衞。在朔方凡十餘年，上念久次，求可代者而難其人。淳化二年，卒于官，年七十四，贈本衞上將軍。

王文寶，開封陽武人，以任子補殿直。太平興國初，累遷至軍器庫使。嘗使契丹。會陳洪進獻漳、泉地，以文寶監泉州兵。羣盜大起，文寶與轉運使楊克讓、知州喬惟岳共討平之。以功領嬀州刺史，加內弓箭庫使。

二年，京西轉運使程能議開新河，自襄、漢至京師，引白河水注焉，以通湘、潭之漕。詔發唐、鄧、汝、潁、許、蔡、陳、鄭丁夫數萬赴其役，又發諸州兵萬人助之。命文寶與六宅使李繼隆、作坊副使李仁祐、劉承珪分往護作。既而地高水下，不能通，卒堙廢焉。雍熙四年，改東上閤門使，歷知涇、延二州。會遼人寇通遠軍，命文寶率師致討，還遷判四方館事。

文寶歷內職三十年，雅好言外事，太祖、太宗頗信任之，中外咸畏其口，出爲高陽關兵馬鈐轄。淳化二年，卒于官。

翟守素，濟州任城人。父溥，晉左司禦率府率。守素以父任爲殿直，歷漢、周，遷供奉官，領承天軍使。乾德中，爲引進副使，從王全斌伐蜀，以往來馳告軍事爲職。蜀平，擢判四方館事。以兩川餘寇未殄，慮致騷動，再令守素入蜀經略諸郡，分兵以防遏之。

開寶中，會麟、府內屬戎人爭地不決，因致擾亂，命守素馳往撫喩。守素辨其曲直，戎人悅服。從征太原，命海州刺史孫方進圍汾州，守素監其軍，轉引進使。

開寶三年，命爲劍南十州都巡檢使，東上閤門使郭崇信副之。賜守素錢五百萬，入謝日，復遣爲岐帥符彥卿官告使。守素辭以錫賚優厚，不敢更當奉使之詔，上不許。九年，吳越國王錢俶來朝，命守素護諸司供帳，迎勞郊外。幷壘未下，詔與洛州防禦使郭進率兵深入其境，蹈藉禾稼，守素多所虜獲。太宗卽位，遷客省使，領憲州刺史。

太平興國三年夏，河決滎陽，詔守素發鄭之丁夫千五百人，與卒千人領護塞之。是秋，梅山洞蠻恃險叛命，詔遣守素率諸州屯兵往擊之。値霖雨彌旬，弓弩解弛，不堪用，明日，將接戰，守素一夕令削木爲弩。及旦，賊奄至，交射之，賊遂敗。乘勝逐北，盡平其巢穴。

先是，數郡大吏、富人多與賊帥包漢陽交通，既而得其書訊數百封，守素並焚之，反側以定。俄而錢俶獻浙右之地，詔守素爲兩浙諸州兵馬都監，安撫諸郡，人心甚悅，即以知杭州。歲滿，爲西京巡檢使。秦王廷美以事勒歸私第，以守素權知河南府兼留守司事，屬洛陽歲旱艱食，多盜，上憂之，守素既至，漸以寧息。未幾，遷商州團練使。雍熙二年，改知延州。自劉廷讓敗于君子館，河朔諸州城壘多圮。四年，詔守素與田仁朗、王繼恩、郭延濬分路案行，發諸州鎭兵增築，護其役。賜白金三十兩，留充天雄軍兵馬鈐轄、知大名府，改知潞州。會建方田，命爲代北方田都部署、并州兵馬鈐轄，從屯夏州，改知鳳翔府。

淳化中，夏帥趙保忠上言，其弟繼遷誘戎人爲寇，且求援師。詔守素率兵復屯夏州，未幾，又徙石州，以老病上疏求歸本郡，從之。三年，卒，年七十一。

守素逮事四朝，繇歷內職五十餘年。性謹愼，寬仁容衆，所至有治績。凡斷大辟獄，雖罪狀明白，仍徧詢僚寀，僉同而後決；屬吏有過不面折，必因公宴援往事之相類者言其獲咎，以微警之。新進後生多至節帥，而守素久次不遷，殊無隕穫意，時論以此多之。

王侁字祕權，開封浚儀人。父朴，周樞密使，侁以父任太僕寺丞。朴卒，世宗幸其第，召見諸孤，以侁爲東頭供奉官。開寶中，征江南，命侁率師戍桐城。王師渡江，與樊若水同知池州，領兵敗江南軍四千餘于宣州。金陵平，加閤門祗候。

太平興國初，預討梅山洞蠻。契丹使來貢，詔侁送于境上。還，使靈州、通遠軍。及旋，言主帥所留牙兵，率與邊人交結，頗桀黠難制，歲久當慮，請悉代之。太宗因遣侁調內郡卒往代之。戍者聞代，多不願還。侁察其中旅拒者斬之以徇，衆皆悚息，遂將以還。一歲中數往來西邊，多奏便宜，上多聽用，遷通事舍人。

四年，從征太原，以侁護陽曲、塌地、石嶺關諸屯，賜廐馬介胄。五月，卽城下轉東上閤門副使。晉陽平，留爲嵐、憲巡檢。九年，代還，遷西上閤門使，賜錢百萬。河西三族首領折遇乜叛入李繼遷，侁帥師討擒之，以功領蔚州刺史。王師北征，命爲幷州駐泊都監，又爲雲、應等州兵馬都監。

侁性剛愎，以語激楊業，業因力戰陷於陣，侁坐除名，配隸金州，事載楊業傳。會赦，移均州團練副使。淳化五年召還，道病，至京師卒。

弟僎，供奉官、閤門祗候，坐征交阯軍敗誅；備、偃並進士及第，偃至太常博士。

朴弟格，宋初爲右補闕、直史館，至都官員外郎、廣南轉運使。格子侗，太平興國進士，至都官員外郎。

劉審瓊，涿州范陽人。家素貧。漢乾祐中，湘陰公鎮彭門，審瓊始隸帳下。周祖受命，遁去，依永興軍節度劉詞，頗委任之。詞卒，屬太祖節鎮，給事左右；及受禪，補殿直。從平澤、潞，改供奉官。

開寶中，累遷至軍器庫使。會樞密使李崇矩門人鄭伸擊登聞鼓，誣告崇矩受太原席義叟黃金，私結翰林學士扈蒙，以甲科私義叟，引審瓊爲證。上怒，召審瓊詰問，審瓊具言其誣枉，得解，遂出知鎮州。

七年，太宗征河東，駐蹕月餘，儲偫無闕，遷領檀州刺史，知潭州。州素多火，日調民積水爲防，民甚勞之。審瓊至，悉罷之，以爲民便。徙知河陽。淳化三年，受代歸，陳衰老乞正受郡符。上閔其舊人，授坊州刺史。至道三年，卒于官。

審瓊嘗給事外諸侯，雅善酒令博鞠，年八十餘，筋力不衰，髭髮黳黑。孫爽，進士及第，後爲祠部員外郎、祕閣校理。

論曰：王贊奮迹小校，有奉公之節，繩姦列郡，不畏強禦；保續單車出使，不辱君命；懷忠識荆渚之將危；繼勳知番禺之可取；侯贇久治邊郡；文寶數護屯兵：斯各一時之效也。德裕、梁迥、欽祚、王侁皆練習戎旅，頗著勳勞，然率彊戾而乏温克，以速於戾，斯乃明哲之所戒。玭以剛險蒙悔吝，珪以發擿肆威福，其不逞者歟！守素不事躁競，審瓊克享期頤。易曰「視履考祥，其旋元吉」，此之謂也。

校勘記

〔一〕定武行軍司馬　「定武」，長編卷二〇記此事作「武定」。

宋史卷二百七十五

列傳第三十四

劉福　安守忠　孔守正　譚延美　元達　常思德　尹繼倫
薛超　丁罕　趙瑫附　郭密　傅思讓　李斌附　田仁朗　劉謙

劉福，徐州下邳人。少倜儻，魁岸有膂力。周顯德中，世宗征淮南，福徒步謁見于壽春，世宗奇之，因留麾下。每出戰，則令福率衞士爲先鋒，與破紫金山砦。淮南平，錄功授懷德指揮使。

宋初，遷橫海指揮使，率所部隸步帥劉光毅，由峽路征蜀。比至成都，孟昶已降。大將王全斌部送降卒歸京師，至綿州，降卒盜庫兵，劫蜀舊將全師雄以叛，焚廬舍，剽財貨以去。刺史成彥饒以同、華兵百餘人守其城，全斌遣米光緒將七百騎及福所部以屯護之。光緒盡殺師雄妻孥，師雄領叛卒，益聚村民十餘萬衆，攻城益急。會龍捷指揮使田紹斌率精銳百騎，由東山西北行，福領所部由山南行，出賊不意夾擊之。賊衆大潰，斬首及溺江死者以萬計，以功授虎捷都虞候。繼隸曹彬麾下，平江南，還，授指揮使，領蔚州刺史。從太宗克幷、汾，遷馬步都軍頭、武州團練使。端拱初，出爲洺州防禦使。二年，改雄州防禦使兼本州兵馬部署。雄州地控邊塞，常屯重兵。福至部，按行城壘，調鎭兵以給繕完，出私錢以資宴犒，寇雖大至，而恃以無恐矣。淳化初，遷涼州觀察使、判雄州事。二年，卒，年六十四。贈太傅。

福雖不學，而御下有方略，爲政簡易，人甚德之，領雄州五年，郡境寧謐。福旣貴，諸子嘗勸起大第，福怒曰：「我受祿厚，足以僦舍以庇。汝曹旣無尺寸功以報朝廷，豈可營度居室，爲自安計乎？」卒不許。旣死，上聞其言，賜其子白金五千兩，使市第宅。

安守忠字信臣，幷州晉陽人。父審琦，爲周平盧軍節度，封陳王。晉天福八年，審琦出領山南東道，以守忠爲牙內指揮使，領繡州刺史。周顯德四年春，改鞍轡庫使。會淮南初下，命守忠馳往宣諭。時藩臣驕蹇，遇朝使多簡傲，守忠抗以正禮，無所辱命。未幾，改衞州刺史。

宋初，入爲左衞將軍。建隆四年，湖南初平，命爲永州刺史。乾德中，護河陰屯兵。蜀平，太祖知遠俗苦苛虐，南鄭爲走集之地，故特命守忠知興元府以撫綏之。四年，改漢州刺史。時寇難甫平，使車旁午，公帑不足，守忠出私錢以給用。每遣使，太祖必戒之曰：「安守忠在蜀，能律己以正，汝行見之，當效其爲人也。」開寶初，改濮州刺史。會河決澶州，命守忠副潁州團練使曹翰護役，河決遂塞。五年，知遂州。民有陰召幷寇謀內應者，事泄，守忠悉斬以徇。九年，命將征太原，守忠受詔與孫晏宣由遂州入，旣而與路羅砦監押馬繼恩遇，乃相與會兵入賊境，燔砦四十餘，獲牛羊數千。議將深入，會上崩，乃班師。

太平興國初，移知靈州，在官凡七年。雍熙二年，改知易州，徙夏州。每西戎犯邊，戰無不捷，錄功就拜濮州團練使。端拱中，知滄州，改瀛州，兼高陽關駐泊部署，遷瀛州防禦使。初，守忠嘗夢一「濮」字方丈餘，及領是郡幾二十年，於是始寤。淳化二年，徙知雄州。方與僚佐宴飲，有軍校謀變，擐甲及閤，閤者倉卒入白。守忠言笑自若，徐顧坐客曰：「此輩酒狂爾，擒之可也。」人服其量焉。明年，加耀州觀察使，兼判雄州。未幾，召還，條陳邊事，敷奏稱旨，賜錢五百萬。五年，又知滄州。至道初，移雄州。三年，復知滄州，拜感德軍節度觀察留後。徙宋州，兼制置營田使。威德兼著，吏民不忍其去。咸平三年，入覲，遣還未行，暴卒，年六十九，贈太尉。錄其子繼昌爲供備庫副使，壻王世及爲光祿寺丞。

守忠謹慤淡薄，爲治簡靜。太祖居藩日，素相厚善，及受禪後，每優任之，守忠處之益謙。從征太原，多與謀略，人罕知之者。所至藩郡，樂施予，豐宴犒，且喜與士大夫遊從，故時論多與之。初，審琦以愛妾故，爲隸人所戕。守忠終身不畜妓妾，而喜佞佛，蓋有所懲云。

孔守正，開封浚儀人。幼事後唐明宗子許王從益。漢初，爲東西班承旨，事魏王承訓。周世宗征淮南，以材勇選爲東班承旨。

宋初，補內殿直，兼領驍雄、吐渾指揮。從劉廷翰平蜀，還，遷驍雄副指揮使。開寶中，太祖征太原，守正隸何繼筠麾下。會契丹遣兵來援晉陽，守正接戰於石嶺關，大敗之，斬首萬級，獲其將王破得。時宋師之陷敵者數百人，守正以騎軍馳之，盡奪以還。

太平興國中，累遷日騎東西班指揮使。太宗親征晉陽，守正分主城西洞屋，領步卒大呼先登，繼與內侍蔡守恩等率騎兵力戰，晉軍遂潰。從征范陽，至金臺驛，詔與劉仁蘊先趨岐溝關。時城未下，守正夜超垣，度鹿角，臨機橋，以大軍將至，說關使劉禹使降。禹解懸橋，守正遂入城，撫諭其軍民，以城守屬綦廷朗，而已赴行在。時契丹兵在涿州東，守正與傳潛率御前東西班分兩陣馳擊之，逐北二十餘里，降其羽林兵數百人。繼與高懷德、劉廷翰合兵追之，至桑乾河。契丹自是不敢近塞。以勞再遷日騎都指揮使，領濡州刺史。

端拱初，遷龍衞都指揮使，領長州團練使，出鎭眞定。是年秋，出爲潁州防禦使。未幾，太宗以其練習戎旅，特置龍衞、神衞四廂都指揮使以授之。改領振州防禦使。明年，拜殿前都虞候，領容州觀察使。一日，侍宴北苑，上入玄武門，守正大醉，與王榮論邊功于駕前，忿爭失儀，侍臣請以屬吏，上弗許。翌日，俱詣殿廷請罪，上曰：「朕亦大醉，漫不復省。」遂釋不問。俄命爲定州行營副部署，受詔詣保州軍開道，遇敵于曹河，與戰數合，梟首三十餘，獲馬五十匹，上聞而壯之。

淳化初，擢高陽關副都部署。軍中小將有詈其校長者，守正械送闕下，取裁於上，未嘗專決焉。明年，護浚惠民河，塞澶州決河，就命知州軍。改愼州觀察使，還，領代州部署，連移幷代、夏綏、麟府三鎭。與李繼遷戰大横岡，援范廷召出塞，破賊于白池，至行莊，焚掠甚衆，改代、夏二州部署。

眞宗卽位，復徙代州。咸平初，授昌化軍節度觀察留後。守正上言：「四任鴈門，邊亭久安，願徙東北以自效。」會夏人入寇，改定州行營副都部署。四年，移彰德軍留後，以風疾妨政，改安化軍留後。景德初，復以不任職，代。時議防秋北鄙，守正猶屢表請行。上閔之，不許。無何，卒，年六十六，贈泰寧軍節度使。

譚延美，大名朝城人。軀幹壯偉。少不逞，遇羣盜聚謀將行剽劫，延美即趨就之。及就捕，法皆抵死，延美以與盜素不相識，獲免。自後往來澶、魏間，爲盜于鄉里，鄉里患之。周世宗鎭澶淵，募置帳下。卽位，補殿前散都頭。從征淮南，以勞遷控鶴軍副指揮使。又從克三關。時太祖領禁兵，留督牙隊。

建隆元年，補控鶴指揮使，稍遷都虞候、馬步副都軍頭。征湖南，與解暉分領行營戰櫂都指揮使。時汪端寇攻朗州甚急，招討慕容延釗遣延美率兵赴之，大敗賊衆，擒端以還。擢鐵騎副指揮使，領睦州刺史，四遷至內殿直都知。

太平興國初，爲蘄州刺史，連徙廬、壽、濠、光州軍巡檢使，劇賊之爲害者悉就捕。六年，徙知威虜軍。雍熙三年，舉兵北伐，命延美爲幽州西面行營都監，與田重進出飛狐北。俄遇敵，延美曰：「彼恃衆易我，宜出其不意先攻之。」卽麾騎軍直進，敵兵將潰，大軍繼至，遂敗之，斬首五百，獲其將大鵬翼以獻，以功擢本州防禦使。逾年，改亳州，出爲鎭州鈐轄。端拱元年，徙知寧遠軍。一旦，契丹兵抵城下，延美開門以示之，不敢入。圍城數日，開門如故，民出取芻糧者無異平日，契丹卒疑之，遂引去。二年，進邕州觀察使，判亳州，兼知代州。是時任邊郡者，皆令兼領內地一州，處其家屬。徙知潞、陝、涇州。咸平四年，以左領軍衞上將軍致仕。六年，卒，年八十三，贈建武軍節度。子繼倫至崇儀副使，雍虞部員外郎。

元達，初名守旻，洺州雞澤人。身長八尺餘，負膂力，善射。家業農，不任作苦，委耒耜，慨歎而去之。事任俠，縱酒。嘗醉，見道旁槐樹，拔劍斬之，樹立斷。達私喜曰：「吾聞李將軍射石虎飲羽，今樹爲我斷，豈神助歟？」嘗從少年數十百人欲起爲盜，里中父老交戒之，乃止。時郡以戶籍調役，達當送徒闕下，行數舍，乃悉縱之，曰：「吾觀汝曹，亦丈夫也，豈樂爲是哉？可善自爲計，吾亦從此逝矣！」已而郡遣追捕，至則達援弓引滿待之，追者不敢近。由是亡命山林間，爲鄉里患。

太宗居晉邸時，達求見，得隸帳下。嘗侍太宗習射園亭，命之射，達射四發不中的，已而連中。上喜，爲更其名曰達。及卽位，補御龍直隊長。雍熙初，累遷嬀州刺史，繼領本州團練使。時州郡部送亡命者至闕，左右諷殺之，達奏曰：「此類竄匿者衆，豈能盡殺之哉？

不如赦之，以開其自新之路，且以成好生之德。」上悅，因悉原之。端拱二年，擢侍衞步軍都虞候，領幽州刺史。歷北面行營都部署，由常山鎭入爲京城巡檢。淳化四年，卒，年四十二，贈昭化軍節度。

達雖奮自草野，歷職戎署，至交士夫，能折節盡禮，人以是稱之。

常思德，開封人。周顯德初，以材勇應募，隸天武軍，累遷神衞都虞候。雍熙初，從曹彬征幽州，因署牙校。尋鎭威虜軍。端拱初，以弓箭直都虞候領溪州刺史。淳化中，李順叛蜀，命往夔、峽招捕，師次達州新寧縣，調近州土兵掩殺賊徒三千餘人于梁山。時雷有終領大軍抵合州境上，賊衆二萬來拒。思德與尹元、裴莊等合擊之，合州遂平。賊帥田奉正、蘇榮據果州，思德因其遁而追捕之，斬首八百。果州既定，餘賊保渠州，及走廣安、梁山。乃分兵爲二：抵廣安、梁山者，思德領之；趣渠州者，元、莊領之。合力進討，盡殲其黨。自是川峽賴以安靜，無復寇患，以功眞授汝州刺史。

初，曹彬北征不利，至涿州，左右皆潰散，獨思德以所部護至易州。語人曰：「旣備戎行，則與主帥同死生可也；若視利害以爲去就，將何面目以見君父乎？」太宗嘗聞其言，至是，陛辭，深加慰勞，且諭之曰：「爲臣以忠實爲本，汝少壯時，旣以驍勇自効，且能盡心于主將，事朕之日雖久，而忠實如一。今雖老，亦當盡心乃職，庶無負乎朕之委寄也。」未幾，移慶州路副都部署，屯邠州。咸平初，與李繼隆同部芻糧赴靈州。以疾改陳留都監，換左神武大將軍。二年，卒，年六十五。

尹繼倫，開封浚儀人。父勳，鄆州防禦使。嘗內舉繼倫以爲可用，太祖以補殿直，權領虎捷指揮，預平嶺表，下金陵。太宗卽位，改供奉官。從征太原，還，遷洛苑使，充北面緣邊都巡檢使。

端拱中，威虜軍糧餽不繼，契丹潛議入寇。上聞，遣李繼隆發鎭、定兵萬餘，護送輜重數千乘。契丹將于越諜知之，率精銳數萬騎，將邀于路。繼倫適領兵巡徼，路與寇直，于越徑趨大軍，過繼倫軍，不顧而去。繼倫謂其麾下曰：「寇蔑視我爾。彼南出而捷，還則乘勝驅我而北，不捷亦且洩怒於我，將無遺類矣。爲今日計，但當卷甲銜枚以躡之。彼銳氣前趣，不虞我之至，力戰而勝，足以自樹。縱死猶不失爲忠義，豈可泯然而死，爲胡地鬼乎！」衆皆憤激從命。繼倫令軍中秣馬，俟夜，人持短兵，潛躡其後，行數十里，至唐河、徐河間〔一〕。天未明，敵去大軍四五里〔二〕，會食訖將戰，繼隆方陣于前以待，繼倫從後急擊，殺其將皮室一人。皮室者，契丹相也。皮室旣擒，衆遂驚潰。于越方食，失箸，爲短兵中其臂，創甚，乘善馬先遁。寇兵隨之大潰，相蹂踐死者無數，餘黨悉引去。契丹自是不敢窺邊，其平居相戒，則曰：「當避『黑面大王』」，以繼倫面黑故也。以功領長州刺史，仍兼巡檢。

淳化初，著作佐郎孫崇諫自契丹逃歸，太宗詢以邊事，極言徐河之戰契丹爲之奪氣，故每聞繼倫名，則倉皇不知所措。於是遷繼倫尙食使，領長州團練使，以勵邊將。淳化五年，李繼隆奉詔討夏州，以繼倫爲河西兵馬都監。未幾，以深州團練使領本州駐泊兵馬部署。

至道二年，分遣將帥爲五道，以討李繼遷。時大將李繼隆由靈環路往，逗撓不進，上怒，急召繼倫至京師，授靈、慶兵馬副都部署，欲以夾輔繼隆也。時繼倫已被病，強起受詔。上素聞其嗜酒，以上尊酒賜而遣之。卽日乘驛赴行營，至慶州卒，年五十。上聞之嗟悼，賻賵加等，遣中使護其喪而歸葬焉。

薛超，遼州平城人。少有勇力。乾德初，應募爲虎捷卒。從崔彥進伐蜀平，錄功補虞候，遷十將。太平興國初，四遷至天武指揮使。從征太原，領遊騎千人備禦鎭、定境上，以張軍勢。及車駕還，契丹頻寇鎭、定，侵掠無已。超從大將劉廷翰率兵至徐河，賊將領騎十餘出挑戰，超躍馬直前，連射數人斃，敵勢逐却。大軍乘之奮擊，斬首萬餘級。以功加步軍都軍頭，遷神衞軍都校，領敍州刺史。

雍熙三年，從潘美北征，至鴈門、西陘，路與契丹遇，又戰敗之。追至寰州，斬首五百餘級，其將趙彥辛以城降。超連被創，流血濡甲縷，部分軍士自若，乘勝抵應州，其節度副使艾正以城降。還，加馬步軍都軍頭。淳化初，屯鎭州，遷天武指揮使，領澄州團練使。至道元年，卒，年五十七。

丁罕者，潁州人。應募補衞士，累遷指揮使。從劉廷翰戰徐河，以奪橋功遷本軍都虞候。累遷天武指揮使，領獎州團練使。淳化三年，出爲澤州團練使、知霸州。會河溢壞城壘，罕以私錢募築，民咸德之。五年，以容州觀察使領靈環路行營都部署，與李繼遷戰，斬首俘獲以數萬計。至道中，率兵從大將李繼隆出青岡峽，賊聞先遁，追十日程，不見而返。三年，眞拜密州觀察使、知威虜軍，徙貝州。咸平二年，卒。子守德，能世其家。

趙瑫者，貝州淸河人。由衞士累遷龍衞指揮使。亦以徐河戰功，加鎭州團練使，至兵馬部署。至道二年，卒于官，年七十。贈歸義軍節度使。

郭密，貝州經城人。軀幹雄偉，膂力絕人。幼孤，隨母適同郡王乙，因冒姓王氏。以知瀛州馬仁瑀薦，隸晉王帳下，給事左右。太宗卽位，補指揮使，復姓郭氏。至淳化間，凡八遷，移貝州駐泊兵馬部署。會夏人寇邊，以密有武略，擢領安州觀察使，充靈州兵馬都部署。訓練士卒，號令嚴肅，夏人畏服，邊境賴以寧謐。至道二年，卒，年五十八。贈保順軍節度。

傅思讓者，冀州信都人。少無賴，有勇力，善騎射。太宗居晉邸，補親事都校。卽位，補衞士直長，累遷至平州刺史。奉詔破契丹兵于唐興口。端拱中，四遷爲容州觀察使、知莫州，移隴州。上命殿中丞林特同判州事，以夾輔之，以思讓所爲多不法故也。至道二年，卒，年七十四。贈保順軍節度。

李斌者，青州人。太宗在晉邸，聞其狀貌魁偉，召置左右。卽位，補御龍直副指揮使。

太平興國中，以天武指揮使領鄭州刺史。七年，坐嘗受秦王廷美饋遺，貶曹州都校。雍熙三年，遷營州刺史。四年，領溪州團練使，連爲貝、冀二州駐泊都監。淳化中，繼領萊州、洺州團練使。勤於政理，人服其清愼，轉運使陳緯以狀聞於朝。至道初，拜桂州觀察使，仍判洺州，徙滄州。及代，吏民不忍其去，鄰境亦上其善狀，詔書褒美之。咸平三年，卒，年六十一。

田仁朗，大名元城人。父武仕晉，昭義軍節度使。仁朗以父任西頭供奉官。太祖即位，從討李重進，攻城有功，還，與右神武統軍陳承昭浚五丈河，以通漕運。

乾德中，討蜀，命仁朗爲鳳州路壕砦都監。伐木除道，大軍以濟，錄功遷染院副使。太祖征太原，與陳承昭壅汾水灌城。城將陷，會班師。俄遷內染院使，數日改左藏庫使。爲中官所讒，太祖怒，立召詰之，至殿門，命去冠帶。仁朗神色不撓，從容曰：「臣嘗從破蜀，秋毫無犯，陛下固知之。今主藏禁中，豈復爲姦利以自汙？」太祖怒釋，止停其職。

開寶六年，起爲榷易使。七年，以西北邊內侵，選知慶州。仁朗至，率麾下往擊之，短兵將接，前鋒稍却，仁朗斬指揮使二人，軍中震恐，爭乞効命，遂大破之。其酋長相率請和，仁朗烹牛置酒與之約誓，邊境乃寧，璽書褒美。

太平興國初，秦州羌爲寇，命仁朗屯兵清水。會李飛雄事敗，召爲西上閤門使。四年，征太原，命仁朗與閤門祗候劉緒按行太原城四面壕砦，閱視攻城梯衝、器械。太原平，留仁朗爲兵馬鈐轄，閑廐使武再興、軍器庫副使賈湜並爲巡檢。俄命仁朗與再興役民築楡次新城。從幸大名，又命爲滄州鈐轄，俄遷東上閤門使、知秦州。九年，判四方館事。會議東封，命仁朗自京抵泰山，督役治道。

李繼遷爲亂，命仁朗率兵巡銀、夏。歲餘召還。未幾，繼遷攻麟州，誘殺曹光實，遂圍三族砦。命仁朗與閤門使王侁、副使董愿、宮苑使李繼隆，馳傳發邊兵數千擊之。仁朗次綏州，奏請益兵，留月餘俟報。會三族砦將折遇乜殺監軍使者，與繼遷合。太宗聞之大怒，亟遣軍器庫使劉文裕自三交乘疾置代仁朗。繼遷乘急攻撫寧砦，仁朗不知爲文裕所代，喜謂諸將曰：「敵人逐水草散保巖險，常烏合爲寇，勝則進，敗則走，無以窮其巢穴。今繼遷嘯聚羌、戎數萬，盡銳以攻孤壘，撫寧小而固，兵少而精，未可以旬浹破。當留信宿，俟其困，以大兵臨之，分強弩三百，邀其歸路，必成擒矣。」仁朗部署已定，欲示閑暇，日縱其樗博，不恤軍事。

上知之，遣使召仁朗赴闕，下御史按問仁朗請益兵及陷三族狀。仁朗對曰：「所召銀、綏、夏兵，其州皆留防城，不遣。所部有千餘人，皆曹光實舊卒，器甲不完，故請益兵。況轉輸芻粟未備，三族砦與綏相去道遠，非元詔所救。昨臣已定擒繼遷策，會詔代臣，其謀不果。」因言：「繼遷得部落情，願降優詔懷來之，或以厚利啗諸酋長密圖之；不爾，恐他日難制，大爲邊患。」御史以其狀聞，上大怒，切責憲府官吏曰：「仁朗不恤軍政，得爲過乎？」大理遂當仁朗乏軍興及征人違期二十日以上，坐死，上特貸之，下詔責授商州團練副使，馳驛發遣。

是役也，仁朗計已決，爲王侁等所搆，逗撓不進軍，故及於貶。後數月，上知其無罪，召拜右神武軍大將軍。部修河北東路諸州城池，數月而就。留知雄州，加領澄州刺史。時河北用兵，大藩多用節將，朝議以通判權位不倫，選諸司使有吏幹者佐之，以仁朗知定州節度副使事。俄召赴闕，未聞命而卒，年六十，時端拱二年也。

仁朗性沉厚，有謀略。頗涉書傳，所至有善政。雅好音律，尤臻其妙。時內職中咸以仁朗爲稱首，故死之日人多惜之。

劉謙，博州堂邑人。曾祖直，以純厚聞于鄉黨，里有盜其衣者，置不問。州將廉知，俾人故竊其衣，亦不訴理，卽召詰前盜衣者，俾還之。直給云：「衣乃自以遺少年，非竊也。」州將義之，賜以金帛，不受而去。父仁罕，輕俠自任。五代末，寇盜充斥，仁罕率衆斷澶州浮橋以潰賊，因誘獲數十人，出芻粟給官軍，補內黃鎭將。嘗因事至酒家，遇羣寇暴集，以計悉梟其首，攜詣西京留守向拱，補汜水鎭將，俄爲散都頭。宋初，遷許州龍衞副指揮使。會王師征廣南，爲前鋒，還，改同州都校，卒。

謙少感慨，不拘小節。初詣嶺表省父，仁罕資以金帛，令北歸行商。還堂邑舊墅，嘗爲鄉里惡少所辱，謙不勝怒，毆殺之。亡命京師，遂應募從軍，補衞士，稍遷內殿直都知。至道初，眞宗升儲邸，增補宮衞，太宗御便坐，親選諸校，授謙西頭供奉官、東宮親衞都知，賜袍笏、鞾帶、器幣。眞宗卽位，擢授洛苑使。謙起行伍，不樂禁職，求換秩，改殿前左班指揮使，給諸司使奉料。咸平初，遷御前忠佐馬步軍都軍頭，領勤州刺史，加殿前右班都虞候。上幸大名，至北苑，屬謙有疾，遣歸將護，謙懇請從行。既俾其二子隨侍，仍挾尙醫以從，御廚調膳以給之。疾瘳，毀所服鞍勒以遺中使，上聞，賜白金二百兩。駕還，改捧日左廂都指揮使，領本州團練使。四年，遷捧日、天武四廂都指揮使，領本州防禦使，權殿前都虞候。

時高翰爲天武左廂都校，有卒負債殺人，瘞尸翰營中，累日，發土得之。上怒翰失檢察，執見于便殿。謙卽前奏：「翰職在巡邏及閱教諸軍，不時在營，本營事宜責之軍頭。」上爲釋翰罪。

景德初，加侍衞馬軍都虞候，改領潯州防禦使，俄權步軍都指揮使。明年冬，制授殿前副都指揮使、振武軍節度。先是，謙久權殿前都虞候，俄擢曹璨正授，謙頗形慨嘆。至是，璨副馬軍，而升謙領禁衞焉。河北屯兵，常以八月給冬衣。謙上言邊城早寒，請給以六月。後以爲例。無何，以足疾求典郡，上召見敦勉之。

大中祥符初，從東封，上升泰山，詔都總山下馬步諸軍，與西京左藏庫副使趙守倫閱視山門，設施有法，著籍者乃得上焉。禮成，進授都指揮使，移領保靜軍節度。明年八月，卒，年六十，贈侍中。初，謙將應募，與同軍王仁德訊於日者。日者指謙謂仁德曰：「爾當爲此人廐吏。」及謙帥殿前，仁德果隸役廐中。

子懷懿，後爲東染院副使；懷詮，內殿崇班，閤門祗候。

論曰：宋初諸將，率奮自草野，出身戎行，雖盜賊無賴，亦廁其間，與屠狗販繒者何以異哉？及見於用，皆能卓卓自樹，由御之得其道也。劉福御下有方略，所至著績，受祿雖厚，而不爲燕安之謀，可謂國爾忘家者矣。守忠練達邊事，禔身謙愼，弭卒校之變於談笑之頃，非善於行權者不能也。仁朗沈毅有謀，累從征討，綏州之役，不惟無功，而反坐逗撓，豈其計之不善哉？特爲讒邪所搆爾。自餘諸子，皆積戰功以取通侯。若延美之開門示敵，思德之翼衞主帥，繼倫之襲擊契丹，薛超之裹創赴戰，元達之請赦亡命，郭密之訓撫士卒，斯皆忠義仁勇，有足稱者。罕、瑫、思讓，若斌、若謙，雖乏奇功，而亦克共乃職，能寡過者也。守正素練戎旅，累任邊要，而矜勞肆忿，視於勞謙之君子，能無愧乎。

校勘記

〔一〕至唐河徐河間　「唐河」原作「唐州」。按唐州在河南，於地理上不合。據本書卷二五七李繼隆傳、長編卷三〇、編年綱目卷四改。

〔二〕敵去大軍四五里　「敵」原作「越」，據長編卷三〇改。又「四五里」長編作「四十五里」，疑長編誤。

宋史卷二百七十六

列傳第三十五

劉保勳字修業，河南人。父處讓，仕後唐，入晉拜樞密使，出爲彰德軍節度。保勳少好騎射。後唐清泰中，裁十許歲，攝潞州左司馬，隨父署彰德軍衙內都校。父卒，補供奉官。習刑名之學，頗工詩。因獻詩，宰相桑維翰奇之，奏擢爲太常丞。歷漢爲祕書丞。周廣順初，有薦其詳練法律，兼大理正，遷工部員外郎。歷掌鄆宋楚三州鹽、麴、商稅。宋初，拜戶部。遭母喪，起復，出掌蘄口榷茶。徙雲安監鹽制置使，歲滿，出羨餘百萬，轉運使欲以狀聞，保勳曰：「貪官物爲己功，可乎？」乃止。開寶初，遷司封員外郎、監左藏庫。六年，知宋州。太平興國初，遷祠部郎中，通判晉州。二年，選爲江南西路轉運使，賜錢百萬。三年，徙兩浙東北路。太宗征晉陽，改戶部郎中，爲隨軍轉運使兼勾當北面轉運事。又與侯陟同勾當軍前諸事。會陝西北路轉運使雷德驤調發沁州軍糧後期，詔劾德驤，以保勳代之。太原平，命知并州。逾年，召入判大理寺，出知昇州。是冬，召歸，點檢三司開拆司，會鹽鐵使闕，又命權領其事。遷兵部郎中兼判三司勾院。

八年，拜右諫議大夫，俄知開封府。寡婦劉詣府訴夫王前妻子元吉置堇食中，毒已將死。按驗獄成，元吉妻撾登聞鼓訴冤，事下御史臺。其實劉有姦狀，元吉知之，劉慚悸成疾，故誣告之。保勳坐奪奉三月，俄以辛仲甫代之。未幾，復判大理寺。雍熙二年，權御史中丞兼勾當差遣院。是秋，罷權中丞。

三年春，命曹彬等征幽州，保勳以本官知幽州行府事。子利涉以開封府兵曹督芻粟隨軍，常從其父。會王師不利，濟拒馬河，更相蹂躪，多死。保勳馬陷淖中，利涉自後掀出之，力不勝，人馬相擠壓，遂俱死。時年六十二。上命恤其後。保勳三子：二子先保勳死，季子隨沒。以其孫巨川爲嗣，授祕書正字。端拱初，特召贈工部侍郎。

保勳性純謹，少寐，未嘗忤物，精於吏事，不憚繁劇。嘗語人曰：「吾受君命未嘗辭避，接同僚未嘗失意，居家積貲未嘗至千錢。」及死，聞者皆痛惜之。至道三年，又錄其次孫世長爲正字。咸平初，保勳妻卒，詔賜錢十萬。巨川，累爲比部郎中。

滕中正字普光，青州北海人。曾祖瑤，高郵令。祖煦，卽墨令。父保裔，興平令。中正弱冠，舉進士不第。周顯德中，滑帥向拱奏辟爲掌書記。拱移鎭彭門，會中正丁外艱，復表奪情，仍署舊職，加朝散大夫。拱鎭襄陽，以中正爲襄、均、房、復觀察判官。及留守西洛〔三〕，又奏署河南府判官、檢校戶部員外郎。

乾德五年，度支員外郎侯陟表中正有材幹，入爲殿中侍御史。兩川平，選知興元府，判西京留臺，俄通判河南府留守司事。太祖雩祀西洛，以祗事之勤，轉倉部員外郎。

太宗卽位，遷考功員外郎，授四川東路轉運使。太平興國五年，召爲膳部郎中兼侍御史知雜事。六年，命與中書舍人郭贄〔三〕、戶部郎中雷德驤同知京朝官考課。中正嘗薦舉監察御史張白知蔡州，假貸官錢二百貫糴粟麥以射利，坐棄市。中正降爲本曹員外郎，依舊知雜。未幾，又擢拜右諫議大夫，權御史中丞。

雍熙元年春，大宴，上歡甚，以虛盞示羣臣。宰相言飲酒過度，恐有失儀之責。上顧謂中正曰：「今君臣相遇，有失者勿彈劾也。」因是伶官盛言宴會之樂。上曰：「朕樂在時平民安。」是冬乾明節，羣臣上壽酒，旣三行，上目中正曰：「三爵之飲，實惟常禮，朕欲與羣臣更舉一卮，可乎？」中正曰：「陛下聖恩甚厚，臣敢不奉詔。」殿上皆稱萬歲。

二年，以年老辭，出知河南府。未幾，被病罷，分司西京。淳化初，判留司御史臺，命其子玄錫權河南司錄以便養。二年，卒，年八十四。

中正性峻刻，連鞫大獄，時議以爲深文。權中丞日，振舉綱憲，人以稱職許之。二子並舉進士，玄錫至刑部郎中，玄晏後名世寧，至工部郎中。

劉蟠字士龍，濱州渤海人。漢乾祐二年舉進士，解褐益都主簿。宋初，歷安遠軍及河陽節度推官、保義軍掌書記。乾德五年，召拜監察御史，典染院事。初，蘇曉掌京城市征，頗幹集，及卒，選蟠代之。冬，命爲太宗生辰使。開寶七年，與殿中丞劉德言同知淮南諸州轉運事。太平興國初，就遷倉部員外郎，改轉運使，歲漕江東米四百萬斛以給京師，頗爲稱職。秩滿，部內僧道乞留，詔許再任，賜金紫，改駕部員外郎。八年，丁內艱，時以諸州綱運留滯，起復，知京城陸路發運司事。

會河決韓村，大發丁夫塞之，命蟠調給其餉，未幾河塞。朝廷方議封禪，以蟠爲東封水陸計度轉運使，會詔罷其禮。俄遷工部郎中，充河北水路轉運使。改刑部郎中，就充水陸轉運使，入判本部事。籍田畢，遷左諫議大夫。淳化初，兼同考京朝官差遣。二年，暴中風眩，上遣太醫視之，賜以金丹。卒，年七十三。賜錢十萬給其喪事。

皤性淸介寡合，能攻苦食淡，專事苛刻，好設奇詐，以售知人主。典染作日，太祖多臨視之，皤偵車駕至，輒衣短後衣，芒屩持梃以督役，頭蓬不治，遽出迎謁。太祖以爲勤事，賜錢二十萬。嘗受詔巡茶淮南，部民私販者衆。皤乘羸馬，僞稱商人，抵民家求市茶，民家不疑，出與之，卽擒置于法。

子鍇，初以父蔭爲大理評事，咸平二年，擢進士第。嘗獻幸太學頌。眞宗中夜觀書，得鍇頌，頗嘉賞之，出以示輔臣，且言鍇幼孤，能自立，召試，命直史館。累遷至戶部郎中、鹽鐵副使。

孔承恭字光祖，京兆萬年人。唐昭宗東遷，舉族隨之，遂占籍河南。五世祖戡，唐書有傳。戡孫迥，萊州刺史。迥子昌庶，虞部郎中。昌庶子莊，仕晉爲右諫議大夫。由戡至莊，皆登進士第。承恭，莊之子也。以門蔭授祕書省正字，歷温、安豐二縣主簿。時王審琦節制壽春，以承恭名家子，奏攝節度推官。府罷，調補鄭州錄事參軍，入爲大理寺丞。獻宮詞，託意求進。太祖怒其引喻非宜，免所居官，放歸田里。

太宗卽位，以赦復授舊官。時初榷酒，以承恭監西京酒麴，歲增課六千萬。遷大理正，議獄平允，擢庫部員外郎，判大理少卿事。遷屯田、兵部二郎中，同考校京朝官課第。端拱三年〔四〕，下詔曰：「九寺三監，國之羽儀，制度聲名，往往而在。各有副貳，率其司存，品秩素高，職任尤重。郎吏遷授，斯爲舊章。比聞搢紳之流，頗以臺閣自許，目爲散地，甚無謂焉。朕將振之，自我而始。其以兵部郎中孔承恭爲太常少卿，魏羽爲祕書少監，戶部郎中柴成務爲光祿少卿，魏庠爲衞尉少卿，張洎爲太僕少卿，呂端爲大理少卿，臧丙爲司農少卿，袁廓爲鴻臚少卿，工部郎中張雍爲太府少卿。」又以屯田郎中雷有終爲少府少監，虞部郎中索湘爲將作少監。時裴祚、愼從吉、宋雄先爲少卿，皆改授東宮官。

又詔承恭與左散騎常侍徐鉉刊正道書，俄以疾求解官，且言早遊嵩、少間，樂其風土，願卜居焉。上召見，哀其羸瘠，出御藥賜之，授將作監致仕。以其子玢同學究出身，爲登封縣尉，俾就祿養。未果行而卒，年六十二。

承恭少疎縱，及長能折節自勵。嘗上疏請令州縣長吏詢訪耆老，求知民間疾苦、吏治得失；及舉令文「賤避貴，少避長，輕避重，去避來」，請詔京邑幷諸州於要害處設木牌刻其字，違者論如律。上皆爲行之。尤奉佛，多蔬食，所得奉祿，太半以飯僧。嘗勸上不殺人，又請於征戰地修寺及普度僧尼，人多言其迂闊云。

宋璫字寶臣，華州渭南人。父鸞，監察御史。璫，乾德中進士及第，拔萃登科，解褐青城主簿。好寫書，秩滿，載數千卷以歸。吳廷祚鎭永興，辟掌書奏。廷祚卒，復調下邽主簿，擢著作佐郎、知綿州。太宗卽位，改右贊善大夫，爲峽路轉運副使。代還，召對，賜緋魚。復出知秦州，有善政，就拜監察御史，充陝西轉運使，以韋亶代知秦州，璫去州未百日，亶坐事繫獄。上以璫前有治績，賜錢五十萬，再命知秦州，安集諸戎，部內清肅。

雍熙初，轉比部員外郎。在任凡六年，召歸，面賜金紫，授度支判官。俄遷屯田郎中、知益州，屬歲饑多盜，璫始至，以方略擒捕招輯，盜皆首伏屏息，下詔嘉獎。端拱初，就拜右諫議大夫。時兩川轉運使副皆坐事免，以璫爲西川轉運使，加左諫議大夫，改知陝州。

淳化中，三吳歲饑、疾病，民多死，擇長吏養治之，命璫知蘇州。璫體豐碩，素病足，至州，地卑濕，疾益甚。人或勸其謝疾北歸，璫曰：「天子以民病俾我綏撫，我以身病而辭焉，非臣子之義也。」既而太白犯南斗，曰：「斗爲吳分，民方饑，天象如此，長吏得無咎乎！」四年，卒，年六十一。上聞之嗟悼，錄其子明遠爲蒲城主簿，俾護其喪歸葬焉。

瑫性淸簡，歷官三十年，未嘗問家事，唯聚書以貽子孫。且曰：「使不忘本也。」明遠，淳化三年進士，後爲都官員外郎。次子柔遠，亦舉進士及第。垂遠，閤門祗候。

袁廓，劍州梓潼人。在蜀舉進士及第。入宋，補雙流縣主簿。又爲西平縣主簿，勾稽漏籍，得民丁萬餘，州將薦其勤職。就遷上蔡令，又以課最，擢太子右贊善大夫。令於御史府分領推事，掌榷貨務。廓性夸誕，敢大言，好詆訐，太祖以奇士待之。

太宗卽位，遷殿中丞，出知楚州。歸掌京師市征，歲中增課數萬緡，上嘉之，賜緋魚，賚錢百萬。會錢俶盡籍土宇以獻，命廓按籍浙中，諸州軍倉庫之物悉輸京師，得以便宜從事。仍詔每公宴別席而坐，以寵異之。復命知鄆州，會河決溢入城，浸居人廬舍，至冬月結爲冰。廓大發民鑿取，以竹輿舁出城，散積之。使者至，謂其有略，致水不入城，乃以狀聞，拜監察御史。至春凍解，州地下，流澌溢入爲民患。

會秦王廷美遷置房州，以崇儀副使閻彥進知州事，廓通判州事，並賜白金三百兩。廓俄轉殿中侍御史，召爲戶部判官，命與陳恕、李惟淸專計度芻糧事，改戶部員外郎。又爲度支判官。籍田，轉本曹郎中，判戶部勾院。廓強項好爭，數與判使等較曲直於上前，聲氣俱厲，上每優容之。然勾稽精密，由是部領擁積，爲郡吏所訴，詔御史辨問，廓謁見宰相趙普自理。屬鄭州團練使侯莫陳利用得罪，廓嘗與利用書札往還稔昵。普謂之曰：「職司常事，此不足云，與利用交結款密，於理可乎？」廓驚慚泣下，不能對。數日，出知溫州。就遷鴻臚少卿。

同郡袁仁甫掌州之關征，素以宗盟之分，頗相親善，一旦不協，互有論奏。上遣光祿寺丞牛韶往按驗，韶至，並攝繫獄置對。上疑廓被誣，驛召赴闕。廓性剛褊，被詰治峻急，詔書未至，以憤死。上聞，甚追悼之。復驗仁甫所訴，多無實狀，免韶官，貶仁甫商州長史，贈廓右諫議大夫。錄其子丘賀爲奉禮郎，始十歲。上猶念廓不已，又詔削仁甫名籍，配隸商州。

樊知古，字仲師，其先京兆長安人。曾祖傒，濮州司戶參軍。祖知諭，事吳爲金壇令。父潛，事李景，任漢陽、石埭二縣令，因家池州。知古嘗舉進士不第，遂謀北歸。迺漁釣采石江上數月，乘小舟載絲繩，維南岸，疾棹抵北岸，以度江之廣狹。開寶三年，詣闕上書，言江南可取狀，以求進用。太祖令送學士院試，賜本科及第，解褐舒州軍事推官。嘗啓於上，言老母親屬數十口在江南，恐爲李煜所害，願迎至治所。卽詔煜令遣之。煜方聞命，卽厚給齎裝護送至境上。

七年，召拜太子右贊善大夫。會王師征江表，知古爲鄕導，下池州。八年，以知古領州事。先是，州民保險爲寇，知古擊之，連拔三砦，擒其魁以獻，餘皆潰散。方議南征，命高品石全振往湖南造黃黑龍船，以大艦載巨竹絙，自荆南而下，遣八作使郝守濬(五)等率丁匠營之。議者以謂江濤險壯，恐不能就，乃於石牌口(六)試造之，移置采石，三日橋成，不差尺寸，從知古之請也。

金陵平，擢拜侍御史，令乘傳按行江南諸州，詢訪利民，復命知江南東路轉運事。數日，改授江南轉運使，賜錢一百萬。先是，江南諸州官市茶十分之八，復征其餘分，然後給符聽其所往，商人苦之。知古請蠲其稅，仍差增所市之直，以便於民。江南舊用鐵錢，十當銅錢之一，物價翔踴，民不便，知古亦奏罷之。先是，李煜用兵，權宜調斂，知古悉奏爲常額。豫章洪氏嘗掌昇州榷酤，逋鐵錢數百萬。至是，知古挾微時嘗辱於洪氏，責償銅錢以快意。

太宗卽位，授庫部員外郎，召歸，換金紫，賜錢百萬，命爲京西北路轉運使。太平興國六年，加虞部郎中，就改知邠州，移鳳翔府，入爲鹽鐵判官，出領荆湖轉運使。雍熙初，遷比部郎中。會河朔用兵，分諸郡爲兩路，以給漕輓。遷知古爲東路轉運使，遷駕部郎中，賜錢五十萬。知古本名若水〔七〕，字叔淸，因召見，上問之曰：「卿名出何書？」對曰：「唐尚書右丞倪若水亮直，臣竊慕之。」上笑曰：「可改名『知古』。」知古頓首奉詔。倪若水實名「若冰」，知古學淺，妄引以對，人皆笑之。

端拱初，遷右諫議大夫、河北東西路都轉運使〔八〕，賜白金千兩。兩路各置轉運副使，都轉運使之名自知古始。二年，詔加河北西路招置營田使。奏請修城木五百餘萬、牛革三百萬。上曰：「萬里長城豈在於此？自古匈奴、黄河，互爲中國之患。朕自卽位以來，或疆場無事，則有修築河隄之役。近者邊烽稍警，則黄河安流無害，此蓋天意更迭垂戒，常令惕厲。然而預備不虞，古之善教，深溝高壘，亦王公設險之義也。所請過當，不亦重困吾民乎？」乃詔有司量以官物給之。

會度支使李惟淸上言河北軍儲無備，請發河南十七軍州轉粟以赴。太宗曰：「農事方殷，豈可更興此役？」惟淸固以爲請，上遣左正言馮拯乘傳與知古計之。知古卽言：「河北軍儲可以均濟足，俟農隙令民轉餉。」拯復命，太宗曰：「不細籌之，則民果受弊矣。」未幾，入朝奏事稱旨，拜給事中。俄爲戶部使。

知古有才力，累任轉運使，甚得時譽。及在戶部，頻以職事不治，詔書切責，名益減。素與陳恕親善，恕時參知政事，太宗言及計司事有乖違者，恕具以告。後因奏事，知古遂自解。上問：「從何得知？」曰：「陳恕告臣。」上怒恕泄禁中語，且嫉知古輕侻，故兩罷之。出知古知梓州，未至，改西川轉運使。

知古自以嘗任三司使，一旦掌漕運劍外，鬱鬱不得志，常稱足疾，未嘗按行郡縣。蜀中富饒，羅紈錦綺等物甲天下，言事者競商榷功利。又土狹民稠，耕種不足給，繇是兼并者益糴賤販貴以規利。

淳化中，青城縣民王小波聚徒爲亂，謂其衆曰：「吾疾貧富不均，今爲汝輩均之。」附者益衆，遂攻陷青城縣，掠彭山，殺其令齊元振。巡檢使張玘與鬥于江源縣，射小波，中其額，旋病創死，玘亦被殺。衆遂推小波妻弟李順爲帥。初，小波黨與裁百人，州縣失於備禦，故所在蠭起，至萬餘人。攻蜀州，殺監軍王亮及官吏十餘人；陷邛州，害知州桑保紳、通判王從式及諸僚吏，逐都巡檢使郭允能。允能率麾下與戰新津江口，爲賊所殺，同巡檢、殿直毛儼徒步以身免。賊勢益張，衆至數萬人，陷永康軍、雙流、新津、温江、郫縣，縱火大掠，留其黨守之。往攻成都，燒西郭門，不利，引去。陷漢州、彭州，旋陷成都。

時已詔知梓州、右諫議大夫張雍代知古爲轉運使。雍未至，知古與知府郭載及屬官走東川。詔復令掌兩川漕運。知古具伏擅離所部，制置無狀，上特宥之，以本官出知均州。視事旬日，憂悸卒，年五十二。上猶嗟憫，賜其子漢公同學究出身。

知古明俊有吏幹，辭辨捷給，及任西川，不能弭盜而逃，雖獲宥，終以慚死云。

郭載字咸熙，開封浚儀人。父暉，右監門衞將軍、義州刺史。載蔭爲右班殿直，累遷供奉官、閤門祗候。雍熙初，提舉西川兵馬捕盜事，太宗賜鞍馬、器械、銀錢以遣之。四年，以積勞加崇儀副使。召還，上言：「川峽富人俗多贅壻，死則與其子均分其財，故貧者多。」詔禁之。端拱二年，擢引進副使、知天雄軍，入同勾當三班，出知秦州兼沿邊都巡檢使。先是，巡邊者多領兵騎以威戎人，所至頗煩苦之。載悉減去，戎人感悅。遷西上閤門使，改知成都府。

載在天雄軍，屢奏市糴朝臣段獻可、馮侃等所市麤惡，軍人皆曰「此物安可充食」。太宗頗疑，使覆驗之，及報，與載奏同。獻可等皆坐削官，仍令塡償。及載受代，獻可等所市皆支畢，復有羨數。三司判勾馮拯以聞，太宗召度支使魏羽詰之。羽曰：「獻可等所市不至麤惡，亦無欠數。臣與侃親舊，是以未敢白。」太宗曰：「此公事爾，何用畏避？」因詔宰相謂曰：「此乃郭載力奏，朕累與卿等議，皆云有實，今支畢，頗有羨餘，軍士復無詞訴。郭載，朕向以純誠待之，何爲矯誣及此。然已委西川，俟還日別當詰責。」於是獻可等悉復官。

載行至梓州，時李順已構亂，有日者潛告載曰：「益州必陷，公往當受禍，少留數日可免。」載怒曰：「吾受詔領方面，阽危之際，豈敢遷延邪？」即日入成都。順兵攻城益急，不能拒守，乃與樊知古率僚屬斬關出，以餘衆由梓州趨劍門，隨招安使王繼恩統兵討順，平之，復入成都。月餘，憂患成病，卒，年四十。

載前在蜀，頗能爲民除害，故蜀民悅之。再至成都，卽値兵亂，及隨繼恩平賊，亦有所全濟。故其死也，成都人多歎惜之。

臧丙字夢壽，大名人。弱冠好學。太平興國初，舉進士，解褐大理評事，通判大寧監，官課民煮井爲鹽，丙職兼總其事。先是，官給錢市薪，吏多侵牟，至歲課不充，坐械繫者常數十百人。丙至，召井戶面付以錢，既而市薪積山，歲鹽致有羨數。

太宗平晉陽，以丙爲右贊善大夫、知遼州。丙素剛果，有吏幹。會同年生馮汝士以祕書丞知石州，與監軍不協，一夕剸刃於腹而死，事可疑。丙上疏言，汝士死非自殺，乞按治。上覽奏驚駭，卽遣使鞫之，召丙問狀。丙曰：「汝士居牧守之任，不聞有私罪，而言自殺。若使寃死不明，不加宿直者以罪，今後書生不能治邊郡矣。」上嘉其直，改著作郎，俄遷右拾遺、直史館。加工部員外郎，充河東轉運使，俄兼本路營田使。代歸，授戶部郎中、同知審官院。

朝廷方以九寺〔九〕亞列爲重，改司農少卿。淳化二年，拜右諫議大夫，出知江陵府。歲餘，疾。上聞之，遣中使及尙醫馳往視之，踰月卒，年五十三。上軫悼之，以其子待用爲四門助教。

丙舊名愚，字仲回。旣孤，常夢其父召丙偶立於庭，向空指曰：「老人星見矣。」丙仰視之，黃明潤大，因望而拜。旣寤，私喜曰：「吉祥也。」以壽星出丙入丁，乃改名焉，至是無驗。丙於禮不當更名，古人戒數占夢，無妄喜也。待用歷金部郎中、東染院使、賀州刺史。次子列進士及第，至太常丞。

徐休復字廣初，濮州鄄城人。太平興國初，舉進士，解褐大理評事、通判。轉運使薦其材，代歸，授太子右贊善大夫，改著作郎、直史館，賜緋魚，遷左拾遺。六年，加右補闕，充兩浙東北路轉運副使，移知明州。七年秋，被召赴闕，明年，授庫部員外郎、知制誥。九年，出知廣州，是歲，加水部郎中；雍熙二年，就遷比部郎中，充樞密直學士，賜金紫，依舊知州事。

休復與轉運使王延範不協，乃奏延範私養術士，厚待過客，撫部下吏有恩，發書與故人韋務昇作隱語，偵朝廷事，反狀已具。詔遣內侍閻承翰與休復同按劾之，遂抵於法。端拱初，加左諫議大夫，召爲戶部使。淳化元年，罷使，遷給事中，連知靑、潞二州。休復先上言，以父母藁葬靑社，願得領州事，因營丘壠。至靑州踰年，但聚財殖貨，終不言葬事。至潞州數月，瘍生於腦。既而疾甚，若見王延範，休復但號呼稱死罪，後數日卒，年五十三。休復無他能，掌誥命甚不稱職，履行不見稱於搢紳云。

張觀字仲賓，常州毗陵人。在江南登進士第。歸宋，爲彭原主簿。太平興國初，移興元府掾，復舉進士不第，調鷄澤主簿。再求試，特授忠武掌書記，就改觀察判官。上請復刺史及不遣武德卒詣外州偵事，頗稱旨，召拜監察御史，充桂陽監使。獻所業文，賜進士及第。

會三司言劍外賦稅輕，詔觀乘傳按行諸州，因令稍增之。觀上疏言：「遠民不宜輕動撓，因而撫之，猶慮其失所，況增賦以擾之乎？設使積粟流衍，用輸京師，愈煩漕輓之力，固不可也。或以分兵就食，亦非安存之策，徒斂怨於民，未見國家之利。」太宗深以爲然，因留不遣。

其後復上疏曰：

臣憑藉光寵，備位風憲，每遇百官起居日，分立于庭，司察不如儀者舉之。因見陛下天慈優容，多與近臣論政，德音往復，頗亦煩勞。至於有司職官，承意將順，簿書叢脞，咸以上聞，豈徒褻黷至尊，實亦輕紊國體。況帝王之道，言則左史書之，動則右史書之，列于緗素，垂爲軌範，不可不愼也。若夫方今之急者，遠人未服，邊鄙不寧；陰陽未序，倉廩猶虛；淳朴未還，奢風尙熾；縣道未治，逋逃尙多；刑法未措，禁令猶密；墜典未復，封祀猶闕：凡此數者，皆朝廷之急務也。誠願陛下聽斷之暇，宴息之餘，體貌大臣，以之揚榷，使沃心造膝，極意論思，則治體化源，何所不至。

臣又嘗讀唐史，見貞觀初始置崇文館，命學士、耆儒更直互進，聽朝之際，則入內殿講論文義，商榷時政，或日旰忘倦，或宵分始罷，書諸信史，垂爲不朽。況陛下左右前後，皆端士偉人，伏望釋循常之務，養浩然之氣，深詔近臣，闡揚玄風，上爲祖宗播無疆之休，下爲子孫建不拔之業。與夫較量金穀，剖析毫釐，以有限之光陰，役無涯之細務者，安可同年而語哉！上覽而稱之，召賜緋魚，以爲度支判官。

歲餘，遷左司，改鹽鐵判官。嘗因奏事白上曰：「陛下務敦淳化，殿宇𣑱飾，皆徹去之，惟尚朴素，天下幸甚。然於服御器用，臣願亦從純儉。」上曰：「朕庶事簡約，至於所服，多用絁絹，皆經澣濯爾，卿言甚善。」觀頓首謝。觀數在省署及長春殿次中，諸事於其使李惟淸，辨說牴牾，失禮容，惟淸不能甘，因奏解其任。觀抗章論列，上亦察其無失，故未幾復授舊職。又諫罷治佛寺，不報。俄出爲諸路茶鹽制置副使，上疏言，更茶鹽之制，於理非便，不合旨。改知黃州，遷揚州，皆有善政。

會三司改舊貫，均州縣之籍以分其職，召爲三司河東道判官。有詔計司官屬不得越局言他事，觀自以任諫官，乃上書指陳拾遺補闕之職，言事固當然，不奉詔。上怒，謂宰相曰：「朕俾警三司僚屬各率其職，非令諫官不言時務，觀乃妄有援引，以諷刺朕，姑爲容忍，不欲深責。」乃令出知道州，移廣南西路轉運使。坐奏交州黎桓爲亂兵所殺、丁璿復位事不實，被劾。獄未具，卒於桂州，年五十三。觀廣覽漢史，雅好論事，辭理切直，有古人之風焉。

論曰：保勳從其子以死事，宋璫忘其身以恤民，臧丙信友誼以明枉，其所履歷，皆有足觀。中正粗振風紀而峻深寡恕，袁廓剛狷夸誕以徼寵任，承恭平恕知止而好佞佛，固皆未盡於善。知古首獻征南之謀，遂階試用，而其攬轡舊都，猶尋宿怨，與昔人所謂不以私怨惡廢鄉黨之好者異矣。郭載肆爲矯誣，而懷恚以死；休復虧慎終之孝，而樂致人於禍，庸何議焉。若觀之獻納忠讜，識達體要，則又可嘉者也。

陳從信字思齊，亳州永城人。恭謹強力〔一〇〕，心計精敏。太宗在晉邸，令典財用，王宮事無大小悉委焉。累官右知客押衙。開寶三年秋，三司言：倉儲月給止及明年二月，請分屯諸軍盡率民船，以資江、淮漕運。太祖大怒，責之曰：「國無九年之蓄曰不足，爾不素計而使倉儲垂盡，乃請屯兵括民船以運，是可卒致乎？今設汝安用，苟有所闕，當罪汝以謝衆！」三司使楚昭輔懼，詣太宗求寬釋，使得盡力。太宗既許，召從信問之，對曰：「從信嘗遊楚、泗，知糧運之患。良以舟人之食，日歷郡縣勘給，是以凝滯。若自發舟計日往復併支，可以責其程限。又楚、泗運米于舟，至京復輦入倉，宜宿備運卒，令卽時出納，如此，每運可減數十日。楚、泗至京千里，舊八十日一運，一歲三運；若去淹留之虛日，則歲可增一運焉。今三司欲籍民舟，若不許，則無以責辦，許之，則冬中京師薪炭殆絕矣。不若募舟之堅者漕糧，其損敗者任載薪炭，則公私俱濟。今市米騰貴，官價斗錢七十，賈者失利，無敢致於京師，雖居商厚儲亦匿而不糶，是以米益貴，民將餓殍。若聽民自便，卽四方奔湊，米多而價自賤矣。」太宗明日具奏，太祖可之，其事果集焉。

太宗卽位，遷東上閤門使，充樞密都承旨。會八作副使綦廷珪，因疾假滿不落籍，愈日不朝參，卽入班中，宣徽使潘美、王仁贍並坐奪奉一季，從信與閤門使商鳳責授閑廄使、閤門祗候，餘抵罪有差。太平興國三年，改左衞將軍，復爲樞密都承旨。太宗征并汾，以爲大內副部署。七年，坐秦王廷美事，以本官罷。明年，分使三部，以從信爲度支使，賜第于浚儀寶積坊，加右衞大將軍。九年，卒，年七十三，贈太尉。

從信好方術，有李八百者，自言八百歲，從信事之甚謹，冀傳其術，竟無所得。又侯莫陳利用者，所爲多不法，始因從信推薦，人以是少之。

張平，青州臨朐人。弱冠寓單州，依刺史羅金山。金山移滁州，署平馬步都虞候。太宗尹京兆，置其邸。及秦王廷美領貴州，復署爲親吏。後數年，有譖平匿府中錢物，秦王白太宗鞫之，無狀，秦王益不喜，遂遣去。太宗憐其非罪，以屬徐帥高繼沖，繼沖署爲鎭將。平歎曰：「吾命雖蹇，後未必不爲福也。」

太宗卽位，召補右班殿直，監市木秦、隴，平悉更新制，建都務，計水陸之費，以春秋二時聯巨筏，自渭達河，歷砥柱以集于京。期歲之間，良材山積。太宗嘉其功，遷供奉官、監陽平都木務兼造船場。舊官造舟旣成，以河流湍悍，備其漂失，凡一舟調三戶守之，歲役戶數千。平遂穿池引水，繫舟其中，不復調民。有寇陽拔華者，往來關輔間，爲患積年。朝廷命內侍督數州兵討之，不克。平以好辭遣人說之，遂來歸。改崇儀副使，仍領其務。凡九年，計省官錢八十萬緡。

雍熙初，召還，同知三班事，遷如京使。三年，改西上閤門使。纔三月，又改客省使。四年，代王明爲鹽鐵使。平掌陽平署積年，是秋，聞陝西轉運使李安發其舊爲陽平姦利，憂恚成疾而卒，年六十三。廢朝，贈右千牛衞上將軍，官給葬具。

平好史傳，微時遇異書，盡日耽玩，或解衣易之。及貴，聚書數千卷。在彭門日，郡吏有侮平者數輩，後悉被罪配京窯務。平子從式適董其役，見之，以語平。平召至第，爲設酒餽勞之，曰：「公等不幸，偶罹斯患，愼勿以前爲念。」給以緡錢，且戒從式善視之。未幾，遇赦得原，時人稱其寬厚。

從式事太宗藩邸，累官文思使。次子從吉，以蔭補殿直，轉供奉官，知宜州，屢破溪蠻。轉運使堯叟上其狀，累遷內殿崇班、閤門祗候。在任凡八年，代還，爲如京副使。咸平中，知環州，嘗與宋沆率兵襲西夏，小衄，部署張凝表其專，責授內殿崇班。俄知澧州，復舊秩。景德四年，宜州軍校陳進叛，命副曹利用爲廣南東、西路安撫使，將兵討之。次象州大鳥砦，與賊戰，進爲先鋒郭志言所刺，遂入城，斬首六十級。以平賊功，改莊宅副使。未還，卒，年四十九。

王繼昇，冀州阜城人。性純質謹愿。事太宗於藩邸，太宗信任之。卽位，補供奉官，累遷軍器庫副使。陳洪進來獻漳、泉之地，以繼昇爲泉州兵馬都監。會游洋洞民萬餘叛，攻泉，繼昇潛率精騎二百夜擊破之，擒其魁，械送闕下，餘黨悉平。召還，遷軍器庫使，領順州刺史，知諸道陸路發運事。

雍熙四年，以諸道水陸發運併爲一司，命繼昇與刑部員外郎董儼同掌其事，號爲稱職。俄遷右神武軍將軍。端拱初，改領本州團練使，三月，卒，年六十四。太宗頗嗟悼，贈洋州觀察使，葬事官給。子昭遠。

昭遠，形質魁偉，色黑，繼昇名之「鐵山」。有膂力，善騎射。少時，入山捕鷹鶻，值澗水暴漲十餘丈，昭遠升大樹，經宿得免。嘗涉河，冰陷，二公傍共援出之，昭遠神色自若。喜與里中惡少遊處，一日，衆祀里神，昭遠適至，有以博投授之，謂曰：「汝他日儻有節鉞，試擲以卜之。」昭遠一擲，六齒皆赤。

南遊京師，事太宗於晉邸，特被親遇，常呼其小字。及即位，補殿前指揮使，稍遷都知。從征太原，先登，爲流矢所中，血漬甲縷，戰益急。會劉繼元降，命守城門，籍兵仗。又從征范陽，多所擒獲，超散員指揮使。

涪王之遷房陵也，禁衞諸校楊均、王榮等以依附被譴，獨昭遠無所預，太宗以爲忠。再遷東西班都虞候〔二〕，轉殿前班都指揮使，領寰州刺史。改馬步軍都軍頭，命乘傳鎭、定、高陽關，募兵以備契丹。又爲冀州駐泊都監，俄授澤州團練使、洺州都部署。太宗屢稱其能，可備急使。

端拱初，召爲殿前都虞候，領勤州防禦使。命有司治綾錦院爲公署，掘地得鐵若山形，或言此地卽鐵山故營，又與昭遠幼名合，聞者異之。太宗嘗草書紈扇，作古詩賜諸將，意多比諷，其賜昭遠，尤加賞遇。二年，領沙州觀察使，再爲幷代副都部署。至道中，李繼遷擾西鄙，絕靈武糧道，命昭遠爲靈州路都部署，護二十五州芻粟，竟達靈武，繼遷不敢犯。眞宗卽位，徙定州行營都部署。未幾，拜保靜軍節度使，充天雄軍都部署，知府事。咸平二年，移知河陽，數月卒，年五十六。時車駕在大名，爲廢朝，贈太尉，謚惠和，中使護葬。

昭遠頗知書，性吝嗇，所至無善政。母弟昭懿亦事晉邸，至捧日都虞候。弟昭遜，西京作坊使。初，祖母郭氏嘗對昭遠母指昭遠曰：「此兒有貴相，他日必至公侯。」指昭懿曰：「此兒奉錢過二萬，不能勝矣。」果皆如其言。

昭遠子懷普，九歲事太宗左右，至西京左藏庫使、平州刺史。懷一，供備庫副使。懷正，內殿承制。懷英，內殿崇班。

尹憲，幷州晉陽人。開寶中，事太宗於藩邸。太宗卽位，擢爲殿直，充延州保安軍使，改供奉官。太平興國四年，護府州屯兵，與鄜州三族會攻嵐州，破敵千餘衆，擒僞知嵐州事馬延忠，拔緣河諸砦。以功轉西京作坊副使。入朔州界，破寧武軍，殺其軍使，獲人馬、器甲甚衆。

詔書褒美。改護夏州兵，轉供備庫使。殺戮三汊、醜奴莊、岌伽羅膩葉十四族，及誘其渠帥。屢降奏請於所部抽移諸帳，別置騎兵，號曰平砦，以備其用，詔從之。俄殺蘆關及南山野狸數族，諸族遂擾。代還，爲洪州巡檢。未幾，命護莫州屯兵。雍熙初，詔就知夏州，攻破李繼遷之衆于地斤澤，繼遷遁走，俘獲四百餘帳。

三年，詔知瀛州兼兵馬鈐轄，領富州刺史，遷東上閤門使。端拱二年，知滄州，移邢州，皆兼鈐轄。淳化初，與王文寶並命爲四方館使，連護鎭、定州屯兵。改知貝州，移高陽關兵馬鈐轄。五年，知定州，與兵馬部署王榮不協。榮素粗暴，因忿毆憲仆地，憲怏怏致疾，數日卒，年六十三。

王賓，許州許田人。小心謹愿。年十餘，事宣祖左右，及長，善騎射。太宗領兗海節制，太祖以署府中右職。太平興國初，補東頭供奉官、亳州監軍。賓妻妬悍，賓不能制，時監軍不許挈家至任所，妻擅至亳，賓具白上。太宗召其妻，俾衞士捽之，杖百，以妻忠靖卒，一夕死。遷賓儀鸞副使，領內酒坊。從征太原，又從征范陽，與彰信節度劉遇攻城東面。五年，車駕北巡，副王仁贍爲大內都部署。

七年，改洛苑使。會汴漕壅滯，軍食不給，詔別置水陸發運兩司，以賓有心計會，領濱州刺史，與儒州刺史許昌裔同掌其事。凡四年，儲積增羨，號爲稱職，俄改右神武將軍。

黎陽當舟車交會，禁兵常屯萬餘，以度支使張遜薦，命賓護黎陽軍，兼領黃、御兩河發運事，俄領本州團練使。以賓請黎陽建通利軍，命就知軍事。賓規起公署、郵館，供帳之器咸具。加本軍大將軍，歲別給錢二百萬，俄兼河北水陸路轉運使。

貝州兵屯無壁壘，分寓邸肆，賓選隙地築舍千二百餘以處之。優詔褒美，召爲右羽林大將軍、判左金吾兼六軍諸衞儀仗司事。淳化四年，出知揚州兼淮南發運使，徙爲通許鎭都監。至道元年，卒，年七十三，賻贈加等。

賓事宣祖、太祖、太宗殆六十年，最爲勤舊，故恩寵尤異，前後賜賚數千萬，俱奉釋氏。在黎陽日，按見古寺基，卽以奉錢修之，掘地丈餘，得數石佛及石碣，有賓姓名，賓異其事以聞。詔名寺爲淳化，賜新印經一藏、錢三百萬以助之。

安忠，河南洛陽人。祖叔千〔三〕，仕晉累任方鎮，以太子太師致仕。父延韜，左淸道率府率。忠形質魁岸，不知書，纔通姓名而已。事太宗藩邸，殆二十年。太宗卽位，授東頭供奉官，掌弓箭庫。遷內弓箭庫副使、西京作坊使，掌翰林司、內衣庫，提點醫官院，掌屯兵于雄州。

會曹彬敗于拒馬河，忠分砦兵布列緣邊，以備游騎，又鑿河葺城壁。俄徙威虜軍，又隸鎭定路大陣之左廂，就擢東上閤門使。與大將李繼隆、田重進、崔翰追契丹兵祁州北，詔書獎飭。端拱元年，移護高陽關屯兵。契丹侵鎭、定，又與崔翰拒之。傅潛陣于瀛州，忠當城之西面。二年，徙知壽州，踰月移貝州，有劇賊十二人久爲民患，忠捕之，悉獲。淳化四年，判左金吾街仗。王賓出知揚州，以忠代爲左龍武軍大將軍。忠泣請：「諸衞將軍列在朝外，不得迎左右，願復舊職。」上笑曰：「環列之官，古官也。大將軍三品，汝終不知朝廷表著之位。」因從其請，俄復東上閤門使，充淮南諸州兵馬鈐轄。至道三年，以病求歸，至泗州卒，年六十四。天禧元年，錄其孫惟慶爲殿直。

論曰：太宗居潛，左右必求忠厚彊幹之士。及卽位，修舊邸之功，陳從信、張平、王繼昇、尹憲、王賓、安忠六人者，咸備任使，又皆畀以兵食之重寄，而各振舉其職焉，有足稱者矣。然平不修舊怨，庶幾進於士夫之度。從信所進邪佞以術蠱惑上心，猶不免於近侍之常態歟！

校勘記

〔一〕王繼昇　原作「王繼升」。按太宗實錄卷四四有王繼昇傳；本書卷三〇七董儼傳、長編卷一九宋會要食貨四二之一都作「王繼昇」，據改。下文同。

〔二〕及留守西洛　「西洛」原作「西路」。按舊五代史卷一二〇恭帝紀、本書卷二五五向拱傳，向拱於顯德六年遷河南尹，充西京留守，中正署河南府判官當在此時。西京又稱西洛，下文卽有其例，「西路」當爲「西洛」之訛。據改。

〔三〕郭贄　原作「鄭贄」，據本書卷二六六郭贄傳、長編卷二二改。

〔四〕端拱三年　按端拱無三年，長編卷三一載此詔於淳化元年四月；宋大詔令集卷一六〇除少卿官詔注，作「淳化元年四月丁未」。

〔五〕郝守濬　原作「郭守濬」，據長編卷一五、宋會要兵七之三〇改。

〔六〕石牌口　原作「石碑口」，據長編卷一五、太平治蹟統類卷一改。

〔七〕知古本名若水　按隆平集卷一二，「若水」作「若冰」，未云係其本名；宋沙門文瑩玉壺清話卷八謂「知古舊名若冰，太祖以其聲近『弱兵』之厭，故改之」。清沈濤交翠軒筆記卷三，以唐右丞相乃倪若水，謂之「若冰」實謬，「知古本名是『冰』非『水』，宋史『冰』、『水』互易，恐是傳刻之誤」。然本書皆作「若水」，未見「若冰」，其他有關史料亦多作「若水」，錄此備考。

〔八〕河北東西路都轉運使　「都」字原脫，據長編卷二九補。

〔九〕九寺　原作「九等」。據本卷孔承恭傳及宋大詔令集卷一六〇除少卿官詔改。

〔一〇〕恭謹強力　「力」字原脫，據太宗實錄卷三一陳從信傳補。

〔一一〕東西班都虞候　「西」原作「四」。按本書卷一八七兵志，禁軍有「東西班」；「東西班」屬於殿前司的諸班，諸班有都虞候。因改。

〔一二〕叔千　原作「叔于」，據舊五代史卷一二三、新五代史卷四八安叔千傳改。

宋史卷二百七十七

列傳第三十六

張鑑　姚坦　索湘　宋太初　盧之翰　鄭文寶　王子輿
劉綜　卞衮　許驤　裴莊　牛冕張適附　欒崇吉　袁逢吉
韓國華　何蒙　愼知禮子從吉

張鑑字德明，瀛州團練使藏英之孫。父裔，以蔭補供奉官。鑑本將家，幼能嗜學，入衞州霖落山肄業，凡十餘年。太平興國三年，擢進士第，釋褐大理評事、監泰州柴墟榷務。升朝，爲太子右贊善大夫、知婺州，就遷著作郎。還拜監察御史。奉詔決獄江左，頗雪寃滯。歷殿中侍御史。

會命曹彬等進討幽州，問羣臣以方略，鑑上疏極言不可。論者以鑑燕人，沮議非忠也，太宗置不問。與趙延進同掌左藏，延進恃恩踰規，鑑廷奏之。有旨罷延進，以鑑判三司度支、憑由催欠司。時三部各置憑由催欠，鑑請併爲一，從之。王明、李惟清薦其能，用爲江南轉運使。本部有大姓爲民患者，鑑以名聞。太宗盡令部送魁首及妻子赴闕，以三班職名羈縻之，江左震肅。又建議割瑞州清江〔一〕、吉州新淦、袁州新喻三縣置臨江軍，時以爲便。召還，特被慰獎。梓州符昭愿驕僭不法，卽以鑑代之。遷刑部員外郎、判大理寺，遷屯田郎中、判三司都催欠司，改都勾院，擢拜樞密直學士、知通進、銀臺、封駁司，又掌三班。上言供奉官以下不考校殿最，恐無沮勸，卽詔鑑兼磨勘職。改三司爲左右計，分天下爲十道，鑑奏其非便。未幾，果復舊。

淳化中，盜起西蜀，王繼恩討平之，而御軍無政，其下恃功暴橫。益州張詠密奏，請命近臣分屯師旅，卽遣鑑與西京作坊使馮守規偕往。召對後苑門，面授方略。鑑曰：「益部新復，軍旅不和，若聞使命驟至，易其戎伍，慮或猜懼，變生不測。請假臣安撫之名。」太宗稱善。鑑至蜀，繼恩猶偃蹇，不意朝廷聞其縱肆。鑑之行，付以空名宣頭及廷臣數人，鑑與詠卽遣部戍卒出境，繼恩麾下使臣亦多遣東還，督繼恩輩分路討捕殘寇，而鑑等招輯反側。事平歸朝，未至，拜左諫議大夫、戶部使。

會五路進兵討西夏，令鑑乘傳往環州，與李繼隆議護送芻糧入靈州。及還，上疏曰：

關輔之民，數年以來，併有科役，畜產蕩盡，室廬頓空。加以浦洛之行，曾經剽劫。

原州之役，又致遷延。非獨令之弗從，實緣力所不逮。況復先棄糧草，見今逐處追科，本戶稅租，互遣他州送納，往返千里，費耗十倍，愁苦怨歎，充塞路岐，自春徂冬，曾無暫息，糇糧乏絕，力用殫窮。顧此疲羸，尤堪軫恤。今若復有差率，益致流亡，縱令驅迫，必恐撓潰。願陛下特垂詔旨，無使重勞，因茲首春，俾務東作。況靈州一方，僻居絕塞，雖西陲之舊地，實中夏之蠹區。竭物力以供須，困甲兵而援送，蕭然空壘，祇益外虞。不若以賜繼遷，使懷恩奉籍，稍息飛輓之役。事當深慮，理要預防。若待川決而後防，火熾而方戢，則焚溺之患深矣，雖欲拯救，其可得乎？

尋詔鑑專督軍糧，以軍興法從事，饋運頗集。

眞宗卽位，遷給事中，使如故。咸平初，改工部侍郎，出知廣州。居二年，民條其政績上請刻石。三年，移知朗州。溪洞羣蠻數寇擾，鑑召酋豪，諭以威信，皆俯伏聽命。

初，鑑在南海，李夷庚爲通判，謝德權爲巡檢，皆與之不協。二人密言鑑以貲付海賈，往來貿市，故徙小郡。至是，鑑自陳有親故謫瓊州，每以奉米附商船寄贍之，又言夷庚、德權憸人貪凶之狀。上意稍釋。召還，以疾徙知相州。有芝草生於監牧之室，鑑表其祥異，以爲河朔弭兵款附之兆。優詔答之。景德初，卒，年五十八。子士廉爲殿中丞，士宗太子洗馬，士程屯田員外郎。

姚坦字明白，曹州濟陰人。開寶中，以尙書擢第，調補將陵尉。歷隰州推官、將作監丞、知潯州。太平興國三年召還，爲著作佐郞，通判唐州。

八年，諸王出閤，詔給、諫以上，於朝班中擧年五十以上通經有文行者，以備宮僚，乃以戶部員外郞王適、監察御史趙齊爲衞王府諮議，左贊善大夫戴玄爲本府翊善；水部員外郞趙令圖爲廣平郡王府諮議，國子博士閭象爲本府翊善；又以起居舍人楊可法、國子博士楊幼英、左贊善大夫杜新及坦並爲皇子翊善，國子博士邢昺爲諸王府侍講，坦仍賜緋魚。太宗召適等謂曰：「諸子生長深宮，未知世務，必資良士贊導，使日聞忠孝之道。汝等皆朕所愼簡，各宜勉之。」坦歷殿中丞、倉部員外郞，賜金紫。遷本曹郞中，轉考功，仍爲益王府翊善。

坦性木強固滯。王嘗於邸中爲假山，費數百萬，既成，召賓僚樂飮，置酒共觀之。坦獨俛首，王強使視之，曰：「但見血山耳，安得假山！」王驚問故，坦曰：「在田舍時，見州縣催租，捕人父子兄弟，送縣鞭笞，流血被體。此假山皆民租稅所爲，非血山而何？」是時太宗亦爲假山，聞而毀之。

王少佚豫，坦卽醜詆，王頗鄙其爲人。自是坦每暴揚其事，上嘗誡之曰：「元傑知書好學，亦足爲賢王矣。少不中節，亦須婉辭規諷，況無大故而詆訐之，豈裨贊之道邪？」頃之，左右乃教王詐稱疾不朝。太宗日使視疾，逾月不瘳，甚憂之。召王乳母問狀，乳母曰：「王本無疾，徒以姚坦檢束，居常不得自便，王不樂，故成疾。」上怒曰：「吾選端士，輔王爲善。王不能用規諫，而又詐疾，欲使朕去正人以自便，何可得也。且王年少，必爾輩爲之謀耳。」因命捽致後苑，杖之數十。召坦慰諭曰：「卿居王宮，能以正爲羣小所疾，大爲不易。卿但如是，勿慮讒間，朕必不聽。」王薨，改衞尉少卿，判吏部南曹。他日因事得對，上以其舊人，召升殿與語。坦言及故府，意短諸王而稱己之敢言，坦退，上謂近臣曰：「坦在宮邸，不能以正理誨諭，事有微失，卽從而揚之，此賣直取名耳。」景德初，求補郡，俾知鄧州，轉運使表其治狀，詔嘉獎之。大中祥符初，復知光州。二年，卒，年七十五。

索湘字巨川，滄州鹽山人。開寶六年進士，釋褐鄆州司理參軍。齊州有大獄，連逮者千五百人，有司不能決，湘受詔按鞫，事隨以白。太平興國四年，轉運使和峴薦其能，遷太僕寺丞，充度支巡官。改太子右贊善大夫，轉殿中丞，充推官，拜監察御史。九年，河決，壞民田，命與戶部推官元玘同按行。會詔下東封，與劉蟠同知泰山路轉運事。又爲河北轉運副使。湘經度供饋，以能幹聞。事集，加屯田員外郎。

明年，契丹入寇，王師衄於君子館，敵兵乘勝據中渡橋，塞土門，將趨鎭州。諸將計議未定，湘爲田重進畫謀，結大陣東行，聲言會高陽關兵，敵以爲然，卽擁衆邀我于平虜城。夜二鼓，率兵而南，徑入鎭陽，據唐河，乘其無備破砦柵。及敵兵覺，悉遁走。雍熙中，召爲鹽鐵判官，改駕部員外郎。端拱二年，河北治方田，命副樊知古爲招置營田使。會議罷，復爲河北轉運使。轉虞部郎中，選爲將作少監。

居無何，有訟其擅易庫縑以自用者，坐授膳部員外郎、知相州。時有羣盜聚西山下，謀斷澶州河橋入攻磁、相州，揭旗伐鼓，白晝鈔劫。鄰郡發兵千人捕逐，無敢近。湘擇州軍得精銳三百人，偵其入境，卽掩擊而盡擒之。轉運使王嗣宗以狀聞，詔復舊官，命爲河東轉運使。湘以忻州推官石宗道、憲州錄事胡則爲幹職，命以自隨，所至州郡，勾檢其簿領焉。二人後皆歷清要。明年，王超等率師趨烏白池，抵無定河。水源涸絕，軍士渴乏。時湘已輦大鍬千枚至，令鑿井，衆賴以濟。

眞宗卽位，入爲右諫議大夫。復充河北轉運使，屬郡民有斡釀，歲輸課甚微，而不逞輩因之爲姦盜。湘奏廢之。德州舊賦民馬以給驛，又役民爲步遞，湘代以官馬兵卒，人皆便之。會內殿崇班閣日新建議，請於靜戎、威虜兩軍置場鬻茶，收其利以資軍用。湘言非便，遂止。又言事者請許榷場商旅以茶藥等物販易於北界，北界商旅許於雄、霸州市易，資其懋遷，庶息邊患。詔湘詳議以聞，乃上言曰：「北邊自興置榷場，商旅輻湊，制置深得其宜。今若許其交相販易，則沿邊商人深入戎界，竊爲非便。又北界商人若至雄、霸，其中或雜姦僞，何由辨明？況邊民易動難安，蕃戎之情宜爲羈制。望且仍舊爲便。」會有詔規度復修定州新樂、蒲陰兩縣，湘以其地迫窄，非屯兵之所，遂奏罷之。

湘少文而長於吏事，歷邊部，所至必廣儲蓄爲備豫計，出入軍旅間，頗著能名。先是，邊州置榷場，與蕃夷互市，而自京輦物貨以充之，其中茶茗最爲煩擾，復道遠多損敗。湘建議請許商賈緣江載茶詣邊郡入中，既免道途之耗，復有征算之益。又威虜、靜戎軍歲燒緣邊草地以廣南牧，言事者又請於北砦山麓中興置銀冶，湘以爲召寇，亦奏罷之。

咸平二年，入爲戶部使。受詔詳定三司編敕，坐與王扶交相請托，擅易板籍，責授將作少監。三年，出知許州，徙荊南，復爲右諫議大夫、知廣州。四年，卒，詔遣其子希顏護喪傳置歸鄉里。

宋太初字永初，澤州晉城人。太平興國三年，舉進士，解褐大理評事、通判戎州，以善政聞。有詔褒美，遷將作監丞、贊善大夫、通判晉州，轉太常丞。雍熙三年，通判成都府，賜緋魚。會詔求直言，著守成箴以獻。淳化初，遷監察御史。時北面用兵，選爲雄州通判。入判度支勾院。二年，爲京西轉運副使。未幾，移河東。四年，遷正使。改殿中侍御史。

至道初，遷兵部員外郞，充鹽鐵副使，賜金紫。時陳恕爲使，太初有所規畫必咨恕，未嘗自用爲功，恕甚德之。會西鄙有警，轉餽艱急，改刑部郞中，充陝西轉運使。二年，命白守榮、馬紹忠護芻糧，分三番抵靈州。轉運副使盧之翰違旨併往，爲戎人所剽。上怒，捕太初及副使秘書丞竇玭繫獄。太初責懷州團練副使，之翰、玭悉除名，之翰貶許州司馬，玭商州司戶掾。明年，起太初爲祠部郞中，知梓州。俄復舊秩。

眞宗嗣位，召還，復命經度陝西餽運事。咸平初，拜右諫議大夫、知江陵府。蠻寇擾動，太初以便宜制遏，詔獎之。三年，再知梓州。明年，益州雷有終以母老求還，詔太初就代。時分川峽爲四路，各置轉運使。上以事有緩急，難於均濟，命太初爲四路都轉運使，要切之務，俾同規畫。太初與鈐轄楊懷忠頗不協，時蜀土始安，上慮其臨事矛盾，亟召太初還。會御史中丞趙昌言等坐事被劾，命權御史中丞。先是，按劾有罪必豫請朝旨，太初以爲失風憲體，獄成然後聞上，時論韙之。俄出知杭州。太初有宿疾，以浙右卑濕不便，求近地，得廬州。疾久頗昏忘，不能治大郡，連徙汝、光二州。景德四年，卒，年六十二。錄其弟繼讓，試校書郎。

太初性周慎，所至有幹職譽。嘗著簡譚三十八篇，自序略曰：「廣平生纂文史老釋之學，嘗謂禮之中庸，伯陽之自然，釋氏之無爲，其歸一也。喜以古聖道契當世之事，而患未博也，忽外物觸於耳目，內機發於性情，因筆而簡之，以備闕忘耳。」子傳慶，後爲太子中舍。

盧之翰字維周，祁州人。曾祖玄暉，鴻臚卿。祖知誨，天雄軍掌書記。父宏，蔡州防禦判官。之翰少篤學，家貧，客遊單州，防禦使劉乙館於門下。乙徙錢塘，之翰隨寓其郡。太平興國四年，舉進士，不得解，詣登聞自陳，詔聽附京兆府解試。明年登第，解褐大理評事、知臨安縣，三遷殿中丞，通判洛州。

會契丹入寇，之翰募城中丁壯，決滏、御河以固城壁，虜不能攻。吏民詣闕求借留。召還，遷太常博士，爲河東轉運副使，徙京西轉運副使，改工部員外郎。建議導溵河合于淮，達許州，以便漕運。以勞加戶部員外郎。又改陝西轉運使，遷吏部員外郎。至道初，李順亂蜀，命兼西川安撫轉運使。賊平，還任。

之翰嘗薦李憲爲大理丞，憲坐贓抵死，之翰當削三任。時副使鄭文寶議城淸遠軍，又禁蕃商貨鹽，之翰心知其非便，以文寶方任事，不敢異其議。及文寶得罪，之翰幷前愆，左授國子博士，領使如故。尋復舊職。會調發芻糧輸靈州，詔分三道護送，命洛苑使白守榮、馬紹忠領其事。之翰違旨擅倂爲一，爲李繼遷邀擊于浦洛河，大失輜重。詔國子博士王用和乘傳逮捕，繫獄鞫問。之翰坐除名，貶許州司馬。明年，起爲工部員外郎，同勾當陝西轉運使。眞宗卽位，復吏部員外郎，充轉運使。以久次，召拜禮部郎中，賜金紫。復遣之任。

咸平元年，以疾命國子博士張志言代還。未幾，復出爲京西轉運使。先是，朝廷議城故原州以張守備，之翰沮罷之，其後西鄙不寧，修葺爲鎭戎軍。之翰坐橫議非便，黜知歸州，便道之官，限五日卽發。三年，授廣南西路轉運使。會廣州索湘卒，就改太常少卿，知州事。之翰無廉稱，又與轉運使淩策不協，陰發其事。五年，徙知永州，未行，卒，年五十七。

鄭文寶字仲賢，右千牛衞大將軍彥華之子。彥華初事李煜，文寶以蔭授奉禮郎，掌煜子清源公仲寓〔二〕書籍，遷校書郎。入宋，煜以環衞奉朝請，文寶欲一見，慮衞者難之，乃被蓑荷笠以漁者見，陳聖主寬宥之意，宜謹節奉上，勿爲他慮。煜忠之。後補廣文館生，深爲李昉所知。

太平興國八年，登進士第，除修武主簿。遷大理評事、知梓州錄事參軍事。州將表薦，轉光祿寺丞。留一歲，代歸。獻所著文，召試翰林，改著作佐郎，通判潁州。丁外艱，起知州事。召拜殿中丞，使川、陝均稅。次渝、涪，聞夔州廣武卒謀亂，乃乘舸泛江，一夕數百里，以計平之。授陝西轉運副使，許便宜從事。會歲歉，誘豪民出粟三萬斛，活飢民八萬六千口。既而李順亂西蜀，秦隴賊趙包聚徒數千，將趨劍閣以附之。文寶移書蜀郡，分兵討襲，獲其渠魁，餘黨殲焉。

文寶前後自環慶部糧越旱海入靈武者十二次。曉達蕃情，習其語，經由部落，每宿酋長帳中，其人或呼爲父。遷太常博士。內侍方保吉出使陝右，頗恣橫，且言文寶與陳堯叟交遊，爲薦其弟堯佐。驛召令辨對，途中上書自明。太宗察其事，坐保吉罪，厚賜文寶而遣之。俄又召至闕下，文寶奏對辯捷，上深眷遇。俄加工部員外郎。時龍猛卒戍環慶，七年不得代，思歸謀亂。文寶矯詔以庫金給將士，且自劾，請代償。詔蠲其所費。

先是，諸羌部落樹藝殊少，但用池鹽與邊民交易穀麥，會餽輓趨靈州，爲繼遷所鈔。文寶建議以爲「銀、夏之北，千里不毛，但以販青白鹽爲命爾。請禁之，許商人販安邑、解縣兩池鹽於陝西以濟民食。官獲其利，而戎益困，繼遷可不戰而屈」。乃詔自陝以西有敢私市者，皆抵死，募告者差定其罪。行之數月，犯者益衆。戎人乏食，相率寇邊，屠小康堡。內屬萬餘帳亦叛。商人販兩池鹽少利，多取他徑出唐、鄧、襄、汝間邀善價，吏不能禁。關、隴民無鹽以食，境上騷擾。上知其事，遣知制誥錢若水馳傳視之，悉除其禁，召諸族撫諭之，乃定。

朝廷議城古威州，遣內侍馮從順訪于文寶，文寶言：

威州在清遠軍西北八十里，樂山之西。唐大中時，靈武朱叔明收長樂州，邠寧張君緒收六關，卽其地也。故壘未圮，水甘土沃，有良木薪秸之利。約葫蘆、臨洮二河，壓明沙、蕭關兩戍，東控五原，北固峽口，足以襟帶西涼，咽喉靈武，城之便。

然環州至伯魚，伯魚抵青岡，青岡拒清遠皆兩舍，而清遠當羣山之口，扼塞門之要，舄車野宿，行旅頓絕。威州隔城東隅，豎石盤亙，不可浚池。城中舊乏井脈，又飛烏泉去城尙千餘步，一旦緣邊警急，賊引平夏勝兵三千，據清遠之衝，乘高守險，數百人守環州甜水谷、獨家原，傳箭野貍十族，脅從山中熟戶，党項孰敢不從。又分千騎守磧北清遠軍之口，卽自環至靈七百里之地，非國家所有，豈威州可禦哉？請先建伯魚、青岡、清遠三城，爲頓師歸重之地。

古人有言：「金城湯池，非粟不能守。」俟二年間，秦民息肩，臣請建營田積粟實邊之策，修五原故城，專三池鹽利，以金帛啖党項酋豪子弟，使爲朝廷用。不唯安朔方，制豎子，至於經營安西，綏復河湟，此其漸也。

詔從其議。

文寶至賀蘭山下，見唐室營田舊制，建議興復，可得秔稻萬餘斛，減歲運之費。清遠據積石嶺，在旱海中，去靈、環皆三四百里，素無水泉。文寶發民負水數百里外，留屯數千人，又募民以榆槐雜樹及貓狗鴉鳥至者，厚給其直。地舃鹵，樹皆立枯。西民甚苦其役，而城之不能守，卒爲山水所壞。又令寧、慶州爲水磑，亦爲山水漂去。

繼遷酋長有嵬囉嵬悉俄者，文寶以金帛誘之，與手書要約，留其養子爲質，令陰圖繼遷，卽遣去。謂之曰：「事成，朝廷授汝以刺史。」文寶又預漆木爲函，以備馳獻繼遷之首。又發民曳古碑石詣清遠軍，將圖紀功。而嵬囉等盡以事告繼遷，繼遷上表請罪。上怒文寶，猶含容之。既而文寶復請禁鹽，邊民冒法抵罪者甚衆。太常博士席義叟決獄陝西，廉知其事，以語中丞李昌齡，昌齡以聞。文寶又奏減解州鹽價，未滿歲，虧課二十萬貫，復爲三司所發。乃命鹽鐵副使宋太初爲都轉運使，代文寶還。下御史臺鞫問，具伏，下詔切責，貶藍山令。未幾，移枝江令。

眞宗卽位，徙京山。咸平中，召還，授殿中丞，掌京南榷貨。時慶州發兵護芻糧詣靈州，文寶素知山川險易，上言必爲繼遷所敗。未幾，果如其奏。轉運使陳緯沒於賊，繼遷進陷清遠軍。時文寶丁內艱，服未闋，卽命相府召詢其策略。文寶因獻河西隴右圖，敍其地利本末，且言靈州不可棄〔三〕。時方遣大將王超援靈武，卽復文寶工部員外郎，爲隨軍轉運使。至環州，或言靈州已陷，文寶乃易其服，引單騎冒大雪，間道抵清遠故城，盡得其實，遂奏班師。就除本路轉運使，上疏請再葺清遠軍。都部署王漢忠言其好生事，遂徙河東轉運使。嘗上言管內廣銳兵萬餘，難得資糧，請徙置近南諸州，又欲令強壯戶市馬，備征役。宰相李沆等以爲廣銳州兵，皆本州守城，置營必慮安土重遷，徙之卽致紛擾；又強壯散處村落，無所拘轄，勒其市馬，亦恐非便。上復令文寶條對，文寶固執前議，且言土人久留，恐或生事。上曰：「前令團併軍伍，改置營壁，欲其互移本貫，行之已久。」而文寶確陳其利，因命錢若水詳度以聞。若水所對，與沆等同，遂罷之。

先是，麟、府屯重兵，皆河東輸饋，雖地里甚邇，而限河津之阻。土人利於河東民罕至，則芻粟增價。上嘗訪使邊者，言河裁闊數十步，乃詔文寶於府州、定羌軍經度置浮橋，人以爲便。會繼遷圍麟州，令乘傳晨夜赴之，圍解。遷刑部員外郎，賜金紫。頃之，寇準薦其熟西事，可備驅策，因復任陝西轉運使。嘗出手劄，密戒令邊事與僚屬計議，勿得過有須索，重擾于下。後有言其張皇者，詔徙京西，以朱台符代之。

景德元年冬，契丹犯邊，又徙河東。文寶安輯所部，募鄉兵，張邊備，又領蕃漢兵赴河北，手詔褒諭。未幾，復涖京西。契丹請和，文寶陳經久之策，上嘉之。三年，召還，未至遇疾，表求藩郡散秩。詔聽不除其籍，續奉養疾，以其子鄆州推官於陵爲大理寺丞、知襄城縣，以便其養。大中祥符初，改兵部員外郎。車駕祀汾陰還，文寶至鄭州請見。上以其久疾，除忠武軍行軍司馬。文寶不就，以前官歸襄城別墅。六年，卒，年六十一。

文寶好談方略，以功名爲己任。久在西邊，參預兵計，心有餘而識不足；又不護細行，所延薦屬吏至多，而未嘗擇也。晚年病廢，從子爲邑，多撓縣政。能爲詩，善篆書，工鼓琴。有集二十卷，又撰談苑二十卷，江表志三卷。

王子輿字希孟，密州莒人。曾祖甲，以義勇爲鄉人所推。唐末，淄、青、徐、兗皆南結吳人以拒梁，梁得三鎭，吳人北侵益急，沂、密尤被其害。州民聚爲八砦以扞寇，遂署甲爲八砦都指揮使。祖徽，襲父職，晉末，賊帥趙重進掠高密，徽戰沒。父璉，復嗣其事。周世宗平淮南，始去兵卽農，厚自封殖。

子輿少業文詞，太平興國八年舉進士，解褐北海主簿。歷大理評事，知臨海縣，改光祿寺丞。使西蜀決獄還，知興國軍。淳化中，雷有終爲江、浙、荊湖茶鹽制置使，奏子輿爲判官。轉太子中允，改著作郎，江、淮、兩浙制置茶鹽，就轉太常博士。眞宗卽位，遷殿中侍御史。因入對，與三司論列利害，以子輿爲長。轉度支員外郎。子輿以每事上計司，移報稽滯，求兼省職，乃命爲鹽鐵判官，仍領制置，增歲課五十餘萬貫。咸平三年，就命兼充淮南轉運使。

子輿精於吏事，久掌茶鹽漕運，周知利害，裁量經制，公私便之。所至郡縣，以公事申請者，文牒紛委，頃刻待報，子輿皆卽決遣，曾無凝滯。明年，表求代，詔許自擇。子輿以卞衮、劉師道名聞，卽命衮與師道爲轉運使。召子輿，拜右諫議大夫、戶部使。五年二月，方奏事便殿，俄疾作仆地，命中使掖之以出，至第卒。以子道宗方幼，命三司判官朱台符檢校其家。子輿止一子，而三女皆幼。道宗尋卒，家寓楚州。子輿妻劉還父母家，子輿旅櫬在京師。景德中，官借船移柩，還葬其里，鬻京師居第，以錢寄楚州官庫，以備三女資送。從其從弟之請也。

劉綜字居正，河中虞鄉人。少依外兄通遠軍使董遵誨，遵誨嘗遣貢馬。太祖嘉其敏辯，將授三班之職。綜自陳素習詞業，願應科舉。及還，上解眞珠盤龍衣，令賜遵誨。綜辭曰：「遵誨人臣，安敢當此賜！」上曰：「吾委遵誨以方面，不以此爲疑也。」

雍熙二年，舉進士第，解褐邛州軍事推官。就改永康軍判官，遷大理評事，通判眉州，轉太僕寺丞。代還，對便殿，因言：「蜀地富庶，安寧已久，益州長吏，望愼擇其人。」上嘉之，改太子中允。未幾，李順果爲亂，復召見，面賜緋魚。尋爲三門發運司水陸轉運使，通判大名府。連丁家難，起知建安軍。

先是，天長軍及揚州六合縣民輸賦非便，綜奏請降天長軍爲縣，隸揚州，以六合縣隸建安軍，自是民力均濟。時淮南轉運使王嗣宗兼發運事，規畫多迂滯。綜因上言請復置都大發運司，專幹其職。至道三年，遷太常丞，職事修舉，多稱薦者。

咸平初，命代王欽若判三司都理欠憑由司，出爲河北轉運副使。嘗言：「州縣幕職官，以昏耄放罷者，其間有實廉謹之士，或幼累無託，或居止無定，全藉祿廩以濟朝夕，一旦停罷，則飢寒無依，似傷和氣。望自今並除致仕官。」又言：「法官斷獄，皆引律令之文，以定輕重之罪，及其奏御，復云慮未得中，別取進止，殊非一成不變之道，且復煩於聖斷。望降旨約束，不得復然。」時河北承兵寇之後，民戶凋弊，吏部所銓幕職州縣官皆四方之人，不習風俗，且有懷土之思，以是政事多因循不舉。綜議請自今並以河朔人充之，冀其安居，勤於職事。

夏人擾西邊，環慶大屯士馬，詔徙綜爲陝西轉運副使，轉太常博士。時梁鼎議禁解鹽，官自貨鬻，乃命綜與杜承睿制置青白鹽事。綜條上利害，力言非便，卒罷其事。

時靈州孤危，獻言者或請棄之，綜上言曰：「國家財力雄富，士卒精銳，而未能剪除凶孽者，誠以賞罰未行，而所任非其材故也。今或輕從羣議，欲棄靈州，是中賊之姦計矣。且靈州民淳土沃，爲西陲巨屏，所宜固守，以爲扞蔽。然後於浦洛河建軍城，屯兵積糧爲之應援，此暫勞永逸之勢也。況鎭戎軍與靈州相接，今若棄之，則原、渭等州益須設備，較其勞費十倍而多，則利害之理昭然可驗矣。」俄充轉運使。

四年，又獻議於鎭戎軍置屯田務，又錄唐安國鎭制置城壕鎭戎古記石本以進，詔從其請。俄詣闕奏事稱旨，賜金紫、緡錢五十萬，復遣涖職。又嘗言：「天下州郡長吏，審官皆據資例而授，未爲得人。自今西川、荊湖、江、浙、福建、廣南知州，或地居津要，或戶口繁庶之處，望親加選任。其執政舊臣及給、舍以上知州處，亦擇官通判。又京朝官當任遠官者，率以父母未葬爲辭，意求規免。請自今父母委未葬者，許請告營辦。審官投狀，並明言父母已葬，方許依例考課，違者並罷其官。」從之。

五年，拜工部員外郎兼侍御史知雜事。六年，遷起居舍人，再爲河北轉運使。時兩河用兵，邊事煩急，轉漕之任，尤所倚辦。綜繼領其職，號爲詳練。至是眷矚甚厚，警急之際，輒資其奏處。契丹請和，乃遣近臣諭以擢用之意。景德三年，召拜戶部員外郎、樞密直學士、勾當三班院。綜言：「御史員數至少，每奉朝請，劾制獄，多以他官承之，甚紊彝制。望詔兩制以上各舉材堪御史者充，三院共置十員。若出使按獄，所經州郡，官吏能否，生民利病，刑獄枉濫，悉得察舉。」四年，西幸，道出河陽境上，時節度王顯被疾還京，以綜權知孟州事。未幾召還，復出知并州，以政績聞。州民乞留，優詔嘉獎。歸朝，知審官院，改吏、禮二部郎中，充職，兼知通進、銀臺、封駁司。

大中祥符四年，館伴契丹使，因作大雩歌以獻。即命同知貢舉，以李宗諤代爲館伴使。俄權知開封府。綜以貴要交結富民，爲之請求，或託爲親屬，奏授試秩，緣此謁見官司，頗紊公政，因建議請加抑止；又文武官居遠任，而家屬寓京師，其子孫弟姪無賴者，望嚴行約束，并其交遊輩劾罪，從之。七年，以末疾求典河中，眞宗以太寧宮廟長吏奉祠，綜艱於拜起，慮不克恭事，命知廬州。明年，罷學士，授左諫議大夫。八年，卒，年六十一。子綜強敏有吏材，所至抑挫豪右，振舉文法，時稱幹治。然尙氣好勝，不爲物論所許。子建中、正中，並贊善大夫。弟綽，淳化三年進士，官刑部郎中。

卞衮字垂象，益州成都人。父震，工爲詩。舉蜀進士，渝州刺史南光海辟爲判官。蜀平，仍舊職。會賊杜承褒率衆圍城，援兵不至，震躬率士卒，且戰且拒，爲流矢所中，創甚，不能臨軍。而州兵重傷，卷甲宵遁，刺史陳文襲不能遏賊，遂入據郡城，以僞官厚賄誘震，震皆斬其使。賊有東章者，本州兵校也。因遣人述朝廷威德，諭以禍福，章懼且信，因伏兵擊其黨類。承褒之衆素不爲備，卽時大潰，震與文襲分部餘卒夾攻之，賊衆遂平。文襲坐陷失州城，削籍爲民。震以前功得贖，以虢州錄事參軍卒。

太平興國八年，衮登進士第，累遷大理評事、知將樂縣，改光祿寺丞、通判泗州。遷著作佐郎、廣南轉運司承受公事，俄通判宣州。淳化中，上命采庶僚中廉幹者，給御書印紙，俾書課最，仍賜實奉以旌異之，衮預焉。改太常丞。咸平初，遷監察御史，爲淮南轉運副使、同制湖發運事，以幹職聞，就加殿中侍御史。入判三司開拆司，再爲淮南轉運使兼發運使。咸平六年，併三司使之職而分置副貳，以袞爲刑部員外郎，充鹽鐵副使。景德初，疽發於背卒，年四十五。錄其弟扆爲臨潁主簿，子咸爲將作監主簿。

袞明敏有吏幹，累掌財賦，淸心治局，號爲稱職。然性慘毒，掊克嚴峻，專事捶楚，至有「大蟲」之號。眞宗嘗謂近臣曰：「袞公忠盡瘁，無所畏避，人罕能及，然頃在外任，頗傷殘酷，所至州縣，纖微之過，無所容貸。大凡督察部下，糾逖愆違，非有大故，所宜矜恕，官吏自當畏威懷惠，不敢貳過，公家之事亦無不濟。乃知爲吏之方，適中爲善也。」

許驤字允升，世家薊州。祖信，父唐，世以財雄邊郡。後唐之季，唐知契丹將擾邊，白其父曰：「今國政廢弛，狄人必乘釁而動，則朔、易之地，民罹其災。苟不卽去，且爲所虜矣。」信以資產富殖，不樂他徙，唐遂潛齎百金而南。未幾，晉祖革命，果以燕薊賂契丹，唐歸路遂絕。嘗擁商貲於汴、洛間，見進士綴行而出，竊嘆曰：「生子當令如此！」因不復行賈，卜居睢陽，娶李氏女，生驤，風骨秀異。唐曰：「成吾志矣！」

郡人戚同文以經術聚徒，唐攜驤詣之，且曰：「唐頃者不辭父母，死有餘恨，今拜先生，卽吾父矣。」又自念不學，思教子以興宗緒，此子雖幼，願先生成之。」驤十三，能屬文，善詞賦。唐不識字，而罄家產爲驤交當時秀彥。

驤，太平興國初，詣貢部，與呂蒙正齊名，太宗尹京，頗知之。及廷試，擢甲科，解褐將作監丞、通判益州，賜錢二十萬。遷右贊善大夫。五年，轉右拾遺、直史館，改右補闕。六年，出爲陝府西北路轉運副使。會罷副使，徙知鄜州。召還，爲比部員外郎。歷知宣、昇二州。

雍熙二年，改江南轉運副使。洪、吉上供運船水損物，主吏懼罪，故覆舟，鞫獄者按以欺盜，當流死者數百人。驤馳往訊問，得其情實以聞，多獲輕典，優詔褒之。又上言：「劫盜配流，遇赦得原，還本鄉，讎告捕者，多所殺害，自今請以隸軍。」詔可。遷正使。端拱初，拜主客郎中。俄徙知福州，累表求還，不俟報，入朝，召對便殿，延問良久。改兵部郎中，領西川轉運使，以久處外任爲辭，擢授右諫議大夫，就命知益州。召歸，上言：「蜀民浮窳易搖，宜擇忠厚者撫之，爲備豫。」既而李順叛，衆頗伏其先見。命知審官院，遷御史中丞，以疾固讓，不許。占謝日，命坐勞問，出良藥賜之曰：「此朕所服得驗者。」後驤以久病不能振職。眞宗即位，改工部侍郎。屢求小郡養疾，因入朝失儀，爲御史所糾，特詔不問，命知單州。咸平二年，卒，年五十七。贈工部尚書。賜其子宗壽出身。驤雖無他才略，而人以儒厚長者稱之。宗壽後爲殿中丞。

裴莊字端己，閬州閬中人。曾祖琛，後唐昭州刺史。祖遠，河東觀察支使。父全福，鄠縣令。莊在蜀，以明經登第。歸宋，歷虹縣尉、高陵主簿，本府召權司理掾。轉運使雷德驤以威望自任，嘗巡按至境，官屬皆出迎候。莊獨視事本局，徐謁道周，德驤稱其有守。徙權忻州錄事參軍。先是，幷州徬積軍儲，條制甚峻，掌出納者常十餘人，及莊代之，獨任其事。擢授絳州防禦推官，提點幷、嵐二州緡帛芻糧，改遼州判官，仍涖舊局。

雍熙三年，命將巡邊，以莊掌隨軍糧料。內客省使楊守一稱薦之，授大理寺丞。時遷雲、朔降戶於汝、洛，遣莊安輯之。俄通判忻州，未上道，會魏咸信出鎭澶州，改命爲通判。未踰年，咸信表其能，遷太子中允。端拱初，潘美鎭眞定，又辟爲通判。時契丹掠趙、深，邊將無功，莊上書以爲「周世宗誅樊愛能、何徽二將，遂取淮南，克巴蜀。願陛下申明紀律，無使玩寇」。又言：「緣邊砦柵，戍兵旣寡，戎人易以襲取，咸請廢罷，以益州兵。」會詔建方田，莊復上言：「大役兵師，慮生事於邊鄙。」上善之。

淳化三年，召訪以邊事，稱旨，面賜緋魚，令授淸資官。翌日，拜監察御史、荊湖南路轉運使。未行，改三司鹽鐵判官。上疏請給兩省官諫紙，又引故事，禁屠月勿報重刑。會劉式建議請廢緣江榷務，莊力言其非便。出爲荆湖北路轉運使。五年，李順亂蜀，命與雷有終並兼峽路隨軍轉運、同知兵馬事〔四〕。或言莊本蜀人，不宜此任，上益倚信之，許以便宜。事平，轉殿中侍御史，歷工部、司封二員外郎，特召問討賊方略。

至道二年，遣將五路出討李繼遷，莊陰料師出無功，因請加恩繼遷，俟其倔強拒命，則按甲塞外，俘擒未晚。既而諸將果敗績。俄遷祠部郎中。眞宗卽位，遷度支，充河東轉運使。上章言：「慶邠延州、通遠軍，咸處邊要，請武幹如姚內斌、董遵誨者任之。」又言：「田紹斌嘗被疑，韓崇業本秦王壻，程德玄始事晉邸，初甚親近，後疎遠外遷，皆懷怨望，不宜委以戎寄。」未幾，移知蘇州。

咸平二年，命巡撫江南。使還，言池州、興國軍得良吏，餘無足稱者。且言：「朝廷所命知州、通判，率以資考而授，至有因循偷安，無政術而繼得親民者；其素蘊公器有政績者，偶緣公坐，則黜司冗務，眞僞莫辨，僥倖滋甚。自今望愼選其人，勿以資格補授，有政績者加以恩禮。」

是年秋，契丹犯塞，命爲河北轉運使。時傅潛統大軍駐定州北，莊屢條奏其無謀略，慮或失幾。會王顯掌樞密，顯與潛俱起攀附，頗庇之，莊奏至多不報。徙知越州。俄傅潛得罪，莊因上言：「顯、潛皆非材，致誤邊事，請行嚴誅，以肅羣議。」未幾，徙知宣州。會詔百辟上封直言，莊條列四事：一曰去暴征，二曰省煩刑，三曰擇吏職，四曰敦稼政。疏奏，詔令開陳其所宜行先後，莊對甚悉。改司封郎中。景德中，命安撫兩浙，奏能吏二十人，慢官者五人，多所升黜。又知潞、邢二州。

大中祥符初，東封，改鴻臚少卿，入判登聞鼓院。祀汾陰，遷太僕少卿，爲北嶽加號册禮副使，撰北行記三卷以獻。六年，出知襄州。明年，車駕幸南京，莊以逮事太宗恩例，授太府卿，權判西京留司御史臺。天禧二年，入判刑部，以疾分司西京。郊祀，改光祿卿，求歸上都，以便醫藥。卒，年八十一。錄其孫慶孫，試將作監主簿。

莊有吏幹，頗無清操，慷慨敢言，太宗獎其忠讜，多所聽納。好爲規畫，然寡學術。嘗建議請置廣聽院西垣學士，聞者嗤之。晚年退居，製棺櫝以自隨，喜接賓客，終日無倦。子奐，咸平三年進士，屯田郎中；稷，左班殿直，閤門祗候。

牛冕字君儀，徐州彭城人。太平興國三年進士，解褐將作監丞、通判郴州，徙和州。加左贊善大夫，遷太常丞、知滁州，以勤政聞。召歸，轉監察御史。端拱元年，召試文章，遷左正言、直史館。出知潤州，徙泉州，未至，就命爲福建轉運使，加左司諫。建議廢邵武軍歸化金坑，土人便之。至道初，召入，進秩兵部員外郎，知潭州。至郡裁數日，復召拜兼侍御史知雜事。眞宗在東宮，冕嘗奉使賜生辰禮幣，卽位尙記其名，改工部郎中。永熙陵復土，會闕中丞，命爲儀仗使。時三司各設官局，多不均濟。冕請合爲一使，分設其貳，則事務不煩而辦，其後卒用冕議。

咸平元年，選知益州，仍拜右諫議大夫。兩川自李順平後，民罹困苦，未安其業，朝廷綏於矜恤，故戍卒乘符昭壽之虐，嘯集爲亂。冕與轉運使張適委城奔漢州，詔遣赴闕，至京兆，劾其罪，並削籍，冕流儋州，適爲連州參軍。冕遇赦，移欽、英二州，歷鄂、海二州別駕，淮南節度副使。

大中祥符初，眞宗語宰相曰：「冕素純善，黜棄久矣，量宜甄敍。」卽起知漣水軍，俄復爲祠部員外郎。卒，年六十四。子昭儉至殿中丞。

張適者，太平興國五年進士。任藩郡，有治績，以廉敏稱。爲水部員外郎、知鄜州。獲對，太宗喜其詞氣俊邁，賜緋魚。旋改京東轉運副使，加直集賢院，一日三被寵渥，時人榮之。徙西川轉運使，坐貶，後起爲彰信軍節度副使、知淮陽軍，卒。

欒崇吉字世昌，開封封丘人。少爲吏部令史，上書言事，調補臨淄主簿。會令坐贓敗，即命崇吉代之。復以書判優等，改舒州團練判官，未行，留爲中書刑房堂後官。改太子右贊善大夫，出掌揚州榷務。未幾，遷殿中丞，復爲堂後官兼提點五房公事。

崇吉明習文法，清白勤事。至道初，擢度支員外郎、度支副使。時以堂後官著作佐郎楊文質爲祕書丞，提點五房事，上召見謂曰：「汝見擢用欒崇吉否？當自勖勵。」崇吉俄加祠部郎中。眞宗時，累擢爲江南轉運使。代還，判刑部兼鼓司、登聞院。後遷司農少卿、知洪州。有司歲斂民財造舟，崇吉至，奏罷之。以疾徙濠州，遷衞尉少卿，以將作監致仕，卒。子二人：源，虞部員外郎；沂，殿中丞。

袁逢吉字延之，開封鄢陵人。曾祖儀，仕唐，以軍功至黃州刺史。祖光甫，尉氏令。父蟾，大理評事。逢吉四歲，能誦爾雅、孝經，七歲兼通論語、尚書。周太祖召見，發篇試之，賜束帛以賞其精習。開寶八年，擢三傳第，釋褐清江尉。知州王明薦其能，就除豐城令。

明年，又與轉運使張去華條上治狀，以春秋博士召。端拱初，遷國子博士、度支推官。又判戶部勾院、度支、憑由理欠司。淳化中，改戶部判官。歷水部司門員外郎。出爲西京轉運使，轉水部郎中。宰相呂蒙正稱其有經術，宜任學官。會蜀叛，方籍其吏資，授西川轉運使。至道初，徙荆湖北路。

時賊方平，夔、峽猶聚官軍，供饋出於荆楚，逢吉憚涉遠，不赴軍前計度，坐乏糧餉罷職，知夔州。會遣使川、陝採訪，因條上知州、通判有治迹者七人，逢吉與朱協、李虛己、薛顏、邵曄、查道、劉檢預焉，皆賜詔褒諭。歷司門、庫部二郎中。

咸平中，復爲京東轉運使。連知福、江、陳、襄四州。大中祥符中，權西京留司御史臺，徙知汝州，以逮事太祖，拜鴻臚少卿。七年，卒，年六十九。

逢吉性修謹，練達時務。初，鄆州牧馬草地侵民田數百頃，牒訴連上，凡五遣使按視，不決。逢吉受命往，則悉還所侵田，民咸德之。兄及甫，歷京東、峽路轉運副使，至駕部郎中。逢吉子咸務，至比部員外郎、京東轉運副使。從子楚材，至虞部員外郎。

韓國華字光弼，相州安陽人。太平興國二年舉進士，解褐大理評事、通判瀘州，就遷右贊善大夫。代還，除彰德軍節度判官，遷著作佐郎、監察御史。

雍熙中，假太常少卿使高麗。時太宗將北征，以高麗接遼境，屢爲其所侵，命齎詔諭之，且令發兵西會。既至，其俗頗獷驁，恃險遷延，未卽奉詔。國華移檄，諭以朝廷威德，宜亟守臣節，否則天兵東下，無以逃責。於是俯伏聽命，使還，賜緋魚。雍熙三年，改右拾遺、直史館，判鼓司、登聞院，俄充三司開拆推官。四年，判本司，遷左司諫，充鹽鐵判官。

淳化二年，契丹請和，朝議疑其非實，遣國華使河朔以察之。既至，盡得其詐以聞。每歲後苑賞花，三館學士皆得預。三年春，國華與潘太初因對，自言任兩省淸官兼計司職，不得侍曲宴，願兼館職，卽日命並直昭文館。後二日，陪預苑宴。三司屬官兼直館，自國華等始。未幾，授刑部員外郎〔五〕，歷判三司勾院，復爲鹽鐵判官，又爲左計判官，尋都判三勾，賜金紫，改兵部員外郎、屯田郎中、京東轉運使，徙陝西路。舊制，川、陝官奉緡悉支鐵錢，資用多乏，國華奏增其數。加都官郎中，入判大理寺，改職方郎中。以詳定失中，命梁顥代之。知河陽、潞州，轉運使言其善綏輯，供億幹辦，詔獎之。

景德中，假祕書監使契丹，又爲江南巡撫，入權開封府判官。眞宗朝陵，魏咸信自曹州召入扈從，命國華權州事。俄改太常少卿，出知泉州。大中祥符初，遷右諫議大夫。四年，代還，至建州，卒于傳舍。年五十五。賜其子琉出身。

國華偉儀觀，性純直，有時譽。子琚、璩、琦，並進士及第。琦相英宗、神宗，自有傳。

何蒙字叔昭，洪州人。少精春秋左氏傳。李煜時，舉進士不第，因獻書言事，署錄事參軍。入宋，授洛州推官。

太平興國五年，調遂寧令。時太宗親征契丹還，作詩以獻。召見賞歎，授右贊善大夫。三遷至水部員外郎，通判廬州。時郡中火燔廨舍，権務俱盡。蒙假民器，貸鄰郡麴米爲酒，既而課增倍。戶部使上其狀，詔賚緡錢獎之。稍遷司門。巡撫使潘愼修薦其材敏，驛召至京，因面對，訪以江、淮茶法，蒙條奏利害稱旨，賜緋魚及錢十萬。後二日復對，又上淮南酒榷便宜，特改庫部，復賜錢二十萬，因命至淮右提總其事，自是歲有羨利。使還，知温州，未行，留提舉在京諸司庫務。求外任，復命知温州。坐舉人不當，削一官。眞宗即位，復前資，因上言請開淮南鹽禁。時卞袞、楊允恭輩方以禁鹽爲便，共排抑之，出知梧州。頃之，改水部郎中。上所著兵機要類十卷。時審官擬知漢陽軍，及引對，改知鄂州。大中祥符初，轉庫部。四年，加太府少卿。未幾，知太平州，又知袁州。州民多采金，蒙建議請以代租稅。上曰：「若此則農廢業矣。」不許。俄徙濠州。六年，上表謝事，授光祿少卿致仕，命未下，卒，年七十七。

慎知禮，衢州信安人。父温其，有詞學，仕錢俶，終元帥府判官。知禮幼好學，年十八，獻書于俶，署校書郎。未幾，命爲掌書記。

宋初，介俶子惟濬入覲，歸署營田副使。太平興國三年，從俶歸朝。授鴻臚卿，歷知陳州、興元府。知禮母年八十餘，居宛丘，懇求歸養，退處十年，搢紳稱其孝。及母服除，表請納祿。至道三年，以工部侍郎致仕。知禮自幼至白首，歲讀五經，周而後止。每開卷，必正衣冠危坐，未嘗少懈焉。咸平初，卒，年七十一。子從吉。

從吉字慶之，錢俶之壻也。爲元帥府長史。歸宋，歷將作少監。會擇朝士有望者補少列，改太子右庶子。眞宗升儲，換衞尉少卿。眞宗卽位，復爲右庶子，遷詹事。從吉自歸朝，居散秩幾三十年，頗以文酒自娛，士大夫多與之遊。景德初，上言求領事務，判刑部。頗留意法律，條上便宜，天下所奏成案率多糾駁，取本司所積負犯人告身鬻之，以市什器。

大中祥府初，改授衞尉卿，糾察在京刑獄，拜右諫議大夫，判吏部銓。初，選人試判多藉地而坐，從吉以公錢市莞席給之。臨事敏速，勤心公家，所至務嗷察，多請對陳事，上謂其無隱。

八年，改給事中，權知開封府。既受命，召戒之曰：「京府浩穰，凡事太速則誤，太緩則滯，惟須酌中耳。請屬一無所受。」裁數月，有咸平縣民張斌妻盧氏，訴姪質被酒詬悖。張素豪族，質本養子，而證左明白，質賄于吏。從吉子大理寺丞銳時督運石塘河，往來咸平，爲請于縣宰，斷復質劉姓，第令與盧同居。質洎盧迭爲訟，縣聞於府。從吉命戶曹參軍呂楷就縣推問。盧之從叔虢略尉昭一賂白金三百兩於楷，楷久不決。盧兄文質又納錢七十萬于從吉長子大理寺丞鈞，鈞以其事白從吉，而隱其所受。盧又詣府列訴，卽下其事右軍巡院。昭一兄澄嘗以手書達錢惟演，云寄語從吉，事逮鈞、銳，請緩之。從吉頗疑懼，密請付御史臺。卽詔御史王奇、直史館梁固鞫之。獄成，從吉坐削給事勒停，惟演罷翰林學士，楷、鈞免官配隸衡、郢州，銳、文質皆削一官，澄、昭一並決杖配隸。

又高清者，庫部郎中士宏之子，景德中舉進士，宰相寇準以弟之女妻之。寇氏卒，故相李沆家復壻之。歷官以賄聞，頗恃姻援驕縱，被服如公侯家，以是欺蠹小民。知太康縣，民有詣府訴家產者，清納其賄，時已罷任，卽逃居他所。銳嘗就清貸白金七十兩，淸以多納賄賂，事將敗，求以爲助。時方鞫盧氏獄，從吉請對，發其事，欲以自解。逮淸等繫獄，命比部員外郎劉宗言、御史江仲甫劾之。淸枉法當死，特杖脊黥面，配沙門島；鋭又削衞尉寺丞；從吉坐首露在已發，當贖銅，特削諫議大夫。天禧三年，起爲衞尉卿。明年，判登聞鼓院。坐與寇準親善，以光祿卿致仕。未幾卒，年七十。

從吉喜爲詩，時有警語。兼工醫術。子孫登仕者甚衆，第進士升朝服朱紱者數人。家富於財，尤能治生，多作負販器皷賃，以至鬻棺櫝於市。又善爲饌具，分遺權要。晚年進趨彌篤，以至于敗，物論鄙之。子鏞，金部度支員外郎、祕閣校理；鍇，太常博士。

論曰：八政之首食貨，以國家之經費不可一日而無也。然生之有道而用之有節，則存乎其人焉爾。張鑑將命西蜀，處制得宜，庶乎可與行權者也。子輿裁損經制，索湘議罷鬻茶，許驤謹守儒行，知禮篤信經學，國華不辱君命，皆有足稱者焉。太初自謂達性命之藴，而卒流於釋、老之歸，文寶久任邊郡，而不免以生事蒙黜，劉綜著勞朔、易而短於經術，從吉勤於公務而疏於訓子，固未得爲盡善也。自餘諸子，之翰虧潔白之操，卞衮乏仁恕之道，晃之棄其城守，坦之疎於輔導，則君子所不予也。

校勘記

〔一〕瑞州清江　「瑞州」當作「筠州」。考異卷七六說：「南渡後避理宗嫌名，改『筠』爲『瑞』，此時無瑞州之名也。」參考本書卷八八地理志。

〔二〕仲寓　原作「仲寓」，據本書卷四七八南唐李氏世家改。

〔三〕且言靈州不可棄　「不」字原脫，長編卷五一、太平治蹟統類卷五都說：「文寶因獻河西隴右圖，且言靈州不可棄，於是遣王超西討。」據補。

〔四〕命與雷有終並兼峽路隨軍轉運同知兵馬事　「知」字原脫，據本書卷二七八本傳補。

〔五〕刑部員外郎　「郎」字原脫，按宋代沿用隋、唐官制，六部郎中之下設員外郎，見本書卷一六三職官志。據補。

宋史卷二百七十八

列傳第三十七

馬全義 子知節　雷德驤 子有終　孫孝先　曾孫簡夫〔一〕　王超 子德用

馬全義，幽州薊人。十餘歲學擊劍，善騎射。十五，隸魏帥范延光帳下。延光叛，晉祖征之，以城降，悉籍所部來上。全義在籍中，因補禁軍。以不得志，遂遁去。漢乾祐中，李守貞鎭河中，召置帳下。及守貞叛，周祖討之，全義每率敢死士，夜出攻周祖壘，多所殺傷。守貞貪而無謀，性多忌克，全義屢爲畫策，皆不能用。城陷，遂變姓名亡命。

周廣順初，世宗鎭澶淵，全義往事之。從世宗入朝，周祖召見，補殿前指揮使，謂左右曰：「此人忠於所事，昔在河中，屢挫吾軍，汝等宜效之。」世宗卽位，遷右番行首〔二〕。從世宗戰高平，以功遷散員指揮使。從征淮南，以功遷殿前指揮使、右番都虞候。恭帝卽位，授鐵騎左第二軍都校、領播州刺史。

宋初，歷內殿直都知、控鶴左廂都校、領果州團練使。從征李筠，筠退保澤州，城小而固，攻之未下。太祖患之，召全義賜食御榻前問計，對曰：「筠守孤城，若併力急攻，立可殄滅；儻緩之，適足長其姦爾。」太祖曰：「此吾心也。」卽麾兵急擊之。全義率敢死士數十人乘城，攀堞而上，爲飛矢貫臂，流血被體。全義拔鏃臨敵，士氣益奮，遂克其城。遷虎捷左廂都校、領睦州防禦使。

又從征李重進，領控鶴、虎捷兩軍爲後殿。賊平班師，錄功居多，改龍捷左廂都校、領江州防禦使。俄被疾，太祖遣太醫診視，仍諭密旨曰：「俟疾間，當授以河陽節制。」全義疾已亟，但叩頭謝。數日卒，年三十八。特贈檢校太保、大同軍節度使。子知節。

知節字子元，幼孤。太宗時，以蔭補供奉官，賜今名。年十八，監彭州兵，以嚴涖衆，衆憚之如老將。又監潭州兵，時何承矩爲守，頗以文雅飾吏治，知節慕之，因折節讀書。雍熙間，護兵博州，契丹入邊，敗我師於君子館。先是，知節完城繕甲，儲積芻粟，吏民以爲生事。既而契丹果至，以有備，引去。

徙知定遠軍。時議調河南十三州之民輸餉，河北轉運使樊知古適至軍議事，知節曰：「軍少粟多，籔其紅腐，尙當得十之六七。」知古從之，果獲粟五十萬斛，分給諸屯，遂省河南之役。時部民入保避寇，卒有盜婦女首飾者，護軍止笞遣之。知節曰：「民避外患而來，反罹內寇，此而可恕，何以肅下？」即命斬之。知深、慶二州，遷西京作坊使。

旋知梓州。李順之叛，詔與王繼恩同討賊。繼恩恃勢自任，惡知節不附己，遣守彭州，付以羸兵三百，彭之舊卒，悉召還成都。知節累請益兵，不從。賊衆十萬攻城，知節力戰，自晨抵晡，士多死，慨然嘆曰：「死賊手，非壯夫也。」即橫槊潰圍出，遲明，援兵至，復鼓譟入，賊遂潰去。太宗聞而歎曰：「賊衆我寡，知節不易當也。」授益州鈐轄，加益、漢九州都巡檢使，遷內園使。會韓景祐帳下劉旰脅牙兵爲亂，連下州縣，衆踰二千，知節領兵三百，追至蜀州，與戰，旰走邛州。知節曰：「賊破邛州，必乘勝渡江薄我，既息而後戰，官軍雖倍，制之亦勞，不如乘其弊急擊之，破之必矣。」遂行。次方井鎭，與旰遇，殺之無噍類。

咸平初，領登州刺史，知秦州。州嘗質羌酋支屬餘二十人，踰二紀矣。知節曰：「羌亦人爾，豈不懷歸？」悉遣之。羌人感之，訖終，更不犯塞。時州有銀坑，歲久鑛竭，課額弗除，主吏破產，償之不足。知節請蠲之，章三上，乃允。遷西上閤門使，知益州兼本路轉運使。自乾德後，歲漕蜀物，動踰萬計。時籍富民以部舟運，坐沉覆破產者衆。知節請代督以省校而程其漕事，自是蜀人賴以免患。

徙知延州兼鄜延駐泊部署。邊寇將至，方上元節，遽命張燈啓關，累夕宴樂，寇不測，即引去。會鎭州程德玄政事曠弛，徙知節代之。詔發澶、魏等六州糧輸定武，時兵交境上，知節曰：「糧之來，是資盜也。」止令於舟車所至收之，寇無所得而遁。

車駕在澶淵，時王超擁兵數十萬屯眞定，逗留不進。知節移書誚讓之，超始出兵，猶以中渡無橋爲辭。知節預命度材，一夕而具。景德中，徙知定州，未幾，拜東上閤門使、樞密都承旨，擢拜簽書樞密院事。

當是時，契丹已盟，中國無事，大臣方言符瑞，而知節每不然之，嘗言「天下雖安，不可忘戰去兵」以爲戒。自陳年齒未衰，五七年間尙可驅策，如邊方有警，願預其行，但得副都部署名及良馬數匹、輕甲一聯足矣。上以爲然，因命製鋼鐵鎖子甲以賜焉。進宣徽北院使，加兼樞密副使。時王欽若爲樞密使，知節薄其爲人，遇事敢言，未嘗少屈。每廷議，得其不直，輒面詆之。時欽若寵顧方隆，知節愈不爲下。

大中祥符七年，出爲潁州防禦使、知潞州。天禧初，移知天雄軍，召拜宣徽南院使、知樞密院事。以疾乞罷，除彰德軍留後、知貝州兼部署。將行，眞宗閔其癯瘁，止命歸鎭。時上黨、大名之民已爭來迎謁。未幾，卒，年六十五。贈侍中，謚正惠。

知節將家子，慷慨以武力智謀自許，又能好書，賓友儒者，所與善厚，必一時豪傑，論事謇謇未嘗有所顧忌，故聞其風者，亦知其爲正直云。

雷德驤字善行，同州郃陽人。周廣順三年，舉進士，解褐磁州軍事判官。召爲右拾遺，充三司判官，賜緋魚。顯德中，入受詔均定隨州諸縣民田屋稅，稱爲平允。

宋初，拜殿中侍御史，改屯田員外郎、判大理寺。其官屬與堂吏附會宰相趙普，擅增刑名，因上言，欲求見太祖以白其事。未引對，直詣講武殿奏之，辭氣俱厲。太祖詰之，德驤對曰：「臣値陛下日旰未食，方震威嚴爾。」帝怒，令左右曳出，詔置極典。俄怒解，黜爲商州司戶參軍。刺史知德驤舊爲省郎，以客禮之。及奚嶼知州，希宰相旨，至則俾受庭參。德驤不能堪，出怨言，嶼銜之。適有言德驤至郡爲文訕上者，嶼召德驤與語，潛遣吏給其家人取得之，即械繫德驤，具狀以聞。太祖貸其罪，削籍徙靈武。數年，其子有鄰擊登聞鼓，訴中書不法事，趙普由是出鎭河陽。召德驤爲祕書丞，俄分判御史臺三院事，又兼判吏部南曹。開寶七年，同知貢舉。太祖崩，以德驤爲吳越國告哀使。還，遷戶部員外郎兼御史知雜事，改職方員外郎，充陝西、河北轉運使。歷禮部、戶部郎中，入爲度支判官。

太平興國四年，車駕征太原，爲太原西路轉運使。六年，同知京朝官考課，俄遷兵部郎中。七年，以公累降本曹員外郎，出知懷州，未幾，復舊官。又命爲兩浙轉運使，其子殿中丞有終亦爲淮南轉運使，父子同日受詔，搢紳榮之。俄遷右諫議大夫。

雍熙二年，徵歸朝，同知京朝官考課。初，帝謂宰相曰：「朕前日閱班籍，擇官爲河北轉運使，所患不能周知羣臣履行。自今令德驤錄京朝官履歷功過之狀引對，既得漸識羣臣，擇才委任，且使有官政者樂於召對，負瑕累者恥於顧問，可以爲懲勸矣。」

端拱初，遷戶部侍郎。會趙普再入相，宣制之日，德驤方立班，不覺墜笏，遽上疏乞歸田里。太宗召見安諭之，賜白金三千兩，罷知考課，止以本官奉朝請。會議事尙書省，乘酒叱起居員外郎鄭構爲盜，御史奏劾，下御史臺案問，具伏，帝止令罰月奉而釋之。訖趙普出守西洛，帝終保全之。

淳化二年，爲其壻如京副使衞濯訟有鄰子祕書省校書郎孝先內亂，帝素憐德驤，恐暴揚其醜，不以孝先屬吏，止除名配均州；德驤坐失敎，責授感德軍行軍司馬；并其子少府少監有終責授衡州團練副使。德驤因慚憤成疾，三年，卒，年七十五。有終爲三司鹽鐵副使，表乞追復舊官，從之。德驤無文采，頗以強直自任，性褊躁，多忤物，不爲士大夫所與。

有鄰，開寶中，舉進士不第。其父旣竄靈武，意宰相趙普擠抑之。時堂後吏胡贇、李可度在職歲久，或稱其請託受賕，而祕書丞王洞與德驤同年登第，有鄰每造謁洞，洞多以家事委之。一日，洞令有鄰市白金半鋌，因曰：「此令吾子知，要與胡將軍。」蓋謂贇也。時又有詔，應攝官三任解由全者許投牒有司，即得召試錄用。有鄰素與前攝上蔡主簿劉偉交游，知偉雖嘗三攝，而一任失其解由，偉造僞印，令其兄前進士侁書寫之，因是得試送銓。遂具章告其事，並下御史府按鞫。有鄰出入贇家，故其事多實。獄具，偉坐棄市，洞等並決杖除名，贇、可廢仍籍其家。有鄰授秘書省正字，賜公服靴笏、銀鞍勒馬、絹百匹。自是累上疏密告人陰事。俄被病，白晝見偉入室，以杖箠其背。有鄰號呼聞于外，數日而死。賜德驤錢十萬，以給喪事。

有終字道成，幼聰敏，以蔭補漢州司戶參軍。時侯陟典選，木彊難犯，選人聽署於庭，無敢譁者。有終獨抗言，願爲大郡治獄掾，陟叱之曰：「年未三十，安可任此官？」有終不爲沮。署萊蕪尉。知監、左拾遺劉祺以有終年少，頗易之，有終發其姦贓，祺坐罪杖流海島，以有終代知監事。先是，三司補吏爲冶官，率以貲進，多恣橫。至是，受署者憚有終，率多避免。太宗即位，聞其名，遣內侍伍守忠同掌監事，且察其治迹。守忠至裁周月，即還奏有終彊濟之狀，亟詔爲大理寺丞。會德驤任陝西轉運，奏爲解州通判，特許德驤不巡察是州。有終入奏鹽池利害，改贊善大夫，令還權知軍事，省通判。太平興國六年，遷殿中丞、知密州，徙淮南轉運副使，賜緋魚，改太常博士。時德驤主漕兩浙，往往省于境上，時人榮之。

雍熙中，王師北征，命爲蔚州飛狐路隨軍轉運使。入爲鹽鐵判官，歷戶部、度支副使，賜金紫，出知昇州。淳化初，就遷少府少監、知廣州。二年，女弟壻衞濯訟其家法不謹，有終坐親累，責授衡州團練副使，奪章服。俄丁外艱，行及許田，召歸，入對，賜錢八十萬，起爲都官員外郎，歷度支、鹽鐵副使，復金紫。時以江南、嶺外茶鹽價不一，細民冒禁私販，多陷重辟，詔有終領江、淮、兩浙、荆湖、福建、廣南路茶鹽制置使，就出鹽產茶之地，以便宜裁制。使還，改工部郎中、知大名府，不踰月，復爲少府少監，徙知江陵。

李順之亂，王師西征，命與裴莊爲峽路隨軍轉運使、同知兵馬事。調發兵食，規畫戎事，皆有節制。師行至峽中，遇盜格鬥，衆渴乏，會天雨，軍士以兜牟承水飲之，且行且戰，進至廣安軍。軍壘瀕江，三面樹柵。會夜陰晦，賊衆奄至，鼓譟舉火，士伍恐懼，有終安坐櫛髮自若。賊圍既合，有終引奇兵出其後擊之，賊衆驚擾，赴水死者無算。就拜右諫議大夫、知益州。次簡州，寓佛舍，度賊必至，命左右重閉，召士人嚴更警備，初夕，間道而出。賊圍守數重，及壞寺入，惟擊柝者在焉。俄兼同招安使。賊平，改知許州。三年，改給事中、知幷州。

眞宗嗣位，加工部侍郎。咸平二年，代還，知審刑院，俄授戶部使。三年，將巡師大名，遣有終乘馹先詣澶州督納糧草。車駕還，次德淸軍，會益州奏至，神衞戍卒以正旦竊發，害兵馬鈐轄符昭壽，擁都虞候王均爲亂，逐知州牛冕。卽日，拜有終瀘州觀察使、知益州兼川峽兩路招安捉賊事。御廚使李惠、洛苑使石普、供備庫副使李守倫並爲招安巡檢使，給步騎八千，命往招討。又以洛州團練使上官正爲東川都鈐轄，西京作坊使〔三〕李繼昌爲峽路都鈐轄，崇儀副使高繼勳、王阮並爲益州駐泊都監，供奉官、閤門祗候孫正辭爲諸州都巡檢使。

正月三日，均率衆陷漢州，進攻綿州，旬日不能下，趣劍門。先是，知劍州、祕書丞李士衡度寇必至，城不能守，悉徙官帑保劍門，焚其倉廩，又署榜招軍卒之流逸者，得數千人。已而賊果至，士衡與劍門都監、左藏庫副使裴臻逆擊之。時風雪連日，均衆無所掠，唯食敗糟，臻與戰，斬首數千級。賊衆疲劇宵遁，還保益州。士衡卽馳騎入奏，上嘉之，拜士衡度支員外郎，賜緋；臻崇儀使、領峯州刺史，仍舊職。

知蜀州、供奉官、閤門祗候楊懷忠聞變，卽調鄉丁會十一路巡檢兵，刻期進討。蜀民不從賊者相率抗禦，儕伍謂之「淸壇衆」。擇「淸壇」之魁七十餘人，悉補巡檢將，遣判官高本馳驛以聞。十七日，懷忠率衆入益州，焚城北門，至三井橋。時均尙留劍門，與賊將魯麻胡陣于江瀆廟前，自晨至晡，戰數合，懷忠兵勢不敵，退還所部。懷忠部下多李順舊黨，頗貪剽劫，故敗績焉。

懷忠移文嘉、眉七州，調軍士丁男來會。二月，再攻益州。時均方遣逆黨趙延順攻邛、蜀，懷忠逆與之戰，賊稍退。懷忠與轉運使陳緯，麾兵由子城南門直入軍資庫，與緯署其庫籥。均衆皆銀槍繡衣，爲數隊分列子城中。賊兵出通遠門，與懷忠戰數合，會暮，懷忠復退軍笮橋，背水列陣，砦櫧木橋南，以扞邛、蜀之路。賊故不復能南略，自清水埧、温江、金馬三道來攻櫧木砦，出官軍後，焚江原神祠，斷邛、蜀援路。懷忠三路分兵以抗之，斬首五百餘級，驅其餘衆入皁江，獲甲弩甚衆。乘勝逐賊至益州南十五里，砦于雞鳴原以俟王師。均亦閉成都東門以自固。

是月，有終等至，令石普先與綿、漢都巡檢張思鈞收復漢州，進壁升仙橋。賊出攻砦，有終擊走之。一日，均開城僞爲遁狀，有終與上官正、石普率兵徑入，官軍分剽民財，部伍不肅。賊閉關發伏，布床榻於路口，官軍不得出，因爲所殺。有終等緣堞而墜，李惠死之，退保漢州。益州城中民皆奔迸四出，復爲賊黨分騎追殺，或囚縶之，支解族誅以恐衆。又脅士民僧道之少壯者爲兵，先刺手背，次髡首，次黥面，給軍裝，令乘城，與舊賊黨相間。有終署榜招之，至則署其衣袂釋之，日數百人。

三月，進攻彌牟砦，斬首千餘級，復爲賊所拒。四月，賊由升仙橋分路來寇，併軍於東偏，有終率兵逆擊，大敗之，殺千餘人，奪其繖蓋、金槍等物，均單騎還城。有終遣其子奉禮郎孝若馳奏，上召孝若問敗賊之由，笑謂左右曰：「均鼠竊爾，雖嬰城自守，計日可擒矣。」孝若因言嘗習武藝，願改秩以効，卽補供奉官。俄以刑部員外郎馬亮爲轉運使，國子博士張志言副之，供備庫副使張煦〔四〕爲綿、漢都巡檢使。楊懷忠又分所部砦於合水尾、浣花等處，樹機石、設笓籬以拒之。

賊自升仙之敗，徹橋塞門，官軍進至淸遠江，爲梁而度。有終與石普屯於城北門之西，依壕爲土山，分設鹿角，又得舊草場，造梯衝洞車攻具，普專主之。高繼勳、張煦、孫正辭攻城東，上官正、李繼昌、王阮攻城西，楊懷忠與巡檢殿直、閤門祗候馬貴攻城南，賊將趙延順盡驅兇黨以拒。既而延順中流矢死，又遣其黨丁重萬立城門上，官軍射之，殪。每攻城，輒會雨，城滑不能上，官軍及丁夫爲洞屋以進，賊又鑿地道出掩之，溺壕中死者千餘，軍勢小衄。時方暑濕，軍士多疾，有終市藥他州療之。

是月，詔洛苑使、入內副都知秦翰爲兩川捉賊招安使。有終與翰叶議，於城北魚橋又築土山。八月，克城北羊馬城，遂設鴈翅敵棚，覆洞屋以進，逼羅城。九月，城北洞屋成，賊對設敵樓以抗官軍，有終遣卒焚之，賊自是銷沮，築月城以自固。有終募敢死士間道以入，賊爲藥矢，中者立死。有終令卒蒙氈秉燧以入，悉焚其望櫓機石，先遣東西南砦鼓譟攻城，有終與石普分主洞屋以進。普穴城爲暗門，門成，賊攢戟於前，無敢進者。有二卒請行，許以厚賞，乃麾戈直衝之，賊鋒稍却，遂入城。

有終登城樓下瞰，賊之餘衆，猶砦天長觀前，於文翁坊密設礮架。高繼勳白于馬亮，請給稭秆油糗，衆執長戟巨斧，秉炬以進，悉焚之。楊懷忠焚其砦天長觀前，追至大安門，復敗焉。是夕二鼓，均與其黨二萬餘南出萬里橋門，突圍而遁。有終疑有伏，遣人縱火城中。詰朝，與秦翰登門樓，牙吏有受僞署官職者，捕得，立樓下，傍積薪，屑火其上，索男子魁壯者令辨之，曰某嘗受某職，卽命左右捽投火中。自晨至晡，焚死者數百人，時謂寃酷。均既走，度合水尾，由廣都略陵、榮，趣富順監，所過斷橋塞路，焚倉庫而去。

初，有終遣懷忠領虎翼軍追之，後二日，石普繼往，以全軍爲後援。十月，均至富順，其將校以筏度江，趨戎、瀘蠻境。朝廷每歲孟冬朔，詔富順監具酒肴，犒內屬蠻酋。是日裁設具，而均黨適至，皆食焉。聞懷忠追騎將至，均心易之，謂其黨曰：「速降懷忠。」令其衆負檐以行。懷忠距富順六十里〔五〕，於楊家市少憩，賊衆在後者邀戰，懷忠遣騎士登高原覘賊，且語其左右曰：「縱賊度江，後悔無及，聞石侯將至，當以奇兵取之。」乃臨江列陣擊之，餘黨散走，有拏舟將度江而遁者，懷忠合強弩射之，溺死甚衆。懷忠張旗鳴鼙入城，均方在監署中，其衆多醉，均窮蹙縊死。虎翼軍校魯斌斬其首詣懷忠，獲僭僞法物、旌旗、甲馬甚衆，禽其黨六千餘人，逆徒殲焉。懷忠旋軍出北門，石普之衆始至，奪均首馳歸成都，梟于北市。

均本隸開封散從直，後補軍校。初，神衞軍之戍成都者，以均及董福分二指揮以領之。福御衆有法，部下皆優足；均縱其下飲博，軍裝亦以給費。是歲，車駕幸河朔，符昭壽與牛冕大閱於東郊，蜀人趨觀之，二軍衣服鮮弊不等，均衆因是懟憤。益州知州與鈐轄二廨並禁旅爲牙隊，歲除，冕以酒肴犒部士，而昭壽既驕恣，復肆侵虐，冕亦寬弛無政，故詰朝合起爲亂。

神衞卒既殺昭壽，是日，成都官吏方相與賀正，聞變皆奔竄，牛冕與轉運張適縋城而出，惟都巡檢使劉紹榮冒刃格鬭。既而衆寡不敵，叛卒尙未有主，或欲奉紹榮爲帥者，紹榮攝弓罵曰：「我燕人也，比棄鄉土來歸本朝，豈能與汝同逆，汝亟殺我，我肯負朝廷哉！」衆未敢動。監軍王澤與均適至，乃謂均曰：「汝所部爲亂，盍自往招安。」均既往，叛卒即擁之爲主，紹榮自經死。均僭號大蜀，改元化順，署置官稱，設貢舉，以張鍇爲謀主。

鍇本名美，太原舊卒，後爲神衞小校。狡獪，嘗歷戰陣，粗習陰陽，以熒惑同惡，故勸均爲亂。均實戇愞無謀，嘗言：「官軍若至，我當先路出迎，自陳被脅之狀。」鍇聞之，擇軍中子弟署寄班，以防守均，令不與人接見。官軍圍城，每射箭招誘，及令均子弟至城下，均皆不之知。得箭書，鍇悉焚之。自起至敗，所守止一城而已。均初署親軍爲天降虎翼，後果爲虎翼軍所殺。

賊既平，遣承受供奉官楊崇勳乘傳告捷，賜崇勳錦袍、銀帶、器幣，有終加保信軍節度觀察留後，以秦翰爲內園使、恩州刺史，石普爲冀州團練使，高繼勳、王阮並爲崇儀使，孫正辭爲內殿崇班，李繼昌爲獎州刺史，張煦爲供備庫副使，楊懷忠爲供備庫副使，馬貴爲供奉官。是役也，懷忠之功居最，爲石普所忌，朝廷微聞之，遣寄班安守忠按視戰所，盡得其功狀，以故懷忠復遷崇儀使，領恩州刺史。

四年，有終代還，命爲涇原儀渭鎮戎路都部署，辭不拜。改知永興軍府，徙秦州。景德初，徙爲幷代副都部署，賜黃金四百兩。丁內艱，起復。契丹入寇，上幸澶淵，詔有終率所部由土門抵鎮州，與大兵會。既而王超、桑贊逗撓無功，唯有終赴援，威聲甚振，河北列城，賴其雄張。俄而契丹修好，命還屯所，就判幷州，召拜宣徽北院使、檢校太保。二年七月，暴疾卒，年五十九，贈侍中。錄其子孝若爲內殿崇班、閤門祗候，孝傑爲內殿崇班，孝緒爲供奉官，孝恭爲侍禁，親族、門客、給事輩遷補者八人。

有終倜儻自任，不拘小節，有幹局，沈敏善斷，不畏強禦，輕財好施。歷典藩閫，能撫士卒，豐於宴犒，官用不足，則傾私帑及榷錢以給之。家無餘財，奉身甚薄，常所御者銅鞍勒馬而已。第在崇仁里者，德驤所創，有終在蜀嘗貸備用庫錢數百萬，奏納其第償之，優詔蠲免。爲宣徽使，特給廉鎭公用錢歲二千貫。身没之日，宿負猶不啻千萬，官爲償之。王繼英在樞密，頗忌有終進用，屢言其在蜀及守邊厚費以收士卒心，眞宗不之信，卒保護焉。

孝先字子思，有鄰子也。舉進士，試秘書省校書郎，知天長縣。以衞濯訟其內亂，除籍配均州。後復知宛丘縣，李繼隆判陳州，薦其能，加試大理評事。契丹內寇，眞宗幸大名，孝先以部芻糧河北，首至行在，擢太常寺奉禮郎。

王均反益州，隨季父有終進討，孝先率先鋒與賊戰升仙橋，斬首數百，得均金槍黃繖以獻，改將作監丞。

李繼遷陷靈州，朝廷調兵，軍費多出於民，關內大擾。孝先請益募商人入粟塞下，償以茶鹽。召對稱旨，命馳驛陝西，與轉運使鄭文寶議立規畫，後多施行。累遷尙書屯田員外郎。嘗建置三司拘收司，以檢天下財利出入之數，詔如其請。

知興元府，坐保任失實，降通判華州，徙知鄆州。宰相寇準舉，換內園使、知貝州。會慈州民張熙載詐稱黃河都總管，籍並河州郡芻糧數，至貝州。孝先覺其姦，捕繫獄。孝先欲因此爲奇功，以動朝廷，迫司理參軍紀瑛教熙載僞爲契丹諜者，號景州刺史兼侍中、司空、太靈宮使，部送京師。樞密院按得孝先所敎狀，謫澤州都監，利、虢三州〔六〕，改環慶路兵馬鈐轄、知邠州。踰年，領昭州刺史，爲益州鈐轄，再遷左藏庫使，擢西上閤門使、涇原路鈐轄兼知渭州，復知邠州，徙耀州，以右領軍衞大將軍、昭州刺史，分司西京卒。子簡夫。

簡夫字太簡，隱居不仕。康定中，樞密使杜衍薦之，召見，以秘書省校書郎簽書秦州觀察判官。公事既罷，居長安，自以處士起，不復肯隨衆調官，多爲岐路求辟薦。時三白渠久廢，京兆府遂薦簡夫治渠事。先時，治渠歲役六縣民四十日，用梢木數百萬，而水不足。簡夫用三十日，梢木比舊三之一，而水有餘。知坊州，徙閬州，用張方平薦，知雅州。既而辰州蠻酋彭仕義內寇，三司副使李參、侍御史朱處約安撫不能定，繼命簡夫往。至則督諸將進兵，築明溪上下二砦據其險要，拓取故省地石馬崖五百餘里。仕義內附。擢三司鹽鐵判官，以疾出知虢、同二州，累遷尙書職方員外郎，卒，錄其子壽臣爲郊社齋郎。簡夫始起隱者，出入乘牛，冠鐵冠，自號「山長」。關中用兵，以口舌捭闔公卿。既仕，自奉稍驕侈，騶御服飾，頓忘其舊，里閭指笑之曰：「牛及鐵冠安在？」

王超，趙州人。弱冠長七尺餘。太宗尹京，召置麾下。及卽位，以隸御龍直。淳化二年，累遷至河西軍節度使、殿前都虞候。眞宗嗣位，以翊戴功，加檢校太傅、領天平軍節度。咸平二年秋，大閱禁兵二十萬于東郊，超執五方旗以節進退，上御戎幄觀之，面賜褒獎。從幸大名，與都虞候張進並爲先鋒。都大點檢傅潛逗撓得罪，以超爲侍衞馬步軍都虞候、鎭州行營都部署，又帥鎭、定、高陽關三路。契丹入邊，與戰于遂城西，俘馘二萬計，斬其裨王騎將十五人，手詔褒美。

李繼遷陷淸遠軍，以超將西面行營之師禦之，徙帥永興軍。宰相言超材堪將帥，遂以超帥定州路行營，王繼忠副之。尋加鎭、定、高陽關三路都部署，密遣中使賜以御弓矢，許便宜從事。加開府儀同三司、檢校太尉。咸平六年，遼師大入，超召鎭州桑贊、高陽關周瑩率兵會定州，瑩以非詔旨不至。遼兵圍望都，超、贊率兵赴之，陣于縣南六里。繼忠在陣東偏，契丹出其背，遮絕糧道，人馬乏困，繼忠馳前與契丹戰，超、贊遂旋師，繼忠孤軍沒焉。上卽遣劉承珪、李允則馳往，察退衄之狀，且言鎭州副部署李福、拱聖軍都指揮使王昇當戰先旋，福坐削籍流封州，昇決杖配隸瓊州。

景德初，上親巡澶淵，召超赴行在，復緩師期，契丹遂深入。會南北通好，故薄其責，止罷超三路帥，爲崇信軍節度使，徙知河陽。又移鎭建雄，知靑州。卒，贈侍中，再贈尙書令，追封魯國公，謚武康。

超爲將善部分，御下有恩。與高瓊同典禁旅，嘗休假他適，過營壘，軍校不時將迎，瓊即命箠罰，超以爲非公行，不當加罪，人稱其恕。然臨軍寡謀，拙於戰鬬。子德用。

德用字元輔。父超爲懷州防禦使，補衙內都指揮使。至道二年，分五路出兵擊李繼遷，超帥兵六萬出綏、夏，德用年十七，爲先鋒，將萬人戰鐵門關，斬首十三級，俘掠畜產以數萬計。進師烏白池，他將多失道不至，虜銳甚，超按兵不進，德用請乘之，得精兵五千，轉戰三日，敵勢却。德用曰：「歸師迫險必亂。」乃領兵距夏州五十里，絕其歸路，下令曰：「亂行者斬！」一軍肅然，超亦爲之按轡。繼遷躡其後，左右望見隊伍甚嚴整，莫敢近。超撫其背曰：「王氏有子矣。」

累遷內殿崇班，以御前忠佐爲馬軍都軍頭，出爲邢、洺、磁、相巡檢。盜張洪霸相聚界上，吏不能捕。德用以氈車載勇士，詐爲婦人飾，過邯鄲。賊果來邀，勇士奮出，悉禽之。徙督捕陝西東路，盜賊相戒曰：「此禽張洪霸者。」皆相率逃去。爲環慶路指揮使，尋以奏事忤旨，責授鄆州馬步軍都指揮使。歷內殿直都虞候、殿前左班都虞候、柳州刺史，遷捧日左廂都指揮使、英州團練使。

天聖初，以博州團練使知廣信軍。城壞久不治，德用率禁軍增築之，有詔褒諭。徙冀州，歷龍神衞、捧日、天武四廂都指揮使，康州防禦使、侍衞親軍步軍馬軍都虞候。召還，又爲幷、代州馬步軍副都總管，遷殿前都虞候、步軍副都指揮使〔七〕，歷桂州、福州觀察使。

章獻太后臨朝，有求內降補軍吏者，德用曰：「補吏，軍政也，不可與。」太后固欲與之，卒不奉詔，乃止。太后崩，有司請衞士坐甲，德用曰：「非故事也。」不奉詔。

仁宗閱太后閣中，得德用前奏軍吏事，奇之，以爲可大用，拜檢校太保、簽書樞密院事。德用謝曰：「臣武人，幸得以馳驅自效，賴陛下威靈，待罪行間足矣。且臣不學，不足以當大事。」帝遣使者趣入院，遂爲副使。久之，以奉國軍節度觀察留後同知院事，遷知院，歷安德軍，加檢校太尉、定國軍節度使、宣徽南院使。趙元昊反，德用請自將討之，不許。

德用狀貌雄毅，面黑，頸以下白晳，人皆異之。言者論德用貌類藝祖，御史中丞孔道輔繼言之，且謂德用得士心，不宜久典機密，遂罷爲武寧軍節度使、徐州大都督府長史。有言德用市馬於府州者，上其券，乃市於商人者。言者猶不已，降右千牛衞上將軍、知隨州。州置判官，家人皆惶恐，德用舉止言色如平時，惟不接賓客而已。徙知曹州，或謂德用曰：「孔中丞害公，今死矣。」德用曰：「中丞言官，豈害我者？朝廷亡一忠臣，可惜也。」起爲保靜軍節度觀察留後、知青州。

改澶州。陝西用兵久無功，契丹遣劉六符來求復關南地，以兵壓境。德用見帝流涕言：「臣前被罪，陛下赦而不誅，今不足辱命。」帝慰勞曰：「河北方警，藉卿鎭撫之。」又賜手詔慰勉，拜保靜軍節度使。歲大熟，六符見德用拜曰：「此公仁政所及也。」徙眞定府、定州路都總管，還奏事，復以宣徽南院使判成德軍。未行，徙定州路都總管。日訓練士卒，久之，士殊可用。

契丹使諜者來覘，或請捕殺之。德用曰：「第舍之，彼得實以告，是服人之兵以不戰也。」明日大閱，援桴鼓之士皆踊躍，進退坐作，終日不戮一人。乃下令，具糗糧，聽吾鼓聲，視吾旗幟所向。覘者歸告契丹，謂漢兵將大入。既而復議和，遂徙陳州，又徙河陽〔八〕。不行，入奉朝請，出判相州，拜同中書門下平章事，判澶州。徙鄭州，封祁國公，還爲會靈觀使。

德用素善射，雖老不衰。侍射瑞聖園，辭曰：「臣老矣，不能勝弓矢。」帝再三諭之，持二矢未發。帝顧之，使必中，乃收弓矢謝，一發中的，再發又中。帝笑曰：「德用欲中即中爾，孰謂老且衰乎？」賜襲衣、金帶，加檢校太師，復判鄭州，徙澶州，改集慶軍節度使，封冀國公。皇祐三年，上疏乞骸骨，以太子太師致仕，大朝會綴中書門下班。

德用將家子，習知軍中情僞，善以恩撫下，故多得士心。雖屢臨邊境，未嘗親矢石、督攻戰，而名聞四夷，雖閭閻婦女小兒，皆呼德用曰「黑王相公」。

帝嘗遣使問邊事，德用曰：「咸平、景德中，賜諸將陣圖，人皆死守戰法，緩急不相救，以至于屢敗。誠願不以陣圖賜諸將，使得應變出奇，自立異效。」帝以爲然。

德用雖致仕，乾元節上壽，預班廷中。契丹使語譯者曰：「黑王相公乃復起耶？」帝聞之，起爲河陽三城節度使、同中書門下平章事、判鄭州。至和元年，遂以爲樞密使，命入謝拜。明年，富弼相，契丹使耶律防至，德用與防射玉津園。防曰：「天子以公典樞密而用富公爲相，將相皆得人矣。」帝聞之喜，賜弓一，矢五十。後封魯國公，求去位至六七，乃以爲忠武軍節度使、景靈宮使，又以爲同羣牧制置使。有詔五日一會朝，聽子孫一人扶掖。卒，年七十九，贈太尉、中書令，謚武恭。加賜其家黃金。

德用諸子中，咸融最鍾愛，晚年頗縱之，多不法，後更折節自飭，官至左藏庫使、眉州防禦使。

論曰：全義、德孃，遇知太祖、太宗，超復翊戴眞宗，宜致崇顯，然堇堇無瘢人者，而各有子勑勳於國籍。若知節生將家，喜讀書，立朝爭事，以剛正稱天下，其邦之司直歟。有終起進士，明幹知兵，平蜀鉅賊，振聲隣敵，可謂「肇敏戎公」矣。至於精神折衝，名聞四夷，矯矯虎臣，則德用其有焉。

校勘記

〔一〕曾孫簡夫　「曾孫」二字原脫。按本卷雷德驤傳載簡夫是德驤的曾孫，今補。

〔二〕右番行首　「首」原作「省」。通鑑卷二九一「殿前右番行首馬全乂〔義〕」下注：「右番行首，居殿前右番班行之首。」本書卷二六一祁廷訓傳有「東西班右蕃行首」。據改。

〔三〕西京作坊使　「京」字原脫，據本書卷二五七李繼昌傳、長編卷四六補。

〔四〕張煦　原作「張晌」，據本書卷三〇八張煦傳、長編卷四七改。下文同。

〔五〕距富順六十里　長編卷四七、太平治蹟統類卷五都作「距富順六七里」，似是。

〔六〕謫澤州都監利貌三州　此語疑有脫誤。

〔七〕步軍副都指揮使　「都」字原脫，據歐陽修歐陽文忠公集卷二三王德用神道碑銘、王安石臨川先生文集卷九〇王德用行狀補。

〔八〕河陽　原作「河南」，據同上王德用神道碑銘改。同上王德用行狀作「孟州」，孟州即河陽，參考容齋隨筆卷四府名軍額條。

宋史卷二百七十九

列傳第三十八

王繼忠 傅潛 張昭允附 戴興 王漢忠 王能 張凝 魏能
陳興 許均 張進 李重貴 呼延贊 劉用 耿全斌
周仁美

王繼忠，開封人。父珫，爲武騎指揮使，戍瓦橋關，卒。繼忠年六歲，補東西班殿侍。眞宗在藩邸，得給事左右，以謹厚被親信。卽位，補內殿崇班，累遷至殿前都虞候、領雲州觀察使，出爲深州副都部署，改鎭、定、高陽關三路鈐轄兼河北都轉運使，遷高陽關副都部署，俄徙定州。

咸平六年，契丹數萬騎南侵，至望都，繼忠與大將王超及桑贊等領兵援之。繼忠至康村，與契丹戰，自日昳至乙夜，敵勢小却。遲明復戰，繼忠陣東偏，爲敵所乘，斷餉道，超、贊皆畏縮退師，竟不赴援。繼忠獨與麾下躍馬馳赴，服飾稍異，契丹識之，圍數十重。士皆重創，殊死戰，且戰且行，旁西山而北，至白城，遂陷于契丹。眞宗聞之震悼，初謂已死，優詔贈大同軍節度，賵賻加等，官其四子。

景德初，契丹請和，令繼忠奏章，乃知其尚在。朝廷從之，自是南北戢兵，繼忠有力焉。歲遣使至契丹，必以襲衣、金帶、器幣、茶藥賜之，繼忠對使者亦必泣下。嘗附表懇請召還，上以誓書約各無所求，不欲渝之，賜詔諭意。契丹主遇繼忠甚厚，更其姓名爲耶律顯忠，又改名宗信，封楚王，後不知其所終。子懷節、懷敏、懷德、懷政。

眞宗宮邸攀附者，繼忠之次有王守俊至濟州刺史，蔚昭敏至殿前都指揮使、保靜軍節度，翟明至洺州團練使，王遵度至磁州團練使，楊保用至西上閤門使、康州刺史，鄭懷德至御前忠佐馬步軍都軍頭、永州團練使，張承易至禮賓使，吳延昭至供備庫使，白文肇至引進使、昭州團練使，彭睿至侍衞馬軍副都指揮使、武昌軍節度，靳忠至侍衞馬軍都虞候、端州防禦使，郝榮至安國軍節度觀察留後，陳玉至冀州刺史，崔美至濟州團練使，高漢美至鄭州團練使，楊謙至御前忠佐馬步軍副都軍頭、河州刺史。

傅潛，冀州衡水人。少事州將張廷翰。太宗在藩邸，召置左右。卽位，隸殿前左班，三遷東西班指揮使。征太原，一日，再中流矢。又從征范陽，先至涿州，與契丹戰，生擒五百餘人。翌日，上過其所，見積尸及所遺器仗，嘉歎之。師旋，擢爲內殿直都虞候。上對樞密言：「潛從行有勞，賞薄。」復加馬步都軍頭、領羅州刺史，改捧日右廂都指揮使、領富州團練使，遷日騎、天武左右廂都指揮使，領雲州防禦使。

雍熙三年〔一〕，命大將曹彬北征，以潛爲幽州道行營前軍馬步軍都指揮使。師敗於拒馬河，責授右領軍衞大將軍，自檢校司徒降爲右僕射，仍削功臣爵邑。明年，起爲內外馬步都軍頭、領潘州防禦使，尋拜殿前都虞候、領容州觀察使。端拱初，加殿前副都指揮使、領昭化軍節度，出爲高陽關都部署。淳化二年四月，拜侍衞馬步軍都虞候、領武成軍節度。至道中，出爲延州路都部署，改鎭州。

眞宗卽位，領忠武軍節度，數月召還。咸平二年，復出爲鎭、定、高陽關三路行營都部署。契丹大入，緣邊城堡悉飛書告急，潛麾下步騎凡八萬餘，咸自置鐵撾、鐵梃，爭欲奮擊。潛畏懦無方略，閉門自守，將校請戰者，則醜言罵之。

無何，契丹破狼山砦，悉銳攻威虜，略寧邊軍及祁、趙，游騎出邢、洺，鎭、定路不通者踰月。朝廷屢間道遣使，督其出師，會諸路兵合擊，范廷召、桑贊、秦翰亦屢促之，皆不聽。廷召等怒，因詬潛曰：「公恇怯乃不如一嫗爾。」潛不能答。都鈐轄張昭允又屢勸潛，潛笑曰：「賊勢如此，吾與之角，適挫吾銳氣爾。」然不得已，分騎八千、步二千付廷召等，於高陽關逆擊之，仍許出兵爲援。洎廷召等與契丹血戰而潛不至，康保裔遂戰死。

及車駕將親征，又命石保吉、上官正自大名領前軍赴鎮、定與潛會。潛卒逗遛不發，致敵騎犯德、棣，渡河湊淄、齊，刦人民，焚廬舍。上駐大名而邊捷未至，且諸將屢請益兵，潛不之與；有戰勝者，潛又抑而不聞。上繇是大怒，乃遣高瓊單騎即軍中代之，令潛詣行在。至，則下御史府，命錢若水同劾按，一夕獄具。百官議法當斬，從駕羣臣多上封請誅之，上貸其死，下詔削奪潛在身官爵，幷其家屬長流房州。潛子內殿崇班從範，亦削籍隨父流所，仍籍沒其貲產。五年，會赦，徙汝州。景德初，起爲本州團練副使，改左千牛衞上將軍，分司西京。大中祥符四年，車駕西巡至洛，因令從駕還京，遷左監門大將軍，還其宅。久之，判左金吾街仗。天禧元年，卒。

張昭允者，字仲孚，衞州人。以父秉蔭，試大理評事。潘美妻以女，奏換右班殿直，以久次，遷通事舍人。端拱初，契丹內擾，命爲雄州監軍。敵騎乘秋掠境上，昭允與知州田仁朗選銳卒襲其帳，敗走之。進西上閤門副使，提總左右藏金銀錢帛。

昭允以諸州絹常度外長數尺，請裂取付工官備他用，歲獲羨餘。既而士卒受冬服，度之不及程，出怨言，昭允坐免官。俄起爲崇儀副使，累遷西上閤門使、河西馬步軍鈐轄，屯石州。會討李繼遷，王超出夏、綏州路，領後陣，超深入數百里，踰白池，道阻糧絕，昭允以所部援之，戎人大敗。

眞宗卽位，以昭允章懷皇后姊壻，頗被親信。咸平二年，命爲鎭、定、高陽關行營馬步都鈐轄。時傅潛爲都部署，畏愞城守，昭允屢勸其出兵，潛按兵不動。潛旣得罪，昭允亦削奪官爵，長流通州〔三〕。景德二年，起爲楚州團練副使，改右神武將軍。大中祥符元年，卒。昭允喜筆札，習射，曉音律。子正中、居中。

戴興，開封雍丘人。年十餘歲，以勇力聞里中。及長，身長七尺餘，美鬚髯，眉目如畫。太宗在藩邸，興詣府求見，奇之，留帳下。卽位，補御馬左直，遷直長，再遷御龍直副指揮使。從征太原，先登，中流矢，補御龍弓箭直指揮使，遷都虞候。一日，帝問興曰：「汝頗有尊屬否？」對曰：「臣父延正、兄進皆力田。」卽召延正爲諸衞將軍，進爲天武軍使。俄以興領巖州刺史，改天武左廂都指揮使、領勝州團練使。

雍熙三年，曹彬等北征失律，諸將多坐黜免，以興爲侍衞步軍都虞候、領雲州防禦使。契丹擾邊，命興屯澶州以備非常，改本州觀察使，充天雄軍副都部署。端拱初，遷步軍都指揮使、領鎭武軍節度，賜襲衣、金帶、鞍勒馬。歷澶州、天雄軍都部署，改殿前副都指揮使，出帥鎭、定二州。時盜賊羣起，會五巡檢兵討之，踰月不能克。興陰勒所部潛出擊之，擒戮殆盡。未幾，徙高陽關，遷殿前都指揮使、領定國軍節度，賜白金萬兩，歲加給錢七百萬。

淳化五年，出爲定武軍節度，歲加給錢千萬。西北未平，徙夏州路行營都部署、知州事。時五路討李繼遷，興所部深入千餘里，不見賊。會太宗崩，三上表求赴國哀，不俟報上道。及至京師，以擅離所部，左遷左領衞上將軍。咸平初，兼判左金吾街仗，俄出知京兆府，卒，贈太尉，遣中使護其喪歸葬鄕里。錄其子永和、永豐。

王漢忠字希傑，徐州彭城人。少豪蕩，有膂力，形質魁岸，善騎射。節帥高繼沖欲召至帳下，漢忠不往。因毆殺里中少年，遂亡。經宿復蘇，其父遣人追及於蕭縣，漢忠不肯還，西至京師。太宗在藩邸，召見，奇其材力，置左右。卽位，補殿前指揮使，累遷內殿直都知。

從征太原，先登，流矢中眸，戰益急，上壯之，遷東西班指揮使。劉繼元降，以所部安撫城中。師還，改殿前左班指揮使，三遷右班都虞候、領涿州刺史。雍熙中，改馬步軍都軍頭。端拱初，出爲賓州團練使，歷冀、貝二州部署，徙天雄軍。二年，入爲侍衞馬軍都虞候、領洮州觀察使、高陽關副都部署。契丹南侵，漢忠合諸軍擊敗之，斬馘甚衆。淳化初，徙定州。五年，遷殿前都虞候。

眞宗卽位，自中山召歸。俄復出爲高陽關都部署，進領威塞軍節度。咸平三年，又爲涇原、環慶兩路都部署兼安撫使，遷侍衞馬軍都指揮使，改鎭定高陽關都部署、三路都排陣使。契丹掠中山，漢忠率諸將陣于野，契丹遁，追斬甚衆，獲其貴將，加殿前副都指揮使，改領保靜軍節度。

五年，罷西面經略使，命漢忠爲邠寧環慶兩路都部署〔三〕，李允正、宋沆爲鈐轄，領戍兵二萬五千人，委漢忠分道控制。數月召還，坐違詔無功，責爲左屯衞上將軍，出知襄州，常奉外增歲給錢二百萬。未上道，暴得疾卒。贈太尉，以其長子內殿崇班從吉爲閤門祗候，次子從政、從益爲左右侍禁。

漢忠有識略，軍政甚肅，每行師，詰旦，必行香祝曰：「願軍民無犯吾令，違者一毫不貸。」故所部無盜。性剛果，不務小節，輕財樂施。好讀書，頗能詩。喜儒士，待賓佐有禮，名稱甚茂，以是自矜尙，羣帥不悅。

漢忠沒後，其子從吉詣闕上書訟父寃，因歷詆羣臣有行路樹黨及蒙蔽邊防屯戍艱苦之事。眞宗命樞密王繼英等問狀，從吉止誦狀中語，他無所對。上以從吉付御史，具伏，乃進士楊逢爲之辭。從吉坐除名，配隨州；逢杖配春州。

王能，廣濟定陶人。初事州將袁彥，太宗在晉邸，召置左右。卽位，補內殿直，六遷至殿前左班指揮使，進散員都虞候。久之，領潘州刺史，再遷殿前右班都虞候兼御前忠佐馬步軍都軍頭。咸平初，自捧日右廂都指揮使出爲濟州團練使、知靜戎軍。建議決鮑河，斷長城口，北注雄州塘水，爲戎馬限，方舟通漕，以實塞下。又開方田，盡靜戎、順安之境。北邊來寇，能擊走之。

初，眞宗詢軍校勤勇者，委以方面，因語宰相曰：「聞王能、魏能頗宣力公家，陳興、張禹珪亦有聲于時，才固難全，拔十得五，亦有助也。」景德初，擢本州防禦使，與魏能、張凝並命出爲邢洺路都部署，俄改鎭定高陽關三路行營都部署、押策先鋒。護城祁州，躬率丁夫，旦暮不離役所，宴犒周洽。會詔使自北至者言之，手詔褒飭，連徙天雄軍、高陽關二部署，改定州副都部署。大中祥符二年，詔合鎮、定兩路部署爲一，命能領之。明年召入，拜侍衞步軍副都指揮使、領曹州觀察使。祀汾陰，留爲京城巡檢兼留司殿前司事。禮成，加領振武軍節度，復爲鎮定副都部署兼知定州。八年，表求入覲，許之。

先是，節帥陛見，必飲於長春殿，掌兵者則不預。至是，特令用藩臣例。有司言：「能既赴坐，則殿前馬軍帥皆當侍立。」繇是特令諸帥預坐，自是掌兵者率以爲例。俄還屯所，改領靜江軍節度。

天禧元年，轉都指揮使、領保靜軍節度。是冬，代還，入見，以足疾免舞蹈，賜宴。累表求解，特與告醫療。二年，制授彰信軍節度，罷軍職赴鎮，以地近其鄉里，寵之也。明年，卒，年七十八。贈太尉，而錄其子守信等官。

張凝，滄州無棣人。少有武勇，倜儻自任。鄉人趙氏子以材稱，凝恥居其下，因挾弓與角勝負。約築土百步射之，凝一發洞過，矢激十許步，抵大樹而止，觀者歎服。節帥張美壯之，召置帳下。太宗在藩邸，聞其名，以隸親衞。卽位，補殿前指揮使，稍遷散祗候班都虞候。

淳化初，以其有材幹，與王斌、王憲並授洛苑使，凝領繡州刺史，賜襲衣、金帶，每頒賚必異等。出爲天雄軍駐泊都監，移貝州，改高陽關行營鈐轄、六宅使。眞宗踐阼，加莊宅使，遷北作坊使。

咸平初，契丹南侵，凝率所部兵設伏於瀛州西，出其不意，腹背奮擊，挺身陷敵。凝子昭遠，年十六，從行。卽單騎疾呼，突入陣中，掖凝出，左右披靡不敢動。明年，契丹兵大至，車駕幸大名，凝與范廷召於莫州東分據要害，斷其歸路。契丹宵遁，凝縱兵擊之，盡奪所掠生口、資畜。徙鎭、定、高陽關路前陣鈐轄，遷趙州刺史。

四年，召還，代潘璘爲邠寧環慶靈州路副部署兼安撫使。時斥堠數擾，轉運使劉綜懼飛輓不給，問計於凝。凝曰：「今當深入，因敵資糧，不足慮也。」乃自白豹鎭率兵入敵境，生擒賊將，燒蕩三百餘帳，芻糧八萬，斬首五千餘，獲牛馬、器甲二萬，降九百餘人。慶州蕃族胡家門等桀黠難制，凝因襲破之。又熟戶與生羌錯居，頗爲誘脅，凝引兵至八州原、分水嶺、柔遠鎭，降岧𨚍等百七十餘族，合四千戶，邊境獲安。就加寧州團練使。

景德初，遷本州防禦使，代楊嗣爲定州路行營副部署，徙保州駐泊，又兼北面安撫使。時王超爲總帥，以大兵頓中山，朝議擇凝與魏能、田敏、楊延昭分握精騎，俟契丹至，則深入以率其勢。超嘗請四人悉隸所部，上以本設奇兵撓敵之心腹，若復取裁大將，則無以責効，乃令凝等不受超節度。時魏能逗撓，退保城壁，衆皆憤悱，責讓能，凝獨默然。或問之，凝曰：「能麤材險愎，既不爲諸君所容，吾復切言之，使其心不自安，非計也。」上聞而嘉其有識。

車駕觀兵澶淵，凝率衆抵易州。既而契丹受盟北歸，所過猶侵剽不已，遂以凝爲緣邊安撫使，提兵躡其後，契丹乃不敢略奪。改高陽關部署。明年，議勞，就加殿前都虞候，卒。凝忠勇好功名，累任西北，善訓士卒，繕完器仗，前後賞賜多以犒師，家無餘貲，京師無居第。眞宗悼惜之，贈彰德軍節度，遣中使護喪還京，官給葬事，厚卹其家。子昭遠。

魏能，鄆人也。少應募，隸雲騎軍，後選補日騎左射，又隸殿前班，七遷散員左班都知。舊制，諸軍辭見，才器勇敢或迥異出羣者，許將校交舉以任，使毋枉其志。能時戍外藩，咸未有舉者。太宗曰：「能材勇過人，朕可自保。」由是進用之。

端拱二年，加御前忠佐馬軍副都軍頭，歷殿前左班都虞候、領溪州刺史，加秩轉馬步軍都軍頭。咸平三年，眞拜黃州刺史。明年，爲鎭、定、高陽關三路前陣鈐轄。五年，知鄭州團練使，復任威虜軍〔四〕。

契丹入寇，能當城西，與諸將合戰，無憚色，大敗其衆，斬首二萬級。契丹統軍鐵林相公〔五〕來薄陣，能發矢殪之，幷其將十五人，奪甲馬、兵械益衆。契丹復入，能率州軍逆戰南關門，遣其子正與都監劉知訓間道絕敵行勢，戰數十合，退薄西山下，破走之，獲器甲十八萬。契丹嘗謀入鈔，能偵知，卽發兵逆擊，生擒酋帥，殄滅殆盡。

六年，改威虜軍部署，知軍事。士民詣闕下乞留能，詔嘉之。能建言戍卒逸邊境者，請沒其妻與子爲奴婢。上慮嚴迫，聽緩期自新，違以法坐。會浚順安軍營田河道以扼寇，徙莫州路部署。石普屯兵順安之西境，詔能與楊延昭、田敏掎角爲備。景德初，破敵長城口，追越陽山，斬首級、獲兵器益衆，詔賜錦袍、金帶。復以所部禦寇于順安。

六月，召拜防禦使，復出爲寧邊軍路部署。詔推能果略，再任以威虜，使副精兵伺敵動止。邊人百餘掠居民，樹蕃僧爲帥，能與田敏、楊勳合兵設伏擊之，擒其帥。賊來逼城，能出兵拒之，小衄，卽卻陣入城，張凝以兵擊卻之。會詔能與凝領偏師分道入幽、易，牽制契丹之勢，能畏懦不前，且不戢所部，多俘奪人馬。俄徙屯定州，及遣凝躡迹北行，能矗險，自度無功，心愧，多怨辭，以訕聞。朝議謂能剛猾少檢，不可專任，乃命秦政敏爲鈐轄，俾同職焉。

明年，師還大名。時王能、曹璨各領兵歸闕，卽城下，鈐轄孫全照遣能、璨之師由北門分道先入，能師繼之。能怒全照之後己，卽疾驅競入，全照射之，能嘍嗜不堪，奪全照弓以去。翌日，詣判府王欽若誣全照射傷押隊閤門楊凝，詞頗紛競。全照密疏能摧兵退縮，師緩失期，及師旋不整狀。上初聞能逗遛，微怒。會全照奏，乃質實于張凝、白守素等，卽責授右羽林將軍，出爲鞏縣都監。明年，以自陳，特改官右驍衞大將軍、虢州都監，累遷加領康州團練使。大中祥符八年，卒。錄其子正爲閤門祗候，靖爲三班奉職。

陳興，澶州衞南人。開寶中，應募爲卒，得隸御龍右直。太宗征河東，幸幽陵，興常從，特被賞賜，累遷天武指揮使。端拱中，改御前忠佐步軍副都軍頭。王超爲幷代部署，奏興隨軍，遣戍汾州。明年，李繼隆行營河西，興隸麾下，部淸朔、龍衞諸軍，克綏、夏、銀州，繼隆命權知夏州。尋還屯所，受詔提轄河東緣邊城池、器甲、芻糧。至道初，繼隆薦其材幹，召補御龍弩直都虞候。咸平初，爲馬軍都軍頭、領蒙州刺史。三年，眞授憲州刺史、知霸州，徙滄州副都部署，移石、隰駐泊。會城綏州，詔與錢若水往視利害，事具若水傳。

又徙涇原儀渭鎭戎軍部署。上言鎭戎軍去渭州瓦亭砦七十餘里，中有二堡，請留兵三百人戍之。俄與曹瑋、秦翰領兵抵鎮戎軍西北武延鹹泊川，掩擊蕃寇章埋族帳，斬二百餘級，生擒三百餘人，奪鎧甲、牛羊、駝馬三萬計。詔書嘉獎，賜金帶、錦袍、器幣。繼遷所部康奴族，往歲鈔劫靈州援糧，恃險與衆，尤桀黠難制。復與秦翰等合衆進討，窮其巢穴，俘老幼、獲器畜甚衆，盡焚掘其窖藏。復詔褒之，仍加賜賚。其年，六谷大首領潘羅支〔六〕言，欲率諸蕃擊賊，請會兵靈州。上以道遠難刻師期，詔興俟羅支報至，卽勒所部過天都山以援，勿須奏命。會繼遷死，事寢。景德三年，遷本州團練使、知徐州。

興起行伍，有武略，所至頗著聲績。眞宗言軍校之材，必以興爲能。大中祥符初，召爲龍神衞四廂都指揮使、領登州防禦使，出爲邠寧環慶路副都部署兼知邠州。坐擅釋劫盜，罷軍職，改敍州防禦使、知懷州。六年，卒。

許均，開封人。父邈，太常博士。均，建隆中應募爲龍捷卒，征遼州，以功補武騎十將，賜錦袍、銀帶。開寶中，遷武騎副兵馬使。從曹彬征金陵，率衆陷水砦，流矢貫手。改本軍使。從征河東，攻隆州城，先登，陷之，中八創。遷副指揮使，前後屢被賞賚。出屯杭州，妖僧紹倫結黨爲亂，均從巡檢使周瑩悉擒殺之。

端拱初，補指揮使。從李繼隆、秦翰赴夏州，擒趙保忠，令均率兵衞守。改龍衞第四指揮使，俄屯夏州，賊來犯境，一日十二戰，走之。又從石普擊賊于原州牛欄砦，深入，獲牛羊、漢生口甚衆。普表上其功，遷第三軍指揮使。

咸平初，以御前忠佐馬軍都軍頭戍秦州。王均之亂，遣乘傳之蜀，隸雷有終麾下，守魚橋門，又從秦翰追殺賊黨於廣都，降其衆七千餘。驛召授東西班都虞候、領順州刺史。五年，稍遷散員都虞候。嘗召見，訪以北面邊事，翌日，眞拜磁州刺史、深州兵馬鈐轄。六年，改涇州駐泊部署。數月，知鎭戎軍。嘗出巡警，至隴山木峽口，眞宗以其無故離城，慮有狂寇奔突，詔書戒敕。俄以其不明吏治，用曹瑋代之，徙爲邠州駐泊部署，改永興軍部署。車駕將巡澶淵，詔均與知府向敏中及鳳翔梁鼎同提總諸州巡檢捕盜事，至河陽，召赴行在。

時有王長壽者，本亡命卒，有勇力，多計慮，聚徒百餘。是春，抵陳留剽劫，縣民捕之不獲，朝廷遣使益兵，逐之澶、濮間。會契丹南侵，夾河民庶驚擾，長壽結黨愈衆，人皆患之。均至胙城，長壽與其徒五千餘人入縣鈔掠，均部下徒兵裼袒與鬥。均以方略誘之，生擒長壽，斬獲惡黨皆盡。上以方禦敵，未欲因捕賊獎均，但賞均部下卒，被傷者賜帛遷級焉。明年，追敍前勞，擢爲本州團練使，尋出知代州。四年秋，均被疾，以米鋭代還，未至而均卒。錄其子懷忠爲奉禮郞，懷信爲侍禁。幼子懷德，自有傳。

張進，兗州曲阜人，拳勇善射，挽彊及石餘。應募曹州，隸鎭兵。太祖親選勇士，奇進才力，以補控鶴官，積勞至御龍弩直都虞候、領恩州刺史。至道中，兼御前忠佐步軍都軍頭。太宗嘗幸內廄，進以親校執鉞前導，體質瑰岸，迥出儕輩。太宗熟視異之，擢爲天武右廂都指揮使、領賀州團練使。

咸平初，遷昭州防禦使，充龍神衞四廂都指揮使、京城左右廂巡檢。未幾，遷捧日、天武四廂都指揮使。二年秋，閱武近郊，進與殿前都指揮使王超親執金鼓，節其進退，軍容甚肅。從上北征，又與超管勾大陣及先鋒策應。三年，權殿前都虞候，遷侍衞步軍都虞候、鎭州副部署，徙天雄軍部署。會河決鄆州王陵口，發數州丁男塞之，命進董其役，凡月餘畢，詔褒之。移幷代副都部署。

李繼遷寇麟州，州將遣單介間道乞師太原。諸將以無詔旨，猶豫未決，進獨抗議，發兵赴援，既至而圍解，手詔褒美。契丹侵中山，命進率廣銳二萬騎，由土門會兵鎭、定，未至而敵退，復歸晉陽。景德元年，卒，上遣中使護喪還京，官給葬事。子元晉，至內殿崇班、閤門祗候。天禧末，錄其次子元素爲三班借職。

李重貴，孟州河陽人。姿狀雄偉，善騎射。少事壽帥王審琦，頗見親信，以甥妻之，補合流鎭將。鎭有羣盜，以其尚少，謀夜入劫鈔。重貴知之，卽築栅課民習射，盜聞之潰去。太宗在藩邸，知其勇幹，召隸帳下。卽位，補殿前指揮使，累遷至龍衞左第四軍都指揮使、領河州刺史，改捧日右廂都指揮使、領鑾州團練使。

至道二年，出爲衞州團練使。未行，會命將五路討李繼遷，以重貴爲麟府州濁輪砦路都部署。得對便殿，因言：「賊居沙磧中，逐水草牧畜，無定居，便戰鬥，利則進，不利則走。今五路齊入，彼聞兵勢太盛，不來接戰，且謀遠遁。欲追則人馬乏食，將守則地無堅壘。賊旣未平，臣輩何顏以見陛下。」太宗善之，出御劍以賜，又累遣使撫勞。旣而諸將果無大功。及還，命爲代幷副都部署。眞宗卽位，加本州防禦使，徙高陽關行營副都部署。

咸平二年，契丹南侵，議屯兵楊疃，張凝領先鋒遇敵，重貴率策應兵酣戰，全軍而還。范廷召自定州至，遇契丹兵交戰，康保裔大陣爲敵所覆，重貴與凝赴援，腹背受敵，自申至寅，疾力戰，敵乃退。時諸將頗失部分，獨重貴與凝全軍還屯。凝議上將士功狀，重貴喟然曰：「大將陷沒而吾曹計功，何面目也！」上聞而嘉之。

明年春，以勞進階及食邑，徙知貝州，召至勞問，復遣入郡。是冬，徙滄州駐泊副都部署兼知州事。以疾求還京就醫藥，既愈，連爲邢州、天雄軍二部署，又知冀州。景德初，車駕幸澶淵，召還，爲大內都部署。明年春，出知鄭州，以疾甚，授左武衞大將軍、領潘州防禦使，改左羽林軍大將軍致仕。大中祥符三年，卒。

呼延贊，幷州太原人。父琮，周淄州馬步都指揮使。贊少爲驍騎卒，太祖以其材勇，補東班長，入承旨，遷驍雄軍使。從王全斌討西川，身當前鋒，中數創，以功補副指揮使。太平興國初，太宗親選軍校，以贊爲鐵騎軍指揮使。從征太原，先登乘城，及堞而墜者數四，面賜金帛獎之。七年，從崔翰戍定州，翰言其勇，擢爲馬軍副都軍頭，稍遷內員寮直都虞候。雍熙四年，加馬步軍副都軍頭。嘗獻陣圖、兵要及樹營砦之策，求領邊任。召見，令之作武藝。贊具裝執鞬馳騎，揮鐵鞭、棗槊，旋繞廷中數四，又引其四子必興、必改、必求、必顯以入，迭舞劍盤槊。賜白金數百兩及四子衣帶。

端拱二年，領富州刺史。俄與輔超並加都軍頭。淳化三年，出爲保州刺史、冀州副部署。至屯所，以無統御材，改遼州刺史。又以不能治民，復爲都軍頭、領扶州刺史，加康州團練使。咸平二年，從幸大名，爲行宮內外都巡檢。眞宗嘗補軍校，皆敍己功，或至讙譁，贇獨進曰：「臣月奉百千，所用不及半，忝幸多矣。自念無以報國，不敢更求遷擢，將恐福過災生。」再拜而退，衆嘉其知分。三年，元德皇太后園陵，命掌護儀衞，及還而卒。

贇有膽勇，鷙悍輕率，常言願死於敵。徧文其體爲「赤心殺賊」字，至於妻孥僕使皆然，諸子耳後別刺字曰：「出門忘家爲國，臨陣忘死爲主。」及作破陣刀、降魔杵；鐵折上巾，兩旁有刃，皆重十數斤；絳帕首，乘騅馬，服飾詭異。性復鄙誕不近理，盛冬以水沃孩幼，冀其長能寒而勁健。其子嘗病，贇封股爲羹療之。贇卒後，擢必顯爲軍副都軍頭。

劉用，相州人。祖萬進，河中府馬步軍都指揮使。父守忠，左驍衞大將軍致仕。用曉音律，善騎射，事太宗于晉邸。卽位，補軍職，累遷散都頭都虞候。端拱初，爲馬步軍副都軍頭、領涼州刺史、鎭定招安使，轉捧日都指揮使。李順亂蜀，爲西路行營鈐轄。賊平，遷祁州刺史。至道初，爲河西、烏白池都鈐轄，斬首千餘級，奪馬五百疋，改高陽關副都部署。眞宗卽位，加本州團練使、幷州副都部署。咸平中，徙貝州，俄知瀛州，復爲高陽關副都部署。時烽候數警，用建議益邊兵，俟其南牧，卽率驍銳出東路以牽制其勢，因圖上地形。上召宰相閱視，可其奏，且令轉運使於保州、威虜靜戎順安軍預備資糧。六年，命將三路出師扞敵，詔用與劉漢凝、田思明領兵五千，由東路會石普、孫全照犄角攻之。未幾，換鎭州副部署。景德初，爲邢州部署。車駕北征，用以城守之勞，進爵邑，歷知齊、陳、潞三州。大中祥符二年，卒。

耿全斌，冀州信都人。父顥，懷順軍校。全斌少豐偉，顥攜謁陳摶，摶謂有藩侯相。顥戍西蜀，全斌往省，乘舟泝江，夜大風失纜，漂七十里，至曙風未止，舟忽泊岸，人頗異之。後游京師，屬太宗在藩邸，全斌候拜于中衢，自薦材幹，得召試武藝，以善左射，隸帳下。卽位，補東班承旨，稍遷驍猛副兵馬使。

從征太原，還，遇契丹于蒲陰，追擊至徐河，因據水口要害。遷補日騎副兵馬使、雲騎軍使，屯瀛州。與契丹戰，所乘馬兩中流矢死，凡三易乘，戰不却，契丹爲引去。端拱初，擊蕃部于宥州，敗之。歷雲騎指揮使、御前忠佐馬軍副都軍頭，改馬軍都軍頭，戍深州，累轉散直都虞候、領順州刺史，改殿前左班都虞候、馬步軍都軍頭。

全斌在軍中有能名。眞宗嘗召問邊事，全斌口陳利害，甚稱旨。因謂輔臣曰：「元澄、鄭誠、耿全斌，人多稱之。觀其詞氣，若有志操，止在宿衛，無以見其才，宜以邊郡試之。」遂拜雄州刺史、知深州，徙石隰部署以備河西。繼遷死，全斌率兵入伏落關，誘蕃部來歸者數千人。俄知安肅軍，嘗繪山川險易，爲圖以獻。

契丹來侵，自山北抵河滸，全斌遣子從政焚橋砦，分率精兵擊走之。改冀州刺史、高陽關鈐轄，擢從政爲侍禁、寄班祗候。大中祥符初，封禪泰山，以爲濮州鈐轄。其年，還京師，卒。

周仁美，深州人。開寶中，應募隸貝州驍捷軍。關南李漢超選備給使，屢捕獲契丹諜者。從漢超戰于西嘉山，身中重創，補隊長。漢超上其功，隸殿前班，賜衣帶、鞍勒馬、什物、奴婢、器械。命王繼恩引入縱觀，過祗候庫，太祖問其力能負錢幾許，仁美曰：「臣可勝七八萬。」太祖曰：「可惜壓死。」止命負四萬五千，因賜之。稍遷右班都知、御前忠佐馬軍副都軍頭，戍環州。

時牛耶泥族累歲爲寇，仁美與陳德玄、宋思恭往擊之，斬首三千級，獲牛羊三百餘，發戎族囷窖以餉師。又與思恭討募窟泉岌拖族，格鬥斬八十餘級。至道初，石昌牛耶泥族復叛，德玄令仁美提兵撫輯之。仁美謂石昌鎭主和文顯曰：「此賊不除，邊患未弭。」因厚設殽酒，召酋長二十八人縛送州獄，自是諸族慴畏。

二年，又與馬紹忠、白守榮、田紹斌部芻糧趣清遠軍，仁美爲先鋒，至岐子平，與虜角，走之。明日，又戰于浦洛河，自巳至戌，戰數十合，進壁乾河。紹忠、守榮皆敗走，紹斌退止浦洛，獨仁美所部不滿三千，身中八創，護芻糧、官吏直抵淸遠。紹斌繼至，深歎其勇幹，表上其功。

時運糧民道路被傷者相繼，仁美領徒援護，悉抵環州。又遇虜於橐駝路，擊走之。先是，諸蕃每貢馬京師，爲繼遷邀擊，仁美領騎士爲援，賊不敢犯。補澶州龍衞軍都虞候，部署李繼隆奏留麾下，選軍中伉健者千人，令仁美領之，屢入敵境，戰有功。

俄還澶州。召見，會令諸軍射，仁美自陳筋力未衰，願對殿廷發二矢，上許之。既而前奏曰：「臣老於戎門，多戍外郡，罕會入覲京闕。前後征行，體被三十餘創，今日得對萬乘，千載之幸。儻或備員宿衞，立殿庭下一日足矣。」上顧傅潛而笑，潛亦稱其武幹，力留，補馬步軍副都軍頭。

潛屯北面，常以自隨。契丹攻蒲陰，仁美領萬騎解其圍。又從王超屯鎭、定、儀、渭，累遷龍衞軍都指揮使、領順州刺史，復屯鎭、定。時州有亡命卒聚盜，剽村閭爲患，王超委仁美招捕。仁美選勇敢卒，詐亡命趣賊所，得其要領，卽自往諭以禍福，留賊中一日。超忽失仁美，求之甚急。詰旦，仁美至，具道其事，乃出庫錢付仁美爲賞。不數日，賊悉降，凡得二百餘人，以隸軍籍。

景德中，徙屯陳州，入掌軍頭引見司。大中祥符元年，從駕泰山，命檢視山下諸壇牲牢祭饌。明年，出爲磁州團練使、知衞州，俄改滄州部署，移高陽關副部署。八年，擢爲龍神衞四廂都指揮、領獎州防禦使，遷捧日、天武四廂都指揮使，改領端州防禦使，權京新城內都巡檢。先是，巡兵捕亡卒盜賊，不獲皆有罰，而獲者無賞。仁美因差立賞格以聞，詔從其請。天禧三年，卒。

論曰：繼忠臨陣赴敵，以死自效，其生也亦幸而免，然在朔庭貴寵用事，議者方之李陵，而大節固已虧矣。潛爲三路帥，握兵八萬餘，大敵在前，逗撓畏縮，致康保裔以無援戰沒，此而不誅，宋於是乎失刑矣。興、均輩或由藩邸進，或自行伍起，一時際會，出則書勳轅門，入則拱扆巖陛，求其如古名將，則未之見也。

校勘記

〔一〕雍熙三年　「三」原作「二」。按曹彬北上出兵事在雍熙三年，見本書卷五太宗紀、卷二五八曹彬傳和東都事略卷四二傅潛傳。據改。

〔二〕通州　原作「道州」，據本書卷六眞宗紀、長編卷四六、宋會要職官六四之一三改。

〔三〕邠寧環慶兩路都部署　本書卷六眞宗紀作「邠寧環慶路都部署」，長編卷五一分別作「邠寧環慶、儀渭州鎭戎軍兩路都部署」和「環慶、涇原都部署」。

〔四〕復任威虜軍　按長編卷四九，魏能知威虜軍在咸平四年。

〔五〕鐵林相公　「相」字原脫，據長編卷五〇、宋會要蕃夷一之二五補。

〔六〕六谷大首領潘羅支　「六谷」原作「六合」。據本書卷四九二吐蕃傳、宋會要方域二一之一六改。

宋史卷二百八十

列傳第三十九

田紹斌　王榮　楊瓊　錢守俊　徐興　王杲　李重誨
白守素　張思鈞　李琪　王延範

田紹斌，汾州人。仕河東劉鈞爲佐聖軍使，戍遼州。周顯德四年，領五十騎來歸，鈞屠其父母家屬。世宗召補驍武副指揮使。

宋初，隨崔彥進征李筠，攻大會砦，破之，以功遷龍捷指揮使。又敗筠於澤州茶碾村，筠退保澤州，紹斌鑿濠園守，流矢中左目，前軍部署韓令坤以其事聞。及太祖召見于潞州，紹斌殺晉軍益衆，奪其鎧甲。又從討李重進于揚州，壁城南，圍三日，城潰，斬首踰千級。賜袍帶、緡帛，尋補馬軍副都軍頭、龍衞指揮使。下荆湖，平嶺南，率皆從行。討蜀，隸大將劉延讓〔一〕麾下。會全師雄寇神泉，紹斌率所部敗其黨數千，時漢、劍道梗，因賴以寧，太祖遣使孫晏齊詔賜賚有加。凡在蜀三歲，剽盜殄除。還，改龍捷都虞候。嘗盜官馬，貿直盡償博進，事發，獄具，有司引見講武殿，紹斌稱死罪。太祖知其驍勇，欲宥之，執於門外，遣內侍私謂之曰：「爾今死有餘責。」紹斌曰：「若恩貸臣死，當盡節以報。」俄復引見，釋之，且密賜白金。

會征江南，擇諸軍借事得五百人，爲步鬥軍，令紹斌領之，及率雲騎二千，抵昇州城下，克獲居多。太祖親討河東，命紹斌從何繼筠扼契丹兵于北百井，奪賊鼓幟而還。

太平興國初，擢龍衞軍指揮使、領江州刺史。二年，梅山洞蠻叛，命與翟守素分往擊之。至邵州，聞蠻酋苞漢陽〔三〕死，去其居十里，大潰其衆，擒蠻二萬，令軍中取利劍二百斬之，餘五千遣歸諭諸洞，自是其黨帖服。太宗賜以金帛、緡錢、金帶、鞍馬。歷天武、日騎軍指揮使，改馬步都軍頭，出戍鎭、定、高陽關。

曹彬之攻幽州也，命爲先鋒指揮，數遇契丹兵鬥，奪牛羊、器甲。師還，召見便殿，加領溪州團練使，復遣屯北面。端拱元年，拜冀州防禦使，尋改解州。

淳化中，爲河中、同、丹、坊、鄜、延、橫嶺蕃界都巡檢使。會鄭文寶議城席雞城砦爲清遠軍，紹斌與文寶領其役。城畢，以文寶之請，命爲知軍事。至道元年，拜會州觀察使，仍判解州，俄充靈州馬步軍部署。領徒入蕃討賊，斬首二千級，獲羊、馬、橐駝二萬計，馬以給諸軍之闕者。捷聞，手詔嘉諭之。數部金粟帛詣靈武、清遠，遠人讋服不擾。

未幾，皇甫繼明、白守榮等督轉餉於靈州，紹斌率兵援接，抵鹹井。賊蹤三千餘，來薄陣。且行且鬥，至耀德，凡殺千人。寇復尾後，紹斌爲方陣，使被傷者居中，自將騎三百、步弩三百，與敵兵确于浦洛河，大敗之。

初，守榮與紹斌爲期，旣而繼明卒，故後一日，遂爲賊所圍。守榮等欲擊之，紹斌曰：「蕃戎輕佻，勿棄輜重與戰，當按轡結陣徐行。」守榮等忿曰：「若但率兵來迎，勿預吾事。」紹斌因率所部去輜重四五里。繼遷初見紹斌旌旗，不敢擊。守榮等自欲邀功，與戰。賊先伏兵，以羸騎挑戰，已而伏發，守榮等戰敗，丁夫愕眙遁，蹂踐至死者衆。紹斌率所部徐還，一無遺失。至清遠，與張延州會食。見濠中人裸而呼曰：「我白守榮也。」縋引而上，解衣遺之，遣內侍馬從順驛聞。太宗益嘉之，優詔褒美。

時命李繼隆、范廷召討繼遷，就命紹斌爲本州都部署兼內外都巡檢使。繼隆以浦洛之敗上聞，言紹斌握兵不顧，自言「靈武非我不能守」，欲圖方面，有異志。太宗怒曰：「此昔嘗背太原來投，今又首鼠兩端，眞賊臣也。」卽遣使捕繫詔獄鞫問，貶右監門衞率府副率，虢州安置。

眞宗卽位，召還，授右監門衞大將軍、領敍州刺史，尋改萊州防禦使，詔還其所籍居第，賜良馬十四。調環慶靈州淸遠軍部署。慶州有野雞族數爲寇掠，道路患之。嘗有驍捷卒二十餘往邠州，爲其掠奪，即馳告紹斌。紹斌召其酋帥三人，斷臂、馘、劓放還，寇感而化，帖服。紹斌素勇悍，與同職頗不叶。轉運使宋太初每按部靈州、淸遠，多貿市，紹斌語發其私，太初心銜之，及還朝，言紹斌之過。尋赴召，直其事。

咸平二年，北面寇警，復命爲鎭、定、高陽關路押先鋒，隸傅潛。潛遣與石普並戍保州，普陰與知州楊嗣議出兵擊討之。及夜，普、嗣未還，紹斌疑其敗衄，即領兵援之。普、嗣果爲賊所困，度嚴涼河，頗喪師衆。及紹斌至，卽合兵疾戰，獲一百四十餘人，以勞遷邢州觀察使。潛屯中山，紹斌三馳書於潛，且言：「邊衆大至，但列兵唐河南，背城與戰，愼無窮追。」潛性巽懦，聞之益不敢出，賊衆益熾，焚劫城砦。車駕駐大名，召潛屬吏，詞逮紹斌，卽遣使械繫下御史臺鞫問，免官，黜爲左衞率府副率，從往上都，禁其出入。五年，授右千牛衞將軍致仕。

景德初，起爲左龍武軍將軍、永城兵馬都監。三年，遷左監門衞大將軍。帝以紹斌久失職，不宜在衝要，乃徙考城都監。大中祥符初，領長州刺史。從東封，朝覲壇就班，軍士建充庭旗，旗倒，壓紹斌仆地，遽起無傷。時紹斌已老，其壯健若此。遷左領軍衞大將軍、領康州團練使、犨縣都監。二年，卒，年七十七。

紹斌長兵間，習戰法，其後累以格鬥立功，然性暴戾，故屢被黜。子守信，爲內殿崇班、閤門祗候。

王榮，定州人。父洪嗣，仕晉爲本州十縣遊奕使。榮少有膂力，事瀛州馬仁瑀爲廝役。太宗在藩邸，得隸左右。即位，補殿前指揮使，稍遷本班都知、員僚直都虞候。盜發棣州，州兵不能捕，榮往討擒之。加御前忠佐馬步軍都軍頭、領懿州刺史。坐受秦王廷美宴勞，出爲濮州馬軍教練使。未行，馬仁瑀子告榮與秦王親吏善，因狂言「我不久當得節帥」，坐削籍流海島。

雍熙中，召還，爲副軍頭。端拱初，改員寮左右直都虞候兼都軍頭，復領懿州刺史。累遷龍衞都指揮使、領羅州團練使。率兵戍遂城，遼騎來寇，擊敗之，擒千餘人。召拜侍衞馬軍都虞候、峯州觀察使，出爲定州行營都部署。榮麤率，所爲不中理，侵取官地蒔蔬，吝惜公錢，不以勞將士，且母老不迎養，供給甚薄。太宗聞而怒曰：「忠臣出於孝子之門，榮事親若此，竄逐之餘，兇行弗悛，豈可復置左右，效晉帝養成張彥澤邪？」即詔罷，督責，授右曉衞大將軍。

寄班供奉官張明護定州兵，覩榮不法，間嘗規正。榮護短，每疾其攻己。莊宅使王斌亦監軍是州，素與榮善，意明搆榮之罪，因摭明以報怨。下樞密院問狀，皆不實。上怒，語左右曰：「張明起賤微中，以蹴鞠事朕，潔己小心，見於輩流。夫刑罰之加，必當其罪。今王斌以榮故而曲奏明罪，欲致刑憲，苟失其當，適足以快榮之心，而誣罔得以肆行矣。且榮凌轢同類，事君與親鮮竭其力。國家賞罰之柄，非所敢私，將帥之職，非裨校同。朕豈黨張明而棄王榮哉，奈何不求直於理之當也。」遂賜勞明緡錢、束帛，榮遷右羽林軍大將軍。

眞宗卽位，領獎州刺史，尋授濱州防禦使，遷涇原儀渭駐泊部署。咸平二年，車駕北征，召爲貝冀行營副都部署。師旋，復還涇原。明年，援送靈武芻糧，疏於智略，不嚴斥候，至積石，夜爲蕃寇所劫，營部大亂，衆亡殆盡。法當誅，恕死，除名配均州。六年，起爲左衞將軍。景德初，權判左金吾街仗司事。上觀兵澶淵，契丹游騎涉河冰抵濮州境，命爲黃河南岸都巡檢使，與鄭懷德自行在領龍衞兵追襲。時已詔滄州部署荆嗣先率所部屯淄、靑，遣榮等合兵邀擊之。二年，遷左神武軍大將軍、領恩州刺史。郊祀，改左龍武軍、領達州團練使。大中祥符中，遷左衞大將軍、領昌州防禦使。六年，朝太淸宮，命爲河南府駐泊都監。九年，卒，年七十。官其一子。榮善射，嘗引強注屋棟，矢入木數寸，時人目爲「王硬弓」。

楊瓊，汾州西河人。幼事馮繼業，以材勇稱。太宗召置帳下。卽位，隸御龍直，三遷神勇指揮使。從征太原，以勞補御龍直指揮使。雍熙初，改弩直都虞候兼御前忠佐馬步都軍頭，領顯州刺史。

淳化中，李順叛蜀，瓊往夔、峽擒賊招安，領兵自峽上，與賊遇，累戰抵渝、合，與尹元、裴莊分路進討，克資普二州、雲安軍，斬首數千級。詔書嘉奬，遣使卽軍中眞拜單州刺史。至道初，召還共職。明年，徙知霸州兼鈐轄。未幾，改防禦使，靈慶路副都部署、河外都巡檢使。賊累寇疆，瓊固捍有功。導黃河，漑民田數千頃。敗賊於合河鎭北，擒獲人畜居多。賊騎五百掠城下，擊破之，追北三十里。並賜詔嘉諭。

咸平二年，命爲涇原儀渭邠寧環慶淸遠軍靈州路副都部署。尋徙鎭、定、高陽關三路押策先鋒，屯定州之北。明年，副王超爲鎭州都部署，再遷環慶，徙定州。四年，召還，以鄜州觀察使充靈、環十州軍副都部署兼安撫副使。嘗遣使諭旨，賊若寇淸遠及靑岡、白馬砦，卽合兵與戰。是秋，果長圍淸遠，頓積石河。淸遠屢走間使詣瓊請濟師，瓊將悉出兵爲援，鈐轄內園使馮守規、都監崇儀使張繼能曰：「敵近，重兵在前，繼無以進，不可悉往。」乃止。

命副部署海州團練使潘璘〔三〕、都監西京左藏庫劉文質率兵六千赴之，且曰：「伺我之繼至。」瓊逗遛不進，頓慶州。寇鼓兵攻南門，其子阿移攻北門，堙壕斷橋以戰。瓊遣鈐轄李讓督精卒六百往援，至則城陷矣。賊泊青岡城下，瓊與守規、繼能方緩行出師，及聞淸遠之敗，益恇怯不前。順州刺史王懷普謂瓊曰：「青岡地遠水泉，非屯師計，願棄之。」瓊合謀焚芻糧兵仗，驅老幼以出。瓊却師，退保洪德砦，寇威浸熾，未嘗交一鋒。事聞于上，傳召瓊輩，悉繫御史獄，治罪當死。兵部尙書張齊賢等議請如律，詔特貸命，削官，長流崖州，繼能、守規輩同坐，籍其家業。明年，移道州。

景德初，起爲右領軍衞將軍，分司西京。累遷左領軍衞大將軍、領賀州團練使、知兗州。有州卒自言得神術，能飛行空中，州人頗惑，瓊捕至，折其足，奏戮之。五年，卒，年六十七。錄其子舜臣爲奉職。長子舜賓，內殿崇班、閤門祗候。

錢守俊，濮州雷澤人。少勇鷙，嘗爲盜陂澤中，稱「轉陂鶻」。周顯德中，應募爲鐵騎卒。早事太祖，從征淮南，戰紫金山，下壽春，獲戰艦千餘艘。繼從克關南。宋初，補禁衞，隸散員直。乾德中，轉殿前班都知。尋征太原，方戰，矢中左足，拔而復進，格鬥不已。還，改東西班指揮使，遷馬步軍副都軍頭。太平興國四年，命與張紹勍、李神祐、劉承珪率師屯定州，以備北邊。俄加秩領演州刺史，移屯趙州。又從征范陽，師還，道遇敵，戰于徐河，斬首千級，奪馬百疋。雍熙三年，命將北征，田重進出飛狐道，守俊以偏師爲援，邊騎雲集，守俊按甲從容進戰，大敗之。連護屯兵于趙、定。代還，掌軍頭引見司。淳化三年，出爲單州團練使。又明年，改遷齊州。時河西蕃部內擾，命以副都部署鎮其地。既而徙屯石州，數改官。時有言守俊病且老，握重兵不堪其職。召還，授左領軍衞大將軍、領潘州防禦使、權金吾街仗。大中祥符三年，卒，年八十一。

守俊累從軍征討，前後中三十六創。景德中，錄其子允慶爲奉職。弟守信，官崇儀副使；守榮，內園使。

徐興，青州人。以拳勇得隸兵籍。周顯德中，從太祖征淮右。宋初，隸御龍直。會平澤、潞，上其功，補控鶴軍使。征晉陽，部卒壅汾水灌幷州城，益多其勞。還，遷本軍副指揮使。

太平興國初，從潘美趣團柏谷，奮與賊鬭，有果敢氣，人莫能勝。生擒僞兵馬都監李美，身被重創，無所回撓。加指揮使。太宗征太原，討幽薊，興從戰，屢中流矢，以著蹟聞。補天武都虞候，累遷秩，出爲洛州部署。初議建方田，命興董其事，尋復輟。端拱中，修鎭、定城，逾月訖工。改莫州防禦使、知靜戎軍，歷祁、博二州。

咸平中，爲涇、原、環、慶十州部署。詔督轉靈武芻糧，道積石，寇掠於寇。興以步兵畏恧，戰不利，時王榮援兵不應，遂敗走。坐削籍，流郢州。會赦，入爲右衞將軍，遷左監門衞大將軍。景德二年，卒，年六十八。

王杲，齊州人。周顯德中，應募爲卒。從世宗收三關，隸先鋒。宋初，征澤、潞，平揚州，杲應選從行，既獲戰功，乃拔遷散指揮使，累轉馬軍副都軍頭，屯幷州。雍熙中，爲龍衞右第二軍都虞候。會遣趙保忠還夏州，命杲引兵護送。及還，保忠以方物贐，杲拒不納，太宗知之，詔賜白金百兩。遷右第一軍，屯鎭州。

契丹入寇，隸大將郭守文，扞城，杲守北關，寇退，命督餉薊趣威虜軍。還抵徐河，時尹繼倫與寇戰小衄，杲適遇賊河上，卽按兵拒之，殺賊，奪所乘馬。守文上聞，得召見問狀，補都軍頭〔四〕、領勤州刺史。命監河北，有能聲，尋命閱教定州諸軍騎射，入掌軍頭引見司〔五〕。

李順亂，與尹元並爲西川招安使，敗賊，斬首萬級，以功眞拜唐州刺史。時賊雖平，道路尙梗，餘黨或保山林以肆姦，杲與石普等追捕於彭州，於是始平。至道初，乃還。復遷靈州副部署，道環州，留改幷州，徙知夏州。會趙保吉歸款，召還，次伏落津，移知石隰副部署。未幾，以轉餉河西失期，降右千牛衞大將軍。咸平五年，出爲亳州永城縣都監。被召，將入見，以疾亟弗果，卒，年六十四。

李重誨，應州金城人。祖高，後唐莊宅使、奬州刺史。父彥榮，仕契丹，署環州刺史；重誨嘗爲其應州馬步軍都指揮使。太平興國五年，潘美出師禦寇，重誨從其節度使蕭咄李迎戰于代州北嶺，大敗。美斬咄李，擒重誨以獻。太宗召見，補鄧州馬步軍都指揮使。會趙普出鎭，奏監州軍。

雍熙三年，召還，爲武州刺史，出爲忻州都巡檢、緣邊十八砦招安制置使，賜服帶、鞍馬。

北兵寇邊，重誨以所部邀戰，敗之，獲羊馬、鎧甲甚衆，賜詔嘉美。會嶺蠻叛，改廣、桂、融、宜、柳州招安捉賊使，聽便宜從事。

至道初，累遷涇原儀渭鎮戎軍鈐轄。咸平三年，徙邠寧環慶路。坐轉餉靈武不嚴斥候，至積石爲虜騎掠於道，營部大亂，除名，流光州。五年，起爲內殿崇班、鄜延駐泊都監，俄遷崇儀使。景德中，趙德明旣納款，或言以鱗、府謀有他志。上以涇原地要兵衆，慮有緩急，遂徙重誨爲鈐轄。復遷益州，改皇城使。大中祥符六年，卒，年六十八。

重誨純愨寡過。眞宗悼其沒於遠土，命其子乘傳往護柩歸，聽止驛舍之別次。子禹謨，錄爲將作監主簿。弟重睿，歷官澄州團練使。子禹偁，閤門祗候。

白守素，開封人。祖延遇，仕周至鎮國軍節度。父廷訓，宋初爲龍捷都指揮使、領博州刺史。守素以蔭補東班承旨。太平興國五年，遷補右班殿直，以善射，授供奉官、帶御器械，三遷至供備庫使。

咸平三年春，契丹犯邊，命與王能戍邢州，俄又與麥守恩、石贇領先鋒禦之。敵退，復與荆嗣督河北、京東捕賊。四年，命爲鎮州行營鈐轄，領騎兵攝大陣西偏，屢當格鬥。俄改定州鈐轄，復徙鎭州。王繼忠之陷也，宋師還度河，敵人乘之，守素據橋，有矢數百，每發必中，敵不敢近，遂引去。

眞宗與輔臣議三路禦賊，咸曰：「威虜扼北道，要害尤甚，請分騎兵六千屯之，命魏能爲部署。」上曰：「能頗強愎，尤難共事，聞守素久練邊計，張銳性頗和善，參知戎務，庶克相濟。」乃命守素、銳爲鈐轄，戍順安以貳之。

景德元年，契丹侵長城口，守素與能發兵破之，追北過陽山，斬首級、獲器械甚衆，賜錦袍、金帶。俄徙屯冀州，轉運使劉綜擧其智勇，材任將帥，加領康州刺史。又提騎卒戍靜戎軍，兼涖營田之役，俄爲鎭、定鈐轄。是冬，契丹復內侵，守素敗其前鋒，獲車重，又入敵境，俘擒甚衆。及請和，省邊戍之職，與曹璨留任鎭、定。追敍前勞，加合州團練使。

大中祥符三年，命副李迪使契丹。守素居邊歲久，名聞北庭，頗畏伏之。上慮其不欲行，密遣內侍詢於守素，守素頓首感咽，卽以崔可道代焉。再遷南作坊使。大中祥符五年，卒，上甚惜之，常賻外別賚錢五十萬，令護喪還京師，錄其一子官。

張思鈞，邢州沙河人。祖中正，漢澤州刺史。思鈞少善擊劍、挽強，善博奕。初應募爲卒，晉開運間，遷廣鋭軍使。周廣順初，從聶知遇攻河東，破其衆三千餘。從向訓東征，爲捉生將，擒小校張萬于江猪嶺。又從符彥卿與幷人鬥代州，留爲南北兩關巡檢。

宋初，補龍衞指揮使。李繼勳下遼州，戰帶甲祠，斬首萬餘級，追奔至長城，擒其將莫山、鮑淑，掠人騎二百餘。俄屯潞州，合戰三十餘。乾德中，以勞秩遷都虞候。開寶三年，郭進、田欽祚戍三交，嘗從戰於石嶺關，斬首萬五千餘級。閤門祇候齊延琛、苗昮陷軍中，思鈞鼓勁騎突入，奪還。何繼筠入晉境，思鈞隸麾下，拔南橋徑度。大將之出，必辟爲先鋒。太平興國初，屯定州，領兵援磁窰，戰敗其衆，身中五十創，奮不顧，乃逐賊，薄軍城，奪馬及鎧甲居多。未幾，邊人復攻，逆戰城下，斬首萬餘級。上嘉之，命賜服帶，領河州刺史。

雍熙三年，邊人寇河間，劉廷讓會戰君子館，命思鈞翼從。時天大寒，弓不得彀，援兵不至，於是敗績，陷留軍中數年，役役不得還。端拱初，自契丹始逃歸，授澄州刺史、知齊州。思鈞以武進，素不知民政，僅踰月，卽徙濮、鄆、濱、棣州巡檢。至道中，改鄜延巡檢使。會葺右堡砦〔六〕，擊寇走之。未幾，寇逼保安軍，與曹璨往援，追躡五十餘里，至木場，寇乃遁去。

眞宗卽位，徙益州鈐轄兼綿、漢九州都巡檢使。咸平中，以王均之亂〔七〕，出兵保綿州。賊陷漢州，思鈞進攻，克之，斬僞刺史苗進，又與石普敗賊彌牟砦。巴西尉傅翺有善馬，思鈞求之，翺不與。思鈞平賊，心恃功居多，召翺至，責以轉餉後期，斬之。上聞其事，傳召付御史臺鞫治，罪當斬，特貸之，削籍流封州。

六年，起爲左司禦率府率、考城監軍。車駕幸澶淵，召詣行在，命李繼隆、石保吉同議兵事，賜服御有加。景德二年，爲西京水北都巡檢使，俄分司西京。召對行在，上憫其老，授唐州防禦副使，徙鄭州。大中祥符二年，再遷左千牛衞將軍。四年七月，卒，年八十九。子承恩，爲三班奉職。

思鈞起行伍，征討稍有功。質狀小而精悍，太宗嘗稱其「樓羅」，自是人目爲「小樓羅」焉。

李琪，河南伊闕人。幼生長兵家，得給事宣祖，左右太祖，以材力稱，進備執御。及受禪，命補鎭職。太宗在京府，復令事之。由是累遷効忠都虞候、開封府馬步軍副都指揮使、領富州刺史。嘗請對，自言經事太祖，而京師無居宅，太宗以官第假之。

琪性素鄙，歷事三朝，而行不加修。每分遣士卒守護關梁，必覬其贈遺，視所厚薄爲重輕。太宗知之，遂改授屯衞大將軍，領郡如故，乃顧曰：「吾欲置琪於無過之地爾。」加左武衞大將軍。景德中，以老且病，表求五日一赴起居，俄爲臺諫所糾，令赴常參。眞宗念其舊，特賜給月奉以養。大中祥符元年，卒，年八十四。

王延範，江陵人。形貌奇偉，喜任俠，家富於財。父保義，爲荆南高氏行軍司馬兼領武泰軍留後。高從誨奏署延範太子舍人。後隨從誨孫繼沖入覲，薦爲大理寺丞，知泰州。累遷司門員外郞。

太平興國九年，爲廣南轉運使。性豪率尙氣，尤好術數。嘗通判梓州，有杜先生以左道惑衆，謂延範曰：「汝意有所之，我常陰爲之助。」延範心喜，敢爲恣横。後爲江南轉運使，有劉昴賣卜於吉州市，其言多驗，謂延範曰：「公當偏霸一方。」又有徐肇爲延範推九宮算法，得八少一，肇驚起曰：「君侯大貴不可言，當如江南李國主。」前戎城主簿田辨自言善相，謂延範曰：「君是坐天王形、頻伽眼、仙人鼻、雌龍耳、虎望，有大威德，猛烈富貴之相也。即日當乘四門輦。」至是，有豹入其公宇，噬傷數吏，從者皆恐慄，不敢進，延範獨拔戟前逐，刺殺之，益以此自負。與廣州掌務殿直趙延貴、將作監丞雷說會宿，觀天象，延貴指西方一大星曰：「此所謂『火星入南斗，天子下殿走』者也。」雷說出星經證之，乃太白行度經南斗，延貴謬爲火星也。

延範日夕與掌市舶陸坦議欲發兵，會坦代歸，延範寓書左拾遺韋務昇爲隱語，偵朝廷機事。延範奴視僚屬，峻刑多怨。會懷勇小將張霸給使轉運司，延範因事杖之，霸知延範與知廣州徐休復不協，詣休復告延範將謀不軌及諸不法事。休復馳奏之。太宗遣高品閻承翰乘傳，會轉運副使李瑄曁休復雜治延範，具伏。與昴、辨、坦俱斬廣州市，籍沒延範家，務昇除名配商州，延貴等皆抵罪，賜霸錢十萬。

論曰：紹斌從征討，凡踰百戰，未嘗以爲憚；屢被廢斥，未嘗以爲慊。太祖有盜馬罪，引見賜予，屈法使過，用能致其力也。榮薄事親，下詔督過。瓊折州卒足以釋妖惑。王杲餅𩞀于夏。思鈞拔身自歸，當斬而貸。珙以鄙穡。守俊、興輩以勇得備給使。守素久練邊計，人頗畏伏。重誨雖將略不足，亦有可稱。大抵武夫悍卒，不能無過，而亦各有所長；略其過而用其長，皆足以集事。至於一勝一負，兵家常勢，顧其大節何如耳。若榮也，薄其所生，大節虧矣，屢以罪黜，宜哉。

校勘記

〔一〕劉延讓　按當時討蜀大將，有以侍衞馬軍都指揮使爲歸州路副都部署的劉光義，後來改名廷讓，本書卷二五九有傳。此「劉延讓」當係「劉廷讓」之誤。

〔二〕苞漢陽　原作「符漢陽」，據本書卷四九四梅山峒蠻傳、宋會要蕃夷五之七三改。

〔三〕潘璘　原作「藩璘」，據本書卷二七九張凝傳、長編卷四九改。

〔四〕都軍頭　原作「部軍頭」，據本書卷一八七兵志、職官分紀卷三五御前忠佐軍頭司條改。

〔五〕軍頭引見司　「頭」下原衍「目」字，據本書卷一六六職官志、宋會要職官三六之七七删。

〔六〕右堡砦　按本書卷八七地理志，延安府有石堡砦，「國初嘗置城，至道後廢，地在延州北」。長編卷三八至道元年，宋將孫贊會在石堡護戍兵，時間和地點都同此處所載相合。疑「右堡砦」爲「石堡砦」之誤。

〔七〕王均之亂　「均」原作「鈞」，據本書卷六眞宗紀、卷二七八雷有終傳改。

宋史卷二百八十一

列傳第四十

呂端　畢士安 曾孫〔一〕仲衍 仲游　寇準

呂端字易直，幽州安次人。父琦，晉兵部侍郎。端少敏悟好學，以蔭補千牛備身。歷國子主簿、太僕寺丞、祕書郎、直弘文館，換著作佐郎、直史館。太祖即位，遷太常丞、知浚儀縣，同判定州。開寶中，西上閤門使郝崇信使契丹，以端假太常少卿爲副。八年，知洪州，未上，改司門員外郎、知成都府，賜金紫。爲政清簡，遠人便之。

會秦王廷美尹京，召拜考功員外郎，充開封府判官。太宗征河東，廷美將有居留之命，端白廷美曰：「主上櫛風沐雨，以申弔伐，王地處親賢，當表率扈從。今主留務，非所宜也。」廷美由是懇請從行。尋坐王府親吏請託執事者違詔市竹木，貶商州司戶參軍。移汝州，復爲太常丞，判寺事。出知蔡州，以善政，吏民列奏借留。改祠部員外郎、知開封縣，遷考功員外郎兼侍御史知雜事。使高麗，暴風折檣，舟人怖恐，端讀書若在齋閤時。遷戶部郎中、判太常寺兼禮院，選爲大理少卿，俄拜右諫議大夫。

許王元僖尹開封，又爲判官。王薨，有發其陰事者，坐裨贊無狀，遣御史武元穎、內侍王繼恩就鞫于府。端方決事，徐起候之，二使曰：「有詔推君。」端神色自若，顧從者曰：「取帽來。」二使曰：「何遽至此？」端曰：「天子有制問，卽罪人矣，安可在堂上對制使？」卽下堂，隨問而答。左遷衞尉少卿。會置考課院，羣官有負譴置散秩者，引對，皆泣涕，以饑寒爲請。至端，卽奏曰：「臣前佐秦邸，以不檢府吏，謫掾商州，陛下復擢官籍辱用。今許王暴薨，臣輔佐無狀，陛下又不重譴，俾亞少列，臣罪大而幸深矣！今有司進退善否，苟得潁州副使，臣之願也。」太宗曰：「朕自知卿。」無何，復舊官，爲樞密直學士，踰月，拜參知政事。

時趙普在中書，嘗曰：「吾觀呂公奏事，得嘉賞未嘗喜，遇抑挫未嘗懼，亦不形于言，眞台輔之器也。」歲餘，左諫議大夫寇準亦拜參知政事。端請居準下，太宗卽以端爲左諫議大夫，立準上。每獨召便殿，語必移晷。擢拜戶部侍郎、平章事。

時呂蒙正爲相，太宗欲相端，或曰：「端爲人糊塗。」太宗曰：「端小事糊塗，大事不糊塗。」決意相之。會曲宴後苑，太宗作釣魚詩，有云：「欲餌金鈎深未達，磻溪須問釣魚人。」意以屬端。後數日，罷蒙正而相端焉。初，端兄餘慶，建隆中以藩府舊僚參預大政，端復居相位，時論榮之。端歷官僅四十年，至是驟被奬擢，太宗猶恨任用之晚。端爲相持重，識大體，以淸簡爲務。慮與寇準同列，先居相位，恐準不平，乃請參知政事與宰相分日押班知印，同升政事堂，太宗從之。時同列奏對多有異議，惟端罕所建明。一日，內出手札戒諭：「自今中書事必經呂端詳酌，乃得聞奏。」端愈謙讓不自當。

初，李繼遷擾西鄙，保安軍奏獲其母。至是，太宗欲誅之，以寇準居樞密副使，獨召與謀。準退，過相幕，端疑謀大事，邀謂準曰：「上戒君勿言於端乎？」準曰：「否。」端曰：「邊鄙常事，端不必與知，若軍國大計，端備位宰相，不可不知也。」準遂告其故，端曰：「何以處之？」準曰：「欲斬於保安軍北門外，以戒凶逆。」端曰：「必若此，非計之得也，願少緩之，端將覆奏。」入曰：「昔項羽得太公，欲烹之，高祖曰：『願分我一杯羹。』夫舉大事不顧其親，況繼遷悖逆之人乎？陛下今日殺之，明日繼遷可擒乎？若其不然，徒結怨讎，愈堅其叛心爾。」太宗曰：「然則何如？」端曰：「以臣之愚，宜置於延州，使善養視之，以招來繼遷，雖不能卽降，終可以繫其心，而母死生之命在我矣。」太宗撫髀稱善曰：「微卿，幾誤我事。」卽用其策。其母後病死延州，繼遷尋亦死，繼遷子竟納款請命，端之力也。進門下侍郎兼兵部尙書。

太宗不豫，眞宗爲皇太子，端日與太子問起居。及疾大漸，內侍王繼恩忌太子英明，陰與參知政事李昌齡、殿前都指揮使李繼勳〔三〕、知制誥胡旦謀立故楚王元佐。太宗崩，李皇后命繼恩召端，端知有變，鎖繼恩於閣內，使人守之而入。皇后曰：「宮車已晏駕，立嗣以長，順也，今將如何？」端曰：「先帝立太子正爲今日，今始棄天下，豈可遽違命有異議邪？」乃奉太子至福寧庭中。眞宗既立，垂簾引見羣臣，端平立殿下不拜，請卷簾，升殿審視，然後降階，率羣臣拜呼萬歲。以繼勳爲使相，赴陳州；貶昌齡忠武軍司馬；繼恩右監門衞將軍，均州安置；旦除名流潯州，籍其家貲。

眞宗每見輔臣入對，惟於端肅然拱揖，不以名呼；又以端軀體洪大，宮庭階阤稍峻，特令梓人爲納陛。嘗召對便殿，訪軍國大事經久之制，端陳當世急務，皆有條理，眞宗嘉納。加右僕射，監修國史。明年夏，被疾，詔免常參，就中書視事。上疏求解，不許。十月，以太子太保罷。在告三百日，有司言當罷奉，詔賜如故。車駕臨問，端不能興，撫慰甚至。卒，年六十六，贈司空，謚正惠，追封妻李氏涇國夫人，以其子藩爲太子中舍，荀大理評事，蔚千牛備身，藹殿中省進馬。

端姿儀瓌秀，有器量，寬厚多恕，善談諧，意豁如也。雖屢經擯退，未嘗以得喪介懷。善與人交，輕財好施，未嘗問家事。李惟淸自知樞密改御史中丞，意端抑己，及端免朝謁，乃彈奏常參官疾告逾年受奉者，又搆人訟堂吏過失，欲以中端。端曰：「吾直道而行，無所愧畏，風波之言不足慮也。」

端祖兗，嘗事滄州節度劉守文爲判官。守文之亂，兗舉族被害。時父琦方幼，同郡趙玉冒鋒刃紿監者曰：「此予之弟，非呂氏子也。」遂得免。玉子文度爲耀帥，文度孫紹宗十餘歲，端視如己子，表薦賜出身。故相馮道，鄉里世舊，道子正之病廢，端分奉給之。端兩使絕域，其國歎重之，後有使往者，每問端爲宰相否，其名顯如此。

景德二年，眞宗聞端後嗣不振，又錄蔚爲奉禮郎。藩後病足，不任朝謁，請告累年，有司奏罷其奉，眞宗特令復舊官，分司西京，給奉家居養病。端不蓄貲產，藩兄弟貧匱，又迫婚嫁，因質其居第。眞宗時，出內府錢五百萬贖還之；又別賜金帛，俾償宿負，遣使檢校家事。藩、荀皆至國子博士，蔚至太子中舍。

畢士安字仁叟，代州雲中人。曾祖宗昱，本縣令。祖球，本州別駕。父乂林，累辟使府，終觀城令，因家焉。士安少好學，事繼母祝氏以孝聞。祝氏曰：「學必求良師友。」乃與如宋，又如鄭，得楊璞、韓丕、劉錫爲友，因爲鄭人。

乾德四年，舉進士。邠帥楊廷璋辟幕府，掌書奏。開寶四年，歷濟州團練推官，專掌筦榷，歲課增羡。改兗州觀察推官。太平興國初，爲大理寺丞，領三門發運事。吳越錢俶納土，選知台州，言：「錢氏上圖籍，有司皆張侈賦數，今湖海新民始得天子命吏，宜有安輯，願一用舊籍。」詔從之。明年，遷左贊善大夫，徙饒州，改殿中丞。召還，爲監察御史。復出知乾州，以母老願降任就養，改監汝州稻田務。

雍熙二年，諸王出閤，愼擇僚屬。以虞部郎中王龜從兼陳王府記室參軍，水部員外郎王素兼韓王府記室參軍，祕書丞張茂直兼益王府記室參軍，士安遷左拾遺兼冀王府記室參軍。太宗召謂曰：「諸子生長宮庭，未閑外事，年漸成人，必資良士贊導，使日聞忠孝之道，卿等勉之。」賜襲衣、銀帶、鞍勒馬。

士安本名士元，以「元」犯王諱遂改焉。遷考功員外郎。端拱中，詔王府僚屬各獻所著文，太宗閱視累日，問近臣曰：「其才已見矣，其行孰優？」或以士安對。上曰：「正協朕意。」俄以本官知制誥，王請對願留府邸，不許。淳化二年，召入翰林爲學士。大臣以張洎薦，太宗曰：「洎視畢士安詞藝踐歷固不減，但履行遠在下爾。」士安以父名乂林抗章引避，朝議謂二名不偏諱，不聽。

三年，與蘇易簡同知貢舉，加主客郎中，以疾請外，改右諫議大夫、知潁州。眞宗以壽王尹開封府，召爲判官；及爲皇太子，以兼右庶子遷給事中；登位，命權知開封府事，拜工部侍郎、樞密直學士。時近臣有怙勢強取民間定婚女，其家訴於府，士安因對奏，還之。宮府常從爲廷職者，每授任於外，必令士安戒勗。

咸平初，辭府職，拜禮部侍郎，復爲翰林學士。詔選官校勘三國志、晉唐書。或有言兩晉事多鄙惡不可流行者。眞宗以語宰相，士安曰：「惡以戒世，善以勸後。善惡之事，春秋備載。」眞宗然之，遂命刊刻。士安以目疾求解，改兵部侍郎，出知潞州，特加月給之數。入爲翰林侍讀學士。景德初，兼祕書監。契丹謀入境，士安首疏五事應詔，陳選將、餉兵、理財之策，眞宗嘉納。

李沆卒，進士安吏部侍郎、參知政事，入謝，眞宗曰：「未也，行且相卿。」士安頓首。眞宗曰：「朕倚卿以輔相，豈特今日。然時方多事，求與卿同進者，其誰可？」對曰：「宰相者，必有其器，乃可居其位，臣駑朽，實不足以勝任。寇準兼資忠義，善斷大事，此宰相才也。」眞宗曰：「聞其好剛使氣。」又對曰：「準方正，慷慨有大節，忘身徇國，秉道疾邪，此其素所蓄積，朝臣罕出其右者，第不爲流俗所喜。今天下之民雖蒙休德，涵養安佚，而西北跳梁爲邊境患，若準者正所宜用也。」眞宗曰：「然，當藉卿宿德鎭之。」未閱月，以本官與準同拜平章事。士安兼監修國史，居準上。

準爲相，守正嫉惡，小人日思所以傾之。有布衣申宗古告準交通安王元傑，準皇恐，莫知所自明。士安力辯其誣，下宗古吏，具得姦罔，斬之，準乃安。

景德元年九月，契丹統軍撻覽引兵分掠威虜、順安、北平，侵保州，攻定武，數爲諸軍所郤；益東駐陽城淀，遂攻高陽，不得逞，轉窺貝、冀、天雄，兵號二十萬。眞宗坐便殿，問策安出。士安與寇準條所以禦備狀，又合議請眞宗幸澶淵。士安言澶淵之行，當在仲冬；準謂當亟往，不可緩。卒用士安議。

初，咸平六年，雲州觀察使王繼忠戰陷契丹。至是，爲契丹奏請議和，大臣莫敢如何。獨士安以爲可信，力贊眞宗當羈縻不絕，漸許其成。眞宗謂敵悍如此，恐不可保。士安曰：「臣嘗得契丹降人，言其雖深入，屢挫不甚得志，陰欲引去而恥無名，且彼寧不畏人乘虛覆其巢穴，此請殆不妄。繼忠之奏，臣請任之。」眞宗喜，手詔繼忠，許其請和。

時已詔巡幸，而議者猶閧閧，二三大臣有進金陵及成都圖者。士安亟同準請對，力陳其不可，惟堅定前計。眞宗嚴兵將行，太白晝見，流星出上台北貫斗魁。或言兵未宜北，或言大臣應之。士安適臥疾，移書準曰：「屢請舁疾從行，手詔不許，今大計已定，唯君勉之。士安得以身當星變而就國事，心所願也。」已而少間，追至澶淵，見于行在。時已聚兵數十萬，契丹大震，猶乘衆掠德清。至澶北鄙，爲伏弩發射，撻覽死，衆潰遁去。

會曹利用自契丹使還，具得要領；又與其使者姚東之俱來，講和之議遂定。歲遺契丹銀絹三十萬，朝論皆以爲過。士安曰：「不如此，契丹所顧不重，和事恐不能久。」及罷兵，從還，乃按邊要選良守將易置之：雄州以李允則，定州馬知節，鎭州孫全照，保州楊延昭，它所擇用各得其任。令塞上得境外牛馬類者悉還之，通互市，除鐵禁，招流亡，廣儲蓄。未幾，夏州趙德明亦款塞內附。二方既定，中外略安。量時制法，次第施行。復置賢良方正直言極諫等科，以廣取士。

二年，章七八上，以病求免，優詔不允。遣使敦諭，不得已，復起視事。十月晨朝，至崇政殿廬，疾暴作，眞宗步出臨視，已不能言。詔內侍竇神寶以肩輿送歸第，卒，年六十八。車駕臨哭，廢朝五日，贈太傅、中書令，謚文簡。以皇城使衞紹欽治葬，有司給鹵簿。錄其子世長爲太子中舍，慶長爲大理寺丞；孫從古爲將作監主簿。

士安端方沉雅，有淸識，醖藉，美風采，善談吐，所至以嚴正稱。年耆目眊，讀書不輟，手自讎校，或親繕寫。又精意詞翰，有文集三十卷。嘗謂人曰：「僕仕宦無赫赫之譽，但力自規檢，庶幾寡過爾。」凡交游無黨援，唯王祐、呂端見引重，王旦、寇準、楊億相友善，王禹偁、陳彭年皆門人也。禹偁，濟州人。幼時以事至士安官舍，士安識其非常童，留之，敎以學，譽業日顯。後遂登科進用，更在士安前。及士安知制誥，其命乃禹偁詞也。

士安沒後，眞宗謂寇準等曰：「畢士安善人也，事朕南府、東宮，以至輔相。飭躬愼行，有古人之風，遽此淪沒，深可悼惜。」及王旦爲相，面奏：「陛下前稱畢士安淸愼如古人，在位聞之感歎。仕至輔相，而四方無田園居第，沒未終喪，家用已屈，眞不負陛下所知。然使其家假貸爲生，宜有以周之者，竊謂當出上恩，非臣敢爲私惠。」眞宗感歎，賜白金五千兩。

子世長至衞尉卿，慶長至太府卿。孫從善光祿少卿，從古駕部郎中，從厚、從誨檢校水部員外郎，從簡博羅令，從道殿中丞，從範山南西道節度推官，從益太常寺太祝，從周朝散郎、知洋州。曾孫仲達、仲偃仕至郡守，仲衍、仲游、仲愈。

仲衍字夷仲，以蔭爲陽翟主簿。張昪〔三〕，縣人也，方鎭許，請於朝，欲興鄕校，旣具材計工，又聽民自以其力輸助。邑子馬宏以口舌橫閭里，謾謂諸豪曰：「張公興學，而縣令乃因以取諸民，由十百而至千萬未已也，君將不堪。誠捐百金予我，我能止役。」豪信其能，予百金。宏卽詣府宣言：「縣吏盡私爲學之費，又將賦於民。」昪果疑焉，敕縣且止，又揭其事於道。令欲上疏辯，仲衍曰：「亡益也，不如取宏治之，不辯自直矣。」會攝縣事，卽逮捕驗治，五日得其姦，言于昪，流宏鄧州，一縣相賀。給事中張問居里中，謂仲衍曰：「諺云『鋤一惡，長十善』，君之謂也。」

舉進士中第，調沈丘令。歐陽修、呂公著薦之，入司農爲主簿，升丞。吳充引爲中書檢正。奉使契丹，宴射連破的，衆驚異之。且偉其姿容，密使人取其衣爲度，製服以賜。時預其元會，盡能記其朝儀節奏，圖畫歸獻。後錢勰出使，契丹主猶問：「畢少卿何官？今安在？」

王珪與充不相能，以仲衍爲充所用，數求罪過欲傷之，卒無可乘，但留滯不遷。經四年，乃以祕閣校理同知太常禮院，爲官制局檢討官，制文字千萬計，區別分類，損益删補，皆曲盡其當。凡從中問其事，必須仲衍然後報，他人不知也。撰中書備對三十卷，士大夫家爭傳其書。

高麗使入貢，詔館之。上元夕，與使者宴東闕下，作詩誦聖德，神宗次韻賜焉，當時以爲寵。官制行，帝自擢起居郎，王珪留除命，謂爲太峻，爭於前。帝連稱曰：「是當得爾。」未幾，暴得疾，一夕卒，年四十三。帝遣中使唁其家，賻錢五十萬。

仲游字公叔，與仲衍同登第，調壽丘柘城主簿、羅山令、環慶轉運司幹辦公事。從高遵裕西征，運期迫遽，陝西八十縣餽輓之夫三十萬，一日悉集，轉運使范純粹、李察度受其賦而給之食，必曠日乃可。會僚屬議，皆不知所爲，以諉仲游。仲游集諸縣吏，令先效金帛緡錢之最，戒勿啓扃鐍，共簿其名數以爲質，預飭具斛量數千，洞撤倉庾牆壁，使贏糧者至其所，人自斛槩，輸其半而以半自給，不終朝霍然而散。翌日，大軍遂行。純粹、察歎且謝曰：「非君幾敗吾事。」

元祐初，爲軍器衞尉丞。召試學士院，同策問者九人，乃黃庭堅、張耒、晁補之輩。蘇軾異其文，擢爲第一。加集賢校理、開封府推官，出提點河東路刑獄。韓縝以故相在太原，按視如列郡，縝奴告有卒剽其衣於公堂之側，縝怒，將置卒於理。仲游曰：「奴衣服尠薄而敢掠之於帥牙，非人情也。」取以付獄治，卒得免。太原銅器名天下，獨不市一物；懼人以爲矯也，且行，買二茶匕而去。縝曰：「如公叔可謂眞清矣。」

召拜職方、司勳二員外郎，改祕閣校理、知耀州。是歲大旱，仲游先民之未飢，揭喻境內曰：「郡振施與平糴若干萬碩。」實虛張其數。富室知有備，亦相勸發廩。凡民就食者十七萬九千口，無一人去其鄉。

徽宗時，歷知鄭、鄆二州，京東、淮南轉運副使〔四〕。入爲吏部郎中，言孔子廟自顏回以降，皆爵命於朝，冠冕居正；而子鯉、孫伋乃野服幅巾以祭，爲不稱。詔皆追侯之。

仲游早受知於司馬光、呂公著，不及用；范純仁尤知之，當國時，又適居母喪，故未嘗得尺寸進。然亦墮黨籍，坎壈散秩而終，年七十五。

仲游爲文切於事理而有根柢，不爲浮誇詭誕、戲弄不莊之語。蘇軾在館閣，頗以言語文章規切時政。仲游憂其及禍，貽書戒之曰：

孟軻不得已而後辯，孔子欲無言，古人所以精謀極慮，固功業而養壽命者，未嘗不出乎此。君自立朝以來，禍福利害繫身者未嘗言，顧直惜其言爾。夫言語之累，不特出口者爲言，其形于詩歌、贊于賦頌、託于碑銘、著于序記者，亦語言也。今知畏於口而未畏於文，是其所是則見是者喜，非其所非則蒙非者怨；喜者未能濟君之謀，而怨者或已敗君之事矣。天下論君之文，如孫臏之用兵，扁鵲之醫疾，固所指名者矣。雖無是非之言，猶有是非之疑，又況其有耶？官非諫臣，職非御史，而非是人所未是〔五〕，危身觸諱以游其間，殆猶抱石而救溺也。

司馬光爲政，反王安石所爲，仲游予之書曰：

昔安石以興作之說動先帝，而患財之不足也，故凡政之可以得民財者無不用。蓋散青苗、置市易、斂役錢、變鹽法者，事也；而欲興作、患不足者，情也。苟未能杜其興作之情，而徒欲禁其散斂變置之事，是以百說而百不行。今遂廢青苗，罷市易，蠲役錢，去鹽法，凡號爲利而傷民者，一掃而更之，則向來用事於新法者必不喜矣。不喜之人，必不但曰『青苗不可廢，市易不可罷，役錢不可蠲，鹽法不可去』；必操不足之情，言不足之事，以動上意，雖致石人而使聽之，猶將動也。如是，則廢者可復散，罷者可復置，蠲者可復斂，去者可復存矣。則不足之情，可不預治哉？

爲今之策，當大舉天下之計，深明出入之數，以諸路所積之錢粟一歸地官，使經費可支二十年之用。數年之間，又將十倍於今日。使天子曉然知天下之餘於財也，則不足之論不得陳於前，然後所論新法者，始可永罷而不可行矣。

昔安石之居位也，中外莫非其人，故其法能行。今欲救前日之敝，而左右侍從〔六〕、職司、使者，十有七八皆安石之徒，雖起二三舊臣，用六七君子，然累百之中存其十數，烏在其勢之可爲也。勢未可爲而欲爲之，則青苗雖廢將復散，況未廢乎？市易雖罷且復置，況未罷乎？役錢、鹽法亦莫不然。以此救前日之敝，如人久病而少間，其父子兄弟喜見顏色而未敢賀者，以其病之猶在也。

光、軾得書聳然，竟如其慮。

仲愈歷國子監丞、諸王府侍講、知鳳翔府，坐兄仲游陷黨籍，例廢黜，徽宗曰：「畢仲衍被遇先帝，可除罪籍。」以仲愈爲都官郎中，擢祕書少監，卒。

寇準字平仲，華州下邽人也。父相，晉開運中，應辟爲魏王府記室參軍。準少英邁，通春秋三傳，年十九，舉進士。太宗取人，多臨軒顧問，年少者往往罷去。或教準增年，答曰：「準方進取，可欺君邪？」後中第，授大理評事，知歸州巴東、大名府成安縣。每期會賦役，未嘗輒出符移，唯具鄉里姓名揭縣門，百姓莫敢後期。累遷殿中丞、通判鄆州。召試學士院，授右正言、直史館，爲三司度支推官，轉鹽鐵判官。會詔百官言事，而準極陳利害，帝益器重之。擢尙書虞部郎中、樞密院直學士，判吏部東銓。嘗奏事殿中，語不合，帝怒起，準輒引帝衣，令帝復坐，事決乃退。上由是嘉之，曰：「朕得寇準，猶文皇之得魏徵也。」

淳化二年春，大旱，太宗延近臣問時政得失，衆以天數對。準對曰：「洪範天人之際，應若影響；大旱之證，蓋刑有所不平也。」太宗怒，起入禁中。頃之，召準問所以不平狀，準曰：「願召二府至，臣卽言之。」有詔召二府入，準乃言曰：「頃者祖吉、王淮皆侮法受賕，吉贓少乃伏誅；淮以參政沔之弟，盜主守財至千萬，止杖，仍復其官，非不平而何？」太宗以問沔，沔頓首謝，於是切責沔，而知準爲可用矣。卽拜準左諫議大夫、樞密副使，改同知院事。

準與知院張遜數爭事上前。他日，與溫仲舒偕行，道逢狂人迎馬呼萬歲，判左金吾王賓與遜雅相善，遜嗾上其事。準引仲舒爲證，遜令賓獨奏，其辭頗厲，且互斥其短。帝怒，謫遜，準亦罷知青州。

帝顧準厚，既行，念之，常不樂。語左右曰：「寇準在青州樂乎？」對曰：「準得善藩，當不苦也。」數日，輒復問。左右揣帝意且復召用準，因對曰：「陛下思準不少忘，聞準日縱酒，未知亦念陛下乎？」帝默然。明年，召拜參知政事。

自唐末，蕃戶有居渭南者，溫仲舒知秦州，驅之渭北，立堡柵以限其往來。太宗覽奏不懌，曰：「古羌戎尙雜處伊、洛，彼蕃夷易動難安，一有調發，將重困吾關中矣。」準言：「唐宋璟不賞邊功，卒致開元太平。疆埸之臣邀功以稔禍，深可戒也。」帝因命準使渭北，安撫族帳，而徙仲舒鳳翔。

至道元年，加給事中。時太宗在位久，馮拯等上疏乞立儲貳，帝怒，斥之嶺南，中外無敢言者。準初自青州召還，入見，帝足創甚，自褰衣以示準，且曰：「卿來何緩耶？」準對曰：「臣非召不得至京師。」帝曰：「朕諸子孰可以付神器者？」準曰：「陛下爲天下擇君，謀及婦人、中官，不可也；謀及近臣，不可也；唯陛下擇所以副天下望者。」帝俛首久之，屏左右曰：「襄王可乎？」準曰：「知子莫若父，聖慮既以爲可，願卽決定。」帝遂以襄王爲開封尹，改封壽王，於是立爲皇太子。廟見還，京師之人擁道喜躍，曰：「少年天子也。」帝聞之不懌，召準謂曰：「人心遽屬太子，欲置我何地？」準再拜賀曰：「此社稷之福也。」帝入語后嬪，宮中皆前賀。復出，延準飮，極醉而罷。

二年，祠南郊，中外官皆進秩。準素所喜者多得臺省清要官，所惡不及知者退序進之。彭惟節位素居馮拯下，拯轉虞部員外郎，惟節轉屯田員外郎，章奏列銜，惟節猶處其下。準怒，堂帖戒拯毋亂朝制。拯憤極，陳準擅權，又條上嶺南官吏除拜不平數事。廣東轉運使康戩亦言：呂端、張洎、李昌齡皆準所引，端德之，洎能曲奉準，而昌齡畏懦，不敢與準抗，故得以任胸臆，亂經制。太宗怒，準適祀太廟攝事，召責端等。端曰：「準性剛自任，臣等不欲數爭，慮傷國體。」因再拜請罪。及準入對，帝語及馮拯事，自辯。帝曰：「若廷辯，失執政體。」準猶力爭不已，又持中書簿論曲直於帝前，帝益不悅，因歎曰：「鼠雀尙知人意，況人乎？」遂罷準知鄧州。

眞宗卽位，遷尙書工部侍郎。咸平初，徙河陽，改同州。三年，朝京師，行次閿鄉，又徙鳳翔府。帝幸大名，詔赴行在所，遷刑部，權知開封府。六年，遷兵部，爲三司使。時合鹽鐵、度支、戶部爲一使，眞宗命準裁定，遂以六判官分掌之，繁簡始適中。

帝久欲相準，患其剛直難獨任。景德元年，以畢士安參知政事，踰月，並命同中書門下平章事，準以集賢殿大學士位士安下。是時，契丹內寇，縱游騎掠深、祁間，小不利輒引去，徜徉無鬬意。準曰：「是狃我也。請練師命將，簡驍銳據要害以備之。」是冬，契丹果大入。急書一夕凡五至，準不發，飲笑自如。明日，同列以聞，帝大駭，以問準。準曰：「陛下欲了此，不過五日爾。」因請帝幸澶州。同列懼，欲退，準止之，令候駕起。帝難之，欲還內。準曰：「陛下入則臣不得見，大事去矣，請毋還而行。」帝乃議親征，召羣臣問方略。

既而契丹圍瀛州，直犯貝、魏，中外震駭。參知政事王欽若，江南人也，請幸金陵；陳堯叟，蜀人也，請幸成都。帝問準，準心知二人謀，乃陽若不知，曰：「誰爲陛下畫此策者，罪可誅也。今陛下神武，將臣協和，若大駕親征，賊自當遁去。不然，出奇以撓其謀，堅守以老其師，勞佚之勢，我得勝算矣。奈何棄廟社欲幸楚、蜀遠地，所在人心崩潰，賊乘勢深入，天下可復保邪？」遂請帝幸澶州。

及至南城，契丹兵方盛，衆請駐蹕以覘軍勢。準固請曰：「陛下不過河，則人心益危，敵氣未懾，非所以取威決勝也。且王超領勁兵屯中山以扼其亢，李繼隆、石保吉分大陣以扼其左右肘，四方征鎭赴援者日至，何疑而不進？」衆議皆懼，準力爭之，不決。出遇高瓊於屛間，謂曰：「太尉受國恩，今日有以報乎？」對曰：「瓊武人，願效死。」準復入對，瓊隨立庭下，準厲聲曰：「陛下不以臣言爲然，盍試問瓊等。」瓊卽仰奏曰：「寇準言是。」準曰：「機不可失，宜趣駕。」瓊卽麾衞士進輦，帝遂渡河，御北城門樓，遠近望見御蓋，踊躍歡呼，聲聞數十里。契丹相視驚愕，不能成列。

帝盡以軍事委準，準承制專決，號令明肅，士卒喜悅。敵數千騎乘勝薄城下，詔士卒迎擊，斬獲太半，乃引去。上還行宮，留準居城上，徐使人視準何爲，準方與楊億飮博，歌謔歡呼。帝喜曰：「準如此，吾復何憂。」相持十餘日，其統軍撻覽出督戰。時威虎軍頭張瓌守床子弩，弩撼機發，矢中撻覽額，撻覽死，乃密奉書請盟。準不從，而使者來請益堅，帝將許之。準欲邀使稱臣，且獻幽州地。帝厭兵，欲羈縻不絕而已。有譖準幸兵以自取重者，準不得已許之。帝遣曹利用如軍中議歲幣，曰：「百萬以下皆可許也。」準召利用至幄，語曰：「雖有敕，汝所許毋過三十萬，過三十萬，吾斬汝矣。」利用至軍，果以三十萬成約而還。河北罷兵，準之力也。

準在相位，用人不以次，同列頗不悅。它日，又除官，同列因吏持例簿以進。準曰：「宰相所以進賢退不肖也，若用例，一吏職爾。」二年，加中書侍郎兼工部尚書。準頗自矜澶淵之功，雖帝亦以此待準甚厚。王欽若深嫉之。一日會朝，準先退，帝目送之，欽若因進曰：「陛下敬寇準，爲其有社稷功邪？」帝曰：「然。」欽若曰：「澶淵之役，陛下不以爲恥，而謂準有社稷功，何也？」帝愕然曰：「何故？」欽若曰：「城下之盟，春秋恥之；澶淵之舉，是城下之盟也。以萬乘之貴而爲城下之盟，其何恥如之！」帝愀然爲之不悅。欽若曰：「陛下聞博乎？博者輸錢欲盡，乃罄所有出之，謂之孤注。陛下，寇準之孤注也，斯亦危矣。」

由是帝顧準寖衰。明年，罷爲刑部尚書、知陝州，遂用王旦爲相。帝謂旦曰：「寇準多許人官，以爲己恩。俟行，當深戒之。」從封泰山，遷戶部尚書、知天雄軍。祀汾陰，命提舉貝、德、博、洺、濱、棣巡檢捉賊公事，遷兵部尚書，入判都省。幸亳州，權東京留守，爲樞密院使、同平章事。

林特爲三司使，以河北歲輸絹闕，督之甚急。而準素惡特，頗助轉運使李士衡而沮特，且言在魏時嘗進河北絹五萬而三司不納，以至闕供，請劾主吏以下。然京師歲費絹百萬，準所助纔五萬。帝不悅，謂王旦曰：「準剛忿如昔。」旦曰：「準好人懷惠，又欲人畏威，皆大臣所避；而準乃爲己任，此其短也。」未幾，罷爲武勝軍節度使、同平章事、判河南府。徙永興軍。

天禧元年，改山南東道節度使，時巡檢朱能挾內侍都知周懷政詐爲天書，上以問王旦。旦曰：「始不信天書者準也。今天書降，須令準上之。」準從上其書，中外皆以爲非。遂拜中書侍郞兼吏部尚書、同平章事、景靈宮使。

三年，祀南郊，進尚書右僕射、集賢殿大學士。時眞宗得風疾，劉太后預政於內，準請問曰：「皇太子人所屬望，願陛下思宗廟之重，傳以神器，擇方正大臣爲羽翼。丁謂、錢惟演，佞人也，不可以輔少主。」帝然之。準密令翰林學士楊億草表，請太子監國，且欲援億輔政。已而謀洩，罷爲太子太傅，封萊國公。時懷政反側不自安，且憂得罪，乃謀殺大臣，請罷皇后預政，奉帝爲太上皇，而傳位太子，復相準。客省使楊崇勳等以告丁謂，謂微服夜乘犢車詣曹利用計事，明日以聞。乃誅懷政，降準爲太常卿、知相州，徙安州，貶道州司馬。帝初不知也，他日，問左右曰：「吾目中久不見寇準，何也？」左右莫敢對。帝崩時亦言惟準與李迪可託，其見重如此。

乾興元年，再貶雷州司戶參軍。初，丁謂出準門至參政，事準甚謹。嘗會食中書，羹汚準鬚，謂起，徐拂之。準笑曰：「參政國之大臣，乃爲官長拂鬚邪？」謂甚愧之，由是傾構日深。及準貶未幾，謂亦南竄，道雷州，準遣人以一蒸羊逆境上。謂欲見準，準拒絕之。聞家僮謀欲報仇者，乃杜門使縱博，毋得出，伺謂行遠，乃罷。

天聖元年，徙衡州司馬。初，太宗嘗得通天犀，命工爲二帶，一以賜準。及是，準遣人取自洛中，既至數日，沐浴，具朝服束帶，北面再拜，呼左右趣設臥具，就榻而卒。

初，張詠在成都，聞準入相，謂其僚屬曰：「寇公奇材，惜學術不足爾。」及準出陝，詠適自成都罷還，準嚴供帳，大爲具待。詠將去，準送之郊，問曰：「何以教準？」詠徐曰：「霍光傳不可不讀也。」準莫諭其意，歸取其傳讀之，至「不學無術」，笑曰：「此張公謂我矣。」

準少年富貴，性豪侈，喜劇飲，每宴賓客，多闔扉脫驂。家未嘗爇油燈，雖庖匽所在，必然炬燭。

在雷州踰年。既卒，衡州之命乃至，遂歸葬西京。道出荆南公安〔七〕，縣人皆設祭哭於路，折竹植地，挂紙錢，逾月視之，枯竹盡生筍。衆因爲立廟，歲時享之。無子，以從子隨爲嗣。準歿後十一年，復太子太傅，贈中書令、萊國公，後又賜謚曰忠愍。皇祐四年，詔翰林學士孫抃撰神道碑，帝爲篆其首曰「旌忠」。

論曰：呂端諫秦王居留，表表已見大器，與寇準同相而常讓之，留李繼遷之母不誅。眞宗之立，閉王繼恩於室，以折李后異謀，而定大計；既立，猶請去簾，升殿審視，然後下拜，太宗謂之「大事不糊塗」者，知臣莫過君矣。宰相不和，不足以定大計。畢士安薦寇準，又爲之辨誣。契丹大舉而入，合辭以勸眞宗，遂幸澶淵，終却鉅敵。及議歲幣，因請重賄，要其久盟；由是西夏失牽制之謀，隨亦內附。景德、咸平以來，天下乂安，二相協和之所致也。準於太宗朝論建太子，謂神器不可謀及婦人、謀及中官、謀及近臣，此三言者，可爲萬世龜鑑。澶淵之幸，力沮衆議，竟成雋功，古所謂大臣者，於斯見之。然挽衣留諫，面詆同列，雖有直言之風，而少包荒之量。定策禁中，不愼所與，致啓懷政邪謀，坐竄南裔。勳業如是而不令厥終，所謂「臣不密則失身」，豈不信哉！

校勘記

〔一〕曾孫　原作「子」。按本卷畢士安傳載，仲衍、仲游都是士安的曾孫，據改。

〔二〕殿前都指揮使李繼勳　此九字當衍。查本書卷二五四李繼勳傳，繼勳卒於太平興國初，不可能參與王繼恩這次密謀。長編卷四一、編年綱目卷五記載此事，都沒有說李繼勳參與；本書卷四六六王繼恩傳，也只提到李昌齡、胡旦，無李繼勳。下文「以繼勳爲使相，赴陳州」九字亦當衍。

〔三〕張昪　原作「張昇」，參看本書卷三一八張昪傳校勘記。下文「昪」字各條同。

〔四〕京東淮南轉運副使　「京東」原作「京南」。宋無「京南路」之名，畢仲游西臺集卷二有京東運副謝到任表，列於鄭州謝到任表之後，說：「分符京右，方謹頒條；改使山東，猥當外計。」「京南」係「京東」之誤。

〔五〕非是人所未是　按西臺集卷八上蘇子瞻書，本句作「而非人所未非，是人所未是」。疑此處史文有脫漏。

〔六〕左右侍從　「從」字原脫，據同上書卷七上門下侍郞司馬溫公書補。

〔七〕道出荆南公安　「荆南」原作「京南」，據長編卷一〇一、編年綱目卷九改。

宋史卷二百八十二

列傳第四十一

李沆 弟維 王旦 向敏中

李沆字太初，洺州肥鄉人。曾祖豐，泰陵令。祖滔，洺州團練判官。父炳，從邢帥薛懷讓辟，爲觀察支使。懷讓徙同州，又爲掌書記，歷邠州、鳳翔判官，拜殿中侍御史、知舒州。太祖征金陵，緣淮供億，惟舒尤甚，以勞加侍御史，卒。

沆少好學，器度宏遠，炳嘗語人曰：「此兒異日必至公輔。」太平興國五年，舉進士甲科，爲將作監丞、通判潭州，遷右贊善大夫，轉著作郎。相府召試約束邊將詔書，既奏御，太宗甚悅，命直史館。雍熙三年，右拾遺王化基上書自薦，太宗謂宰相曰：「李沆、宋湜，皆嘉士也。」卽命中書幷化基召試，並除右補闕、知制誥。沆位最下，特升于上，各賜錢百萬。又以沆素貧，多負人錢，別賜三十萬償之。四年，與翰林學士宋白同知貢舉。謗議雖衆，而不歸咎于沆。遷職方員外郎，召入翰林爲學士。

淳化二年，判吏部銓。嘗侍曲宴，太宗目送之曰：「李沆風度端凝，眞貴人也。」三年，拜給事中、參知政事。四年，以本官罷，奉朝請。未幾，丁內艱，起復，遂出知昇州。未行，改知河南府。眞宗升儲，遷禮部侍郎兼太子賓客，詔東宮待以師傅禮。眞宗卽位，遷戶部侍郎、參知政事。咸平初，以本官平章事，監修國史，改中書侍郎。

會契丹犯邊，眞宗北幸，命沆留守，京師肅然。眞宗還，沆迎于郊，命坐置酒，慰勞久之。累加門下侍郎、尙書右僕射。眞宗問治道所宜先，沆曰：「不用浮薄新進喜事之人，此最爲先。」問其人，曰：「如梅詢、曾致堯等是矣。」後致堯副溫仲舒安撫陝西，於閤門疏言仲舒不足與共事。輕銳之黨無不稱快，沆不喜也，因用他人副仲舒，罷致堯。帝嘗語及唐人樹黨難制，遂使王室微弱，蓋姦邪難辨爾。沆對曰：「佞言似忠，姦言似信，至如盧杞蒙蔽德宗，李勉以爲眞姦邪，是也。」眞宗曰：「姦邪之迹，雖曰難辨，然久之自敗。」

一夕，遣使持手詔欲以劉氏爲貴妃，沆對使者引燭焚詔，附奏曰：「但道臣沆以爲不可。」其議遂寢。駙馬都尉石保吉求爲使相，復問沆，沆曰：「賞典之行，須有所自。保吉因緣戚里，無攻戰之勞，台席之拜，恐騰物議。」他日再三問之，執議如初，遂止。帝以沆無密奏，謂之曰：「人皆有密啓，卿獨無，何也？」對曰：「臣待罪宰相，公事則公言之，何用密啓？夫人臣有密啓者，非讒卽佞，臣常惡之，豈可効尤。」

時李繼遷久叛，兵衆日盛，有圖取朔方之意。朝廷困於飛輓，中外咸以爲靈州乃必爭之地，苟失之，則緣邊諸郡皆不可保。帝頗惑之，因訪於沆。沆曰：「繼遷不死，靈州非朝廷有也。莫若遣使密召州將，使部分軍民空壘而歸，如此，則關右之民息肩矣。」方衆議各異，未卽從沆言，未幾而靈州陷，帝由是益重之。

沆爲相，王旦參政事，以西北用兵，或至旰食。旦嘆曰：「我輩安能坐致太平，得優游無事耶？」沆曰：「少有憂勤，足爲警戒。他日四方寧謐，朝廷未必無事。」後契丹和親，旦問何如，沆曰：「善則善矣，然邊患旣息，恐人主漸生侈心耳。」旦未以爲然。沆又日取四方水旱盜賊奏之，旦以爲細事不足煩上聽。沆曰：「人主少年，當使知四方艱難。不然，血氣方剛，不留意聲色犬馬，則土木、甲兵、禱祠之事作矣。吾老，不及見此，此參政他日之憂也。」沆沒後，眞宗以契丹旣和，西夏納款，遂封岱、祠汾，大營宮觀，蒐講墜典，靡有暇日。旦親見王欽若、丁謂等所爲，欲諫則業已同之，欲去則上遇之厚，乃以沆先識之遠，嘆曰：「李文靖眞聖人也。」當時遂謂之「聖相」。

寇準與丁謂善，屢以謂才薦於沆，不用。準問之，沆曰：「顧其爲人，可使之在人上乎？」準曰：「如謂者，相公終能抑之使在人下乎？」沆笑曰：「他日後悔，當思吾言也。」準後爲謂所傾，始伏沆言。

沆爲相，接賓客，常寡言。馬亮與沆同年生，又與其弟維善，語維曰：「外議以大兄爲無口匏。」維乘間達亮語，沆曰：「吾非不知也。然今之朝士得升殿言事，上封論奏，了無壅蔽，多下有司，皆見之矣。若邦國大事，北有契丹，西有夏人，日旰條議所以備禦之策，非不詳究。薦紳如李宗諤、趙安仁，皆時之英秀，與之談，猶不能啓發吾意；自餘通籍之子，坐起拜揖，尙周章失次，卽席必自論功最，以希寵奬，此有何策而與之接語哉？苟屈意妄言，卽世所謂籠罩。籠罩之事，僕病未能也。」沆又嘗言：「居重位實無補，惟中外所陳利害，一切報罷之，此少以報國爾。朝廷防制，纖悉備具，或徇所陳請，施行一事，卽所傷多矣，陸象先曰『庸人擾之』是已。憸人苟一時之進，豈念厲民耶？」沆爲相，常讀論語，或問之，沆曰：「沆爲宰相，如論語中『節用而愛人，使民以時』，尙未能行。聖人之言，終身誦之可也。」

景德元年七月，沆待漏將朝，疾作而歸，詔太醫診視，撫問之使相望於道。明日，駕往臨問，賜白金五千兩。方還宮而沆薨，年五十八。上聞之驚歎，趣駕再往，臨哭之慟，謂左右曰：「沆爲大臣，忠良純厚，始終如一，豈意不享遐壽！」言終又泣下。廢朝五日，贈太尉、中書令，謚文靖。錄其弟國子博士贄爲虞部員外郎，光祿寺丞源爲太子中舍、屯田員外郎，直集賢院維爲戶部員外郎。子宗簡爲大理評事。甥蘇昂、妻兄之子朱濤，並同進士出身。乾興元年，仁宗即位，詔配享眞宗廟庭。

沆性直諒，內行修謹，言無枝葉，識大體。居位愼密，不求聲譽，動遵條制，人莫能干以私。公退，終日危坐，未嘗跛倚。治第封丘門內，廳事前僅容旋馬。或言其太隘，沆笑曰：「居第當傳子孫，此爲宰相廳事誠隘，爲太祝、奉禮廳事已寬矣。」至於垣頹壁損，不以屑慮。堂前藥闌壞，妻戒守舍者勿葺以試沆，沆朝夕見之，經月終不言。妻以語沆，沆曰：「豈可以此動吾一念哉！」家人勸治居第，未嘗答。弟維因語次及之，沆曰：「身食厚祿，時有橫賜，計囊裝亦可以治第，但念內典以此世界爲缺陷，安得圓滿如意，自求稱足？今市新宅，須一年繕完，人生朝暮不可保，又豈能久居？巢林一枝，聊自足耳，安事豐屋哉？」

沆與諸弟友愛，尤器重維，暇日相對宴飲清言，未嘗及朝政，亦未嘗問家事。沆沒後，或薦梅詢可用，眞宗曰：「李沆嘗言其非君子。」其爲信倚如此。

維字仲方，第進士，爲保信軍節度推官。眞宗初，獻聖德詩，召試中書，擢直集賢院，以沆相，避知歙州。至郡，興學舍，歲時行鄉射之禮。沆沒，入爲戶部員外郎。

契丹請和，以爲賀正旦使。眞宗方幸西京，維還詣行在，具言其待遇禮厚，必保盟好。

擢兵部員外郎、知制誥。自是每北使至，多命維主之。擢爲翰林學士，累遷中書舍人，以疾辭，出知許州。復入翰林爲學士承旨，加史館修撰。仁宗初，再遷爲尙書左丞兼侍讀學士，預修眞宗實錄，遷工部尙書。會塞下傳契丹將絕盟，復遣維往使。其主隆緒重維名，館勞加禮，使賦兩朝悠久詩。詩成，大喜。旣還，帝欲用爲樞密副使，或斥維賦詩自稱小臣，乃寢。遷刑部尙書，辭不拜，引李士衡故事求換官，除相州觀察使，爲諫官劉隨所詆，知亳州。請赴本鎭，改河陽。久之還朝，復出知陳州，卒。

維博學，少以文章知名，至老手不廢書。景德以後，巡幸四方，典章名物，多維所參定。嘗預定七經正義，修續通典、册府元龜。性寬易，喜愠不見於色，獎借後進，嗜酒善諧，而好爲詩。常曰：「人生觴詠自適，餘何營哉？」旣沒，家無餘貲。景祐元年，贈尙書右僕射。子師錫，虞部員外郎；公謹，太子中舍。

王旦字子明，大名莘人。曾祖言，黎陽令。祖徹，左拾遺。父祜〔二〕，尙書兵部侍郎，以文章顯於漢、周之際，事太祖、太宗爲名臣。嘗諭杜重威使無反漢，拒盧多遜害趙普之謀，以百口明符彥卿無罪，世多稱其陰德。祜手植三槐于庭，曰：「吾之後世，必有爲三公者，此其所以志也。」

旦幼沈默，好學有文，祐器之曰：「此兒當至公相。」太平興國五年，進士及第，爲大理評事、知平江縣。其廨舊傳有物怪憑戾，居多不寧，旦將至前夕，守吏聞羣鬼嘯呼云：「相君至矣，當避去。」自是遂絕。就改將作監丞。趙昌言爲轉運使，以威望自任，屬吏屏畏，入旦境，稱其善政，以女妻之。代還，命監潭州銀場。何承矩典郡，薦入爲著作佐郎，預編文苑英華詩類。遷殿中丞、通判鄭州。表請天下建常平倉，以塞兼并之路。徙濠州。淳化初，王禹偁薦其才，任轉運使。驛召至京，旦不樂吏職，獻文召試，命直史館。二年，拜右正言、知制誥。

初，祐以宿名久掌書命，旦不十年繼其任，時論美之。錢若水有人倫鑒，見旦曰：「眞宰相器也。」與之同列，每曰：「王君凌霄聳壑，棟梁之材，貴不可涯，非吾所及。」李沆以同年生，亦推重爲遠大之器。明年，與蘇易簡同知貢舉，加虞部員外郎、同判吏部流內銓、知考課院。趙昌言參機務，旦避嫌，引唐獨孤郁、權德輿故事辭職。太宗嘉其識體，改禮部郎中、集賢殿修撰。昌言出知鳳翔，即日以旦知制誥，仍兼修撰、判院事，面賜金紫，擇牯犀帶寵之，又令冠西閣。至道元年，知理檢院。二年，進兵部郎中。

眞宗即位，拜中書舍人，數月，爲翰林學士兼知審官院、通進銀臺封駮司。帝素賢旦，嘗奏事退，目送之曰：「爲朕致太平者，必斯人也。」錢若水罷樞務，得對苑中，訪近臣之可用者，若水言：「旦有德望，堪任大事。」帝曰：「此固朕心所屬也。」咸平三年，又知貢舉，鎖宿旬日，拜給事中、同知樞密院事。踰年，以工部侍郎參知政事。

契丹犯邊，從幸澶州。雍王元份留守東京，遇暴疾，命旦馳還，權留守事。旦曰：「願宣寇準，臣有所陳。」準至，旦奏曰：「十日之間未有捷報時，當如何？」帝默然良久，曰：「立皇太子。」旦既至京，直入禁中，下令甚嚴，使人不得傳播。及駕還，旦子弟及家人皆迎于郊，忽聞後有騶訶聲，驚視之，乃旦也。二年，加尚書左丞。三年，拜工部尚書、同中書門下平章事、集賢殿大學士、監修兩朝國史。

契丹既受盟，寇準以爲功，有自得之色，眞宗亦自得也。王欽若惎準，欲傾之，從容言曰：「此春秋城下之盟也，諸侯猶恥之，而陛下以爲功，臣竊不取。」帝愀然曰：「爲之奈何？」欽若度帝厭兵，卽謬曰：「陛下以兵取幽燕，乃可滌恥。」帝曰：「河朔生靈始免兵革，朕安能爲此？可思其次。」欽若曰：「唯有封禪泰山，可以鎭服四海，誇示外國。然自古封禪，當得天瑞希世絕倫之事，然後可爾。」既而又曰：「天瑞安可必得，前代蓋有以人力爲之者，惟人主深信而崇之，以明示天下，則與天瑞無異也。」帝思久之，乃可，而心憚旦，曰：「王旦得無不可乎？」欽若曰：「臣得以聖意喻之，宜無不可。」乘間爲旦言，旦黽勉而從。帝猶尤豫，莫與籌之者。會幸祕閣，驟問杜鎬曰：「古所謂河出圖、洛出書，果何事耶？」鎬老儒，不測其旨，漫應之曰：「此聖人以神道設教爾。」帝繇此意決，遂召旦飲，歡甚，賜以尊酒，曰：「此酒極佳，歸與妻孥共之。」既歸發之，皆珠也。由是凡天書、封禪等事，旦不復異議。

大中祥符初，爲天書儀仗使，從封泰山，爲大禮使，進中書侍郎兼刑部尚書。受詔撰封祀壇頌，加兵部尚書。四年，祀汾陰，又爲大禮使，遷右僕射、昭文館大學士。仍撰祠壇頌，將復進秩，懇辭得免，止加功臣。俄兼門下侍郎、玉淸昭應宮使。五年，爲玉淸奉聖像大禮使。景靈宮建，又爲朝修使。七年，刻天書，兼刻玉使，選御廐三馬賜之。玉淸昭應宮成，拜司空。京師賜酺，旦以慘恤不赴會，帝賜詩導意焉。國史成，遷司空〔三〕。旦爲天書使，每有大禮，輒奉天書以行，恆邑邑不樂。凡柄用十八年，爲相僅一紀。

會契丹修和，西夏誓守故地，二邊兵罷不用，眞宗以無事治天下。旦謂祖宗之法具在，務行故事，愼所變改。帝久益信之，言無不聽，凡大臣有所請，必曰：「王旦以爲如何？」旦與人寡言笑，默坐終日，及奏事，羣臣異同，旦徐一言以定。歸家或不去冠帶，入靜室獨坐，家人莫敢見之。旦弟以問趙安仁，安仁曰：「方議事，公不欲行而未決，此必憂朝廷矣。」

帝嘗示二府喜雨詩，旦袖歸曰：「上詩有一字誤寫，莫進入改却否？」王欽若曰：「此亦無害。」而密奏之。帝愠，謂旦曰：「昨日詩有誤字，何不來奏？」旦曰：「臣得詩未暇再閱，有失上陳。」惶懼再拜謝，諸臣皆拜，獨樞密馬知節不拜，具以實奏，且曰：「王旦略不辨，眞宰相器也。」帝顧旦而笑焉。天下大蝗，使人於野得死蝗，帝以示大臣。明日，執政遂袖死蝗進曰：「蝗實死矣，請示于朝，率百官賀。」旦獨不可。後數日方奏事，飛蝗蔽天，帝顧旦曰：「使百官方賀，而蝗如此，豈不爲天下笑耶？」

宮禁火災，旦馳入。帝曰：「兩朝所積，朕不妄費，一朝殆盡，誠可惜也。」旦對曰：「陛下富有天下，財帛不足憂，所慮者政令賞罰之不當。臣備位宰府，天災如此，臣當罷免。」繼上表待罪，帝乃降詔罪己，許中外封事言得失。後有言榮王宮火所延，非天災，請置獄劾，當坐死者百餘人。旦獨請曰：「始火時，陛下已罪己詔天下，臣等皆上章待罪。今反歸咎於人，何以示信？且火雖有迹，寧知非天譴耶？」當坐者皆免。

日者上書言宮禁事，坐誅。籍其家，得朝士所與往還占問吉凶之說。帝怒，欲付御史問狀。旦曰：「此人之常情，且語不及朝廷，不足罪。」眞宗怒不解，旦因自取嘗所占問之書進曰：「臣少賤時，不免爲此。必以爲罪，願并臣付獄。」眞宗曰：「此事已發，何可免？」旦曰：「臣爲宰相執國法，豈可自爲之，幸於不發而以罪人。」帝意解。旦至中書，悉焚所得書。既而復悔，馳取之，而已焚之矣。繇是皆免。仁宗爲皇太子，太子諭德見旦，稱太子學書有法。旦曰：「諭德之職，止於是耶？」張士遜又稱太子書，旦曰：「太子不在應舉，選學士不在學書。」

契丹奏請歲給外別假錢幣。旦曰：「東封甚近，車駕將出，彼以此探朝廷之意耳。」帝曰：「何以答之？」旦曰：「止當以微物而輕之。」乃以歲給三十萬物內各借三萬，仍諭次年額內除之。契丹得之，大慚。次年，復下有司：「契丹所借金幣六萬，事屬微末，今仍依常數與之，後不爲比。」西夏趙德明言民饑，求糧百萬斛。大臣皆曰：「德明新納誓而敢違，請以詔責之。」帝以問旦，旦請敕有司具粟百萬于京師，而詔德明來取之。德明得詔，慚且拜曰：「朝廷有人。」

寇準數短旦，旦專稱準。帝謂旦曰：「卿雖稱其美，彼專談卿惡。」旦曰：「理固當然。臣在相位久，政事闕失必多。準對陛下無所隱，益見其忠直，此臣所以重準也。」帝以是愈賢旦。中書有事送密院，違詔格，準在密院，以事上聞。旦被責，第拜謝，堂吏皆見罰。不踰月，密院有事送中書，亦違詔格，堂吏欣然呈旦，旦令送還密院。準大慚，見旦曰：「同年，甚得許大度量？」旦不答。寇準罷樞密使，託人私求爲使相，旦驚曰：「將相之任，豈可求耶！吾不受私請。」準深憾之。已而除準武勝軍節度使、同中書門下平章事。準入見，謝曰：「非陛下知臣，安能至此？」帝具道旦所以薦者。準媿歎，以爲不可及。準在藩鎮，生辰，造山棚大宴，又服用僭侈，爲人所奏。帝怒，謂旦曰：「寇準每事欲效朕，可乎？」旦徐對曰：「準誠賢能，無如騃何。」眞宗意遂解，曰：「然，此正是騃爾。」遂不問。

翰林學士陳彭年呈政府科場條目，旦投之地曰：「內翰得官幾日，乃欲隔截天下進士耶？」彭年皇恐而退。時向敏中同在中書，出彭年所留文字，旦瞑目取紙封之。敏中請一覽，旦曰：「不過興建符瑞圖進爾。」後彭年與王曾、張知白參預政事，同謂旦曰：「每奏事，其間有不經上覽者，公批旨奉行，恐人言之以爲不可。」旦遜謝而已。一日奏對，旦退，曾等稍留，帝驚曰：「有何事不與王旦來？」皆以前事對。帝曰：「旦在朕左右多年，朕察之無毫髮私。自東封後，朕諭以小事一面奉行，卿等謹奉之。」曾等退而愧謝，旦曰：「正賴諸公規益。」略不介意。

帝欲相王欽若，旦曰：「欽若遭逢陛下，恩禮已隆，且乞留之樞密，兩府亦均。臣見祖宗朝未嘗有南人當國者，雖古稱立賢無方，然須賢士乃可。臣爲宰相，不敢沮抑人，此亦公議也。」眞宗遂止。旦沒後，欽若始大用，語人曰：「爲王公遲我十年作宰相。」欽若與陳堯叟、馬知節同在樞府，因奏事忿爭。眞宗召旦至，欽若猶譁不已，知節流涕曰：「願與欽若同下御史府。」旦叱欽若使退。帝大怒，命付獄。旦從容曰：「欽若等恃陛下厚顧，上煩譴訶，當行朝典。願且還內，來日取旨。」明日，召旦前問之，旦曰：「欽若等當黜，未知坐以何罪？」帝曰：「坐忿爭無禮。」旦曰：「陛下奄有天下，使大臣坐忿爭無禮之罪，或聞外國，恐無以威遠。」帝曰：「卿意如何？」旦曰：「願至中書，召欽若等宣示陛下含容之意，且戒約之。俟少間，罷之未晚也。」帝曰：「非卿之言，朕固難忍。」後月餘，欽若等皆罷。

旦嘗與楊億評品人物，億曰：「丁謂久遠當何如？」旦曰：「才則才矣，語道則未。他日在上位，使有德者助之，庶得終吉；若獨當權，必爲身累爾。」後謂果如言。

旦爲兗州景靈宮朝修使，內臣周懷政偕行，或乘間請見，旦必俟從者盡至，冠帶出見于堂皇，白事而退。後懷政以事敗，方知旦遠慮。內臣劉承規以忠謹得幸，病且死，求爲節度使。帝語旦曰：「承規待此以瞑目。」旦執不可，曰：「他日將有求爲樞密使者，奈何？」遂止。自是內臣官不過留後。

旦爲相，賓客滿堂，無敢以私請。察可與言及素知名者，數月後，召與語，詢訪四方利病，或使疏其言而獻之。觀才之所長，密籍其名，其人復來，不見也。每有差除，先密疏四三人姓名以請，所用者帝以筆點之。同列不知，爭有所用，惟旦所用，奏入無不可。丁謂以是數毀旦，帝益厚之。故參政李穆子行簡，以將作監丞家居，有賢行，遷太子中允。使者不知其宅，眞宗命就中書問旦，人始知行簡爲旦所薦。旦凡所薦，皆人未嘗知。旦沒後，史官修眞宗實錄，得內出奏章，始知朝士多旦所薦云。

諫議大夫張師德兩詣旦門，不得見，意爲人所毀，以告向敏中，爲從容明之。及議知制誥，旦曰：「可惜張師德。」敏中問之，旦曰：「累於上前言師德名家子，有士行，不意兩及吾門。狀元及第，榮進素定，但當靜以待之爾。若復奔競，使無階而入者當如何也。」敏中啓以師德之意，旦曰：「旦處安得有人敢輕毀人，但師德後進，待我薄爾。」敏中固稱：「適有闕，望公弗遺。」旦曰：「第緩之，使師德知，聊以戒貪進、激薄俗也。」

石普知許州，不法，朝議欲就劾。旦曰：「普武人，不明典憲，恐恃薄效，妄有生事。必須重行，乞召歸置獄。」乃下御史按之，一日而獄具。議者以爲不屈國法而保全武臣，眞國體也。薛奎爲江、淮發運使，辭旦，旦無他語，但云：「東南民力竭矣。」奎退而曰：「眞宰相之言也。」張士遜爲江西轉運使，辭旦求敎，旦曰：「朝廷榷利至矣。」士遜迭更是職，思旦之言，未嘗求利，識者曰：「此運使識大體。」張詠知成都，召還，以任中正代之，言者以爲不可。帝問旦，對曰：「非中正不能守詠之規。他人往，妄有變更矣。」李迪、賈邊有時名，擧進士，迪以賦落韻，邊以當仁不讓於師論以「師」爲「衆」，與注疏異，皆不預。主文奏乞收試，旦曰：「迪雖犯不考，然出於不意，其過可略。邊特立異說，將令後生務爲穿鑿，漸不可長。」遂收迪而黜邊。

旦任事久，人有謗之者，輒引咎不辨；至人有過失，雖人主盛怒，可辨者辨之，必得而後已。素羸多疾，自東魯復命，連歲求解，優詔褒答，繼以面諭，委任無貳。天禧初，進位太保，爲兗州太極觀奉上寶册使，復加太尉兼侍中，五日一赴起居，入中書，遇軍國重事，不限時日入預參決。旦愈畏避，上疏懇辭，又託同列奏白。帝重違其意，止加封邑。一日，獨對滋福殿，帝曰：「朕方以大事託卿，而卿疾如此。」因命皇太子出拜，旦皇恐走避，太子隨而拜之。旦言：「太子盛德，必任陛下事。」因薦可爲大臣者十餘人，其後不至宰相惟李及、凌策二人，亦爲名臣。旦復求避位，帝覩其形瘁，憫然許之。以太尉領玉清昭應宮使，給宰相半奉。

初，旦以宰相兼使，今罷相，使猶領之，其專置使自旦始焉。尋又命肩輿入禁，使子雍與直省吏挾扶，見于延和殿。帝曰：「卿今疾亟，萬一有不諱，使朕以天下事付之誰乎？」旦曰：「知臣莫若君，惟明主擇之。」再三問，不對。時張詠、馬亮皆爲尚書，帝歷問二人，亦不對。因曰：「試以卿意言之。」旦強起舉笏曰：「以臣之愚，莫如寇準。」帝曰：「準性剛褊，卿更思其次。」旦曰：「他人，臣所不知也。臣病困，不能久侍。」遂辭退。後旦沒歲餘，竟用準爲相。

旦疾甚，遣內侍問者日或三四，帝手自和藥，幷薯蕷粥賜之。旦與楊億素厚，延至臥內，請撰遺表。旦言：「忝爲宰輔，不可以將盡之言，爲宗親求官；止敍生平遭遇，願日親庶政，進用賢士，少減焦勞之意。」仍戒子弟：「我家盛名清德，當務儉素，保守門風，不得事於泰侈，勿爲厚葬以金寶置柩中。」表上，眞宗歎之，遂幸其第，賜白金五千兩。旦作奏辭之，藁末自益四句云：「益懼多藏，況無所用，見欲散施，以息咎殃。」卽舁至內闥，詔不許。還至門，旦已薨，年六十一。帝臨其喪慟，廢朝三日，贈太師、尚書令、魏國公，謚文正，又別次發哀。後數日，張旻赴鎭河陽，例宜飲餞，以旦故，不舉樂。錄其子、弟、姪、外孫、門客、常從，授官者十數人。諸子服除，又各進一官。已而聞旦奏藁自益四句，取視，泣下久之。旦有文集二十卷。乾興初，詔配享眞宗廟廷。及建碑，仁宗篆其首曰：「全德元老之碑。」

旦事寡嫂有禮，與弟旭友愛甚篤。婚姻不求門閥。被服質素，家人欲以繒錦飾氈席，不許。有貨玉帶者，弟以爲佳，呈旦，旦命繫之，曰：「還見佳否？」弟曰：「繫之安得自見？」旦曰：「自負重而使觀者稱好，無乃勞乎！」亟還之。故所服止於賜帶。家人未嘗見其怒，飲食不精潔，但不食而已。嘗試以少埃墨投羹中，旦惟啖飯，問何不啜羹，則曰：「我偶不喜肉。」後又墨其飯，則曰：「吾今日不喜飯，可別具粥。」旦不置田宅，曰：「子孫當各念自立，何必田宅，徒使爭財爲不義爾。」眞宗以其所居陋，欲治之，旦辭以先人舊廬，乃止。宅門壞，主者徹新之，暫于廡下啓側門出入。旦至側門，據鞍俯過，門成復由之，皆不問焉。三子雍，國子博士；沖，左贊善大夫；素，別有傳。

向敏中字常之，開封人。父瑀，仕漢符離令。性嚴毅，惟敏中一子，躬自教督，不假顏色。嘗謂其母曰：「大吾門者，此兒也。」敏中隨瑀赴調京師，有書生過門，見敏中，謂鄰母曰：「此兒風骨秀異，貴且壽。」鄰母入告其家，比出，已不見矣。及冠，繼丁內外憂，能刻厲自立，有大志，不屑貧窶。

太平興國五年進士，解褐將作監丞、通判吉州，就改右贊善大夫。轉運使張齊賢薦其材，代還，爲著作郎。召見便殿，占對明暢，太宗善之，命爲戶部推官，出爲淮南轉運副使。時領外計者，皆以權寵自尊，所至畏憚，敏中不尙威察，待僚屬有禮，勤於勸勗，職務修舉。或薦其有武幹者，召入，將授諸司副使。敏中懇辭，仍獻所著文，加直史館，遣還任。以耕籍恩，超左司諫，入爲戶部判官、知制誥。未幾，權判大理寺。

時沒入祖吉贓錢，分賜法吏，敏中引鍾離意委珠事，獨不受。妖尼道安搆獄，事連開封判官張去華，敏中妻父也，以故得請不預決讞。既而法官皆貶，猶以親累落職，出知廣州。入辭，面敍其事，太宗爲之感動，許以不三歲召還。翌日，遷職方員外郎，遣之。是州兼掌市舶，前守多涉譏議。敏中至荆南，預市藥物以往，在任無所須，以清廉聞。就擢廣南東路轉運使，召爲工部郎中。太宗飛白書敏中洎張詠二名付中書，曰：「此二人，名臣也，朕將用之。」左右因稱其材，並命爲樞密直學士。

時通進、銀臺司主出納書奏，領於樞密院，頗多壅遏，或至漏失。敏中具奏其事，恐遠方有失事機，請別置局，命官專蒞，校其簿籍，詔命敏中與詠領其局。太宗欲大任敏中，當塗者忌之。會有言敏中在法寺時，皇甫侃監無爲軍榷務，以賄敗，發書歷詣朝貴求爲末減，敏中亦受之。事下御史，按實，嘗有書及門，敏中覩其名，不啓封遣去。俄捕得侃私僮詰之，云其書尋納箬中，瘞臨江傳舍。馳驛掘得，封題如故。太宗大驚異，召見，慰諭賞激，遂決於登用。未幾，拜右諫議大夫、同知樞密院事。自郎中至是百餘日，超擢如此。時西北用兵，樞機之任，專主謀議，敏中明辨有才略，遇事敏速，凡二邊道路、斥堠、走集之所，莫不周知。至道初，遷給事中。

眞宗卽位，敏中適在疾告，力起，見于東序，卽遣視事。進戶部侍郎。會曹彬爲樞密使，改爲副使。咸平初，拜兵部侍郎、參知政事。從幸大名，屬宋湜病，代兼知樞密院事。時大兵之後，議遣重臣慰撫邊郡，命爲河北、河東安撫大使，以陳堯叟、馮拯爲副，發禁兵萬人翼從。所至訪民疾苦，宴犒官吏，莫不感悅。四年，以本官同平章事，充集賢殿大學士。

故相薛居正孫安上不肖，其居第有詔無得貿易，敏中違詔質之。會居正子惟吉婺婦柴將攜貲產適張齊賢，安上訴其事，柴遂言敏中嘗求娶已，不許，以是陰庇安上。眞宗以問敏中，敏中言近喪妻不復議婚，未嘗求婚於柴，眞宗因不復問。柴又伐鼓，訟益急，遂下御史臺，并得敏中質宅之狀。時王嗣宗爲鹽鐵使，素忌敏中，因對言，敏中議娶王承衍女弟，密約已定而未納采。眞宗詢于王氏得其實，以敏中前言爲妄，罷爲戶部侍郎，出知永興軍。

景德初，復兵部侍郎。夏州李繼遷兵敗，爲潘羅支射傷，自度孤危且死，屬其子德明必歸宋，曰：「一表不聽則再請，雖累百表，不得請勿止也。」繼遷卒，德明納款，就命敏中爲鄜延路緣邊安撫使，俄還京兆。

是冬，眞宗幸澶淵，賜敏中密詔，盡付西鄙，許便宜從事。敏中得詔藏之，視政如常日。會大儺，有告禁卒欲倚儺爲亂者，敏中密使麾兵被甲伏廡下幕中。明日，盡召賓僚兵官，置酒縱閱，無一人預知者。命儺入，先馳騁于中門外，後召至階，敏中振袂一揮，伏出，盡擒之，果各懷短刃，卽席斬焉。旣屛其尸，以灰沙掃庭，張樂宴飮，坐客皆股慄，邊藩遂安。時舊相出鎭，不以軍事爲意。寇準雖有重名，所至終日游宴，則以所愛伶人或付富室，輒厚有得。張齊賢倜儻任情，獲劫盜或至縱遣。帝聞之，稱敏中曰：「大臣出臨四方，惟敏中盡心於民事爾。」於是有復用之意。二年，又以德明誓約未定，徙敏中爲鄜延路都部署兼知延州，委以經略，改知河南府兼西京留守。

大中祥符初，議封泰山，以敏中舊德有人望，召入，權東京留守。禮成，拜尚書右丞。時吏部選人多稽滯者，命敏中與温仲舒領其事。俄兼祕書監，又領工部尚書，充資政殿大學士，賜御詩褒寵。祀汾陰，復爲留守。敏中以厚重鎭靜，人情帖然，帝作詩遣使馳賜之。拜刑部尚書。五年，復拜同平章事，充集賢殿大學士，加中書侍郎。尋充景靈宮使，宮成，進兵部尚書，爲兗州景靈宮慶成使。

天禧初，加吏部尚書，又爲應天院奉安太祖聖容禮儀使。進右僕射兼門下侍郎，監修國史。是日，翰林學士李宗諤當對，帝曰：「朕自卽位，未嘗除僕射，今命敏中，此殊命也，敏中應甚喜。」又曰：「敏中今日賀客必多，卿往觀之，勿言朕意也。」宗諤既至，敏中謝客，門闌寂然。宗諤與其親徑入，徐賀曰：「今日聞降麻，士大夫莫不歡慰相慶。」敏中但唯唯。又曰：「自上卽位，未嘗除端揆，非勳德隆重，眷倚殊越，何以至此。」敏中復唯唯。又歷陳前世爲僕射者勳德禮命之重，敏中亦唯唯，卒無一言。既退，使人問庖中，今日有親賓飲宴否，亦無一人。明日，具以所見對。帝曰：「向敏中大耐官職。」徙玉清昭應宮使。以年老累請致政，優詔不許。三年重陽，宴苑中，暮歸中風眩，郊祀不任陪從。進左僕射、昭文館大學士，奉表懇讓，又表求解，皆不許。明年三月卒，年七十二。帝親臨，哭之慟，廢朝三日，贈太尉、中書令，謚文簡。五子、諸壻並遷官，親校又官數人〔三〕。

敏中姿表瓌碩，有儀矩，性端厚豈弟，多智，曉民政，善處繁劇，愼於采拔。居大任三十年，時以重德目之，爲人主所優禮，故雖衰疾，終不得謝。及追命制入，帝特批曰：「敏中淳謹温良，宜益此意。」其恩顧如此。有文集十五卷。

子傳正，國子博士；傳式，龍圖閣直學士；傳亮，駕部員外郎；傳師，殿中丞；傳範，娶南陽郡王惟吉女安福縣主，爲密州觀察使，謚惠節。

傳亮子經，定國軍留後，謚康懿。經女即欽聖憲肅皇后也，以后族贈敏中燕王、傳亮周王、經吳王。敏中餘孫繹、絳，並官太子中書。

論曰：宋至眞宗之世，號爲盛治，而得人亦多。李沆爲相，正大光明，其焚封妃之詔以格人主之私，請遷靈州之民以奪西夏之謀，無愧宰相之任矣。沆嘗謂王旦，邊患既息，人主侈心必生，而聲色、土木、神仙祠禱之事將作，後王欽若、丁謂之徒果售其佞。又告眞宗不可用新進喜事之人，中外所陳利害皆報罷之，後神宗信用安石變更之言，馴至棼擾。世稱沆爲「聖相」，其言雖過，誠有先知者乎！王旦當國最久，事至不膠，有謗不校，薦賢而不市恩，救罪輒宥而不費辭。澶淵之役，請于眞宗曰：「十日不捷，何以處之？」眞宗答之曰：「立太子。」契丹踰歲給而借幣，西夏告民饑而假糧，皆一語定之，偉哉宰相才也。惟受王欽若之說，以遂天書之妄，斯則不及李沆爾。向敏中恥受贓物之賜以遠其汙，預避市舶之嫌以全其廉，堅拒皇甫侃之書以免其累，拜罷之際，喜愠不形，亦可謂有宰相之風焉。

校勘記

〔一〕父祜　「祜」原作「祐」，據章定名賢氏族言行類稿卷二四王祜傳、王旦傳改。參考本書卷二六九王祜傳校勘記。下文「祜」字各條同。

〔二〕遷司空　按上文已說「玉清昭應宮成，拜司空。」此處不應又說「遷司空」。本書卷二一〇宰輔表大中祥符九年正月，王旦「以兩朝國史成，加司徒」。長編卷八六也說「加旦守司徒」，「司空」當爲「司徒」之訛。

〔三〕親校又官數人　長編卷九五作「親族受官者又數人」。「校」字疑誤。

宋史卷二百八十三

列傳第四十二

王欽若 林特附　丁謂　夏竦 子安期

王欽若字定國，臨江軍新喻人。父仲華，侍祖郁官鄂州，會江水暴至，徙家黃鶴樓，漢陽人望見樓上若有光景，是夕，欽若生。欽若早孤，郁愛之。太宗伐太原時，欽若纔十八，作平晉賦論獻行在。郁爲濠州判官，將死，告家人曰：「吾歷官逾五十年，愼於用刑，活人多矣，後必有興者，其在吾孫乎！」

欽若擢進士甲科，爲亳州防禦推官，遷秘書省秘書郎，監廬州稅。改太常丞、判三司理欠憑由司。時毋賓古爲度支判官，嘗言曰：「天下逋負，自五代迄今，理督未已，民病幾不能勝矣。僕將啓蠲之。」欽若一夕命吏勾校成數，翌日上之。眞宗大驚曰：「先帝顧不知邪？」欽若徐曰：「先帝固知之，殆留與陛下收人心爾。」卽日放逋負一千餘萬，釋繫囚三千餘人。

帝益器重欽若，召試學士院，拜右正言、知制誥，召爲翰林學士。蜀寇王均始平，爲西川安撫使。所至問繫囚，自死罪以下第降之，凡列便宜，多所施行。還，授左諫議大夫、參知政事，以郊祀恩，加給事中。

河陰民常德方訟臨津縣尉任懿賂欽若得中第，事下御史臺劾治。初，欽若咸平中嘗知貢舉，懿舉諸科，寓僧仁雅舍。仁雅識僧惠秦者與欽若厚，懿與惠秦約，以銀三百五十兩賂欽若，書其數於紙，令惠秦持去。會欽若已入院，屬欽若客納所書于欽若妻李氏，惠秦減所書銀百兩，欲自取之。李氏令奴祁睿書懿名於臂，并以所約銀告欽若。懿再入試第五場，睿復持湯飲至貢院，欽若密令奴索取銀，懿未即與而登科去。仁雅馳書河陰，始歸之。德方得其書，以告御史中丞趙昌言，昌言以聞。既捕祁睿等，亦請逮欽若屬吏。

祁睿本亳小吏，雖從欽若久，而名猶隸亳州。欽若乃言：「嚮未有祁睿，惠秦亦不及門。」帝方顧欽若厚，命邢昺、閻承翰等於太常寺別鞫之。懿更云妻兄張駕識知舉官洪湛，嘗俱造湛門；始但以銀屬二僧，不知達主司爲誰。昺等遂誣湛受懿銀，湛適使陝西還，而獄已具。時駕且死，睿又悉遁去，欽若因得固執祁睿休役後始傭於家，它奴使多新募，不識惠秦，故皆無證驗。湛坐削籍，流儋州，而欽若遂免。方湛代王旦入知貢舉，懿已試第三場，人及官收湛贓，家無有也，乃以湛假梁顥白金器輸官，湛遂死貶所。人知其冤，而欽若恃勢，人莫敢言者。景德初，契丹入寇，帝將幸澶淵。欽若自請北行，以工部侍郎、參知政事判天雄軍，提舉河北轉運司，眞宗親宴以遣之。素與寇準不協，及還，累表願解政事，罷爲刑部侍郎、資政殿學士。尋判尚書都省，修册府元龜，或褒贊所及，欽若自名表首以謝，即繆誤有所譴問，戒書吏但云楊億以下，其所爲多此類也。歲中，改兵部，升大學士、知通進銀臺司兼門下封駁事。初，欽若罷，爲置資政殿學士以寵之，準定其班在翰林學士下。欽若訴於帝，復加「大」字，班承旨上。以尚書左丞知樞密院事，修國史。

大中祥符初，爲封禪經度制置使兼判兗州，爲天書儀衞副使。先是，眞宗嘗夢神人言「賜天書於泰山」，即密諭欽若。欽若因言，六月甲午，木工董祚於醴泉亭北見黃素曳草上，有字不能識，皇城吏王居正見其上有御名，以告。欽若既得之，具威儀奉導至社首，跪授中使，馳奉以進。眞宗至含芳園奉迎，出所上天書再降祥瑞圖示百僚。欽若又言至嶽下兩夢神人，願增建廟庭；及至威雄將軍廟，其神像如夢中所見，因請構亭廟中。封禪禮成，遷禮部尚書，命作社首頌，遷戶部尚書。從祀汾陰，復爲天書儀衞副使，遷吏部尚書。明年，爲樞密使、檢校太傅、同中書門下平章事。初，學士晁迥草制，誤削去官，有詔仍帶吏部尚書。聖祖降，加檢校太尉。欽若居第在太廟後壖，自言出入訶導不自安，因易賜官第於定安坊。七年，爲同天書刻玉使。

馬知節同在樞密，素惡欽若，議論不相下。會瀘州都巡檢王懷信等上平蠻功，欽若久不決，知節因面詆其短，爭於帝前。及趣論賞，欽若遂擅除懷信等官，坐是，罷樞密使，奉朝請。改刻玉副使、知通進銀臺司。復拜樞密使、同平章事。上玉皇尊號，遷尚書右僕射、判禮儀院，爲會靈觀使。有龜蛇見拱聖營，因其地建祥源觀，命欽若總領之。尋拜左僕射兼中書侍郎、同平章事。明年，爲景靈使，閱道藏，得趙氏神仙事迹四十人，繪于廊廡。又明年，商州捕得道士譙文易，畜禁書，能以術使六丁六甲神，自言嘗出入欽若家，得欽若所遺詩。帝以問欽若，謝不省，遂以太子太保出判杭州。

仁宗爲皇太子，自以東宮師保請歸朝，復爲資政大學士。詔日赴資善堂侍講皇太子。會輔臣兼領三少，欽若以品高求換秩，拜司空，尋除山南道節度使、同平章事、判河南府。與宰相丁謂不相悅，以疾請就醫京師，不報。令其子從益移文河南府，輿疾而歸。謂言欽若擅去官守，命御史中丞薛映就第按問。欽若惶恐伏罪，降司農卿，分司南京，奪從益一官。

仁宗卽位，改秘書監，起爲太常卿、知濠州，以刑部尚書知江寧府。仁宗嘗爲飛白書，適欽若有奏至，因大書「王欽若」字。是時，馮拯病，太后有再相欽若意，卽取字緘置湯藥合，遣中人齎以賜，且口宣召之。至國門而人未有知者。既朝，復拜司空、門下侍郎、同平章事、玉淸昭應宮使、昭文館大學士，監修國史。

帝初臨政，欽若謂平時百官敍進，皆有常法，爲遷敍圖以獻。眞宗實錄成，進司徒，以郊祀恩，封冀國公〔二〕。知邵武軍吳植病，求外徙，因殿中丞余諤以黃金遺欽若，未至，而植復遣牙吏至欽若第問之。欽若執以送官，植、諤皆坐貶。初，欽若安撫西川，植爲新繁縣尉，嘗薦舉之。至是，亦當以失舉坐罪，詔勿問。兼譯經使，始赴傳法院，感疾亟歸。帝臨問，賜白金五千兩。既卒，贈太師、中書令，謚文穆，錄親屬及所親信二十餘人。國朝以來宰相卹恩，未有欽若比者。

欽若嘗言：「少時過圃田，夜起視天中，赤文成『紫微』字。後使蜀，至褒城道中，遇異人，告以他日位至宰相。既去，視其刺字，則唐相裴度也。」及貴，遂好神仙之事，常用道家科儀建壇場以禮神，朱書『紫微』二字陳於壇上。表修裴度祠於圃田，官其裔孫，自撰文以紀其事。眞宗封泰山，祀汾陰，而天下爭言符瑞，皆欽若與丁謂倡之。嘗建議躬謁元德皇太后別廟，爲莊穆皇后行期服。議者以謂「天子當絕傍朞，欽若所言不合禮」。又請置先蠶幷壽星祠，升天皇北極帝坐於郊壇第一龕，增執法、孫星位，別制王公以下車輅、鼓吹，以備拜官、婚葬。所著書有鹵簿記、彤管懿範、天書儀制、聖祖事跡、翊聖眞君傳、五嶽廣聞記、列宿萬靈朝眞圖、羅天大醮儀。欽若自以深達道教，多所建明，領校道書，凡增六百餘卷。

欽若狀貌短小，項有附疣，時人目爲「癭相」。然智數過人，每朝廷有所興造，委曲遷就，以中帝意。又性傾巧，敢爲矯誕。馬知節嘗斥其姦狀，帝亦不之罪。其後仁宗嘗謂輔臣曰：「欽若久在政府，觀其所爲，眞姦邪也。」王曾對曰：「欽若與丁謂、林特、陳彭年、劉承珪，時謂之『五鬼』。姦邪險僞，誠如聖諭。」

欽若子從益，終贊善大夫，追賜進士及第。後無子，以叔之子爲後。

林特字士奇。祖揆，仕閩爲南劍州順昌令，因家順昌。特少穎悟，十歲，謁江南李景，獻所爲文，景奇之，命作賦，有頃而成，授蘭臺校書郎。江南平，僞官皆入見，特袖文以進。太宗以爲長葛尉，改遂州錄事參軍。代還，命中書引對，授大理寺丞、通判隴州，有治狀。會出兵田重進鎭永興，太宗以重進武人，選特與楊覃並爲通判，人賜白金二百兩，給實奉。會出兵五路討李繼遷，督所部轉芻粟，先期以辦。呂蒙正辟通判西京留守事。蒙正入相，薦之，入判三司戶部勾院。

梁鼎制置陝西青白鹽，前後上議異同，眞宗選特與知永興軍張詠同商利害，所奏合旨。累遷尙書祠部員外郎，爲戶部副使，詔赴內朝。三司副使預內朝，自特始。徙鹽鐵副使。眞宗北征，命同知留司三司公事，遷司封員外郎。車駕謁陵，爲行在三司副使，詔與劉承珪、李溥比較江淮茶法。因裁定新制，歲增課百餘萬，特遷祠部郎中。封泰山，祀汾陰，皆爲行在三司副使。以右諫議大夫權三司使、修玉淸昭應宮副使。將祀太淸宮，遣特儲供具，爲行在三司使。禮成，進給事中，爲修景靈宮副使兼修兗州景靈宮、太極觀。昭應宮成，遷尚書工部侍郎，眞拜三司使。樞密使寇準言特姦邪，又數與爭事，帝爲出準，特在職如故。後罷三司，以戶部侍郎同玉淸昭應宮副使。兗州宮觀成，遷吏部侍郎。天禧元年，爲修上聖祖寶册副使，轉尚書右丞。

時天下完富，丁謂以符瑞、土木迎帝意，而以特有心計，使幹財利佐之。然特亦天性邪險，善附會，故謂始終善特，當時與陳彭年等號「五鬼」，語在王欽若傳。

仁宗在東宮，以工部尚書兼太子賓客，改詹事。丁謂欲引爲樞密副使，而李迪執不可。仁宗卽位，進刑部尚書、翰林侍讀學士。謂貶，特亦落職知許州。還朝，以戶部尚書知通進銀臺司、判尚書都省，勾當三班院。特體素羸，然未嘗一日謁告，及得疾，纔五日而卒。贈尚書左僕射。太后遣中使祀奠。

特精敏，喜吏職，据案終日不倦。眞宗數訪以朝廷大事，特因有所中傷，人以此憚焉。奉詔撰會計錄三十卷。又爲東封西祀朝謁太淸宮慶賜總例三十六卷。

子濰、洙。濰亦有吏能，歷官至三司鹽鐵副使，以秘書監致仕，卒。洙，官至司農卿、知壽州，臨事苛急，鼓角將夜入州廨，拔堂檻鐵鉤擊殺之。

丁謂字謂之，後更字公言，蘇州長洲人。少與孫何友善，同袖文謁王禹偁，禹偁大驚重之，以爲自唐韓愈、柳宗元後，二百年始有此作。世謂之「孫、丁」。淳化三年，登進士甲科，爲大理評事、通判饒州。踰年，直史館，以太子中允爲福建路採訪。還，上茶鹽利害，遂爲轉運使，除三司戶部判官。峽路蠻擾邊，命往體量。還奏稱旨，領峽路轉運使，累遷尚書工部員外郎，會分川峽爲四路，改夔州路。

初，王均叛，朝廷調施、黔、高、溪州蠻子弟以捍賊，既而反爲寇。謂至，召其種酋開諭之，且言有詔赦不殺。酋感泣，願世奉貢。乃作誓刻石柱，立境上。蠻地饒粟而常乏鹽，謂聽以粟易鹽，蠻人大悅。先時，屯兵施州而饋以夔、萬州粟。至是，民無轉餉之勞，施之諸砦，積聚皆可給。特遷刑部員外郎，賜白金三百兩。時溪蠻別種有入寇者，謂遣高、溪酋帥其徒討擊，出兵援之，擒生蠻六百六十，得所掠漢口四百餘人。復上言：黔南蠻族多善馬，請致館，犒給緡帛，歲收市之。其後徙置夔州城砦，皆謂所經畫也。居五年，不得代，乃詔舉自代者，於是入權三司鹽鐵副使。未幾，擢知制誥，判吏部流內銓。

景德四年，契丹犯河北，眞宗幸澶淵，以謂知鄆州兼齊、濮等州安撫使，提舉轉運兵馬巡檢事。契丹深入，民驚擾，爭趣楊劉渡，而舟人邀利，不時濟。謂取死罪給爲舟人，斬河上，舟人懼，民得悉渡。遂立部分，使並河執旗幟，擊刁斗，呼聲聞百餘里，契丹遂引去。明年，召爲右諫議大夫、權三司使。上會計錄，以景德四年民賦戶口之籍，較咸平六年之數，具上史館，請自今以咸平籍爲額，歲較其數以聞，詔獎之。尋加樞密直學士。

大中祥符初，議封禪，未決，帝問以經費，謂對「大計有餘」，議乃決。因詔謂爲計度泰山路糧草使。初，議即宮城乾地營玉淸昭應宮，左右有諫者。帝召問，謂對曰：「陛下有天下之富，建一宮奉上帝，且所以祈皇嗣也。羣臣有沮陛下者，願以此論之。」王旦密疏諫，帝如謂所對告之，旦不復敢言。迺以謂爲修玉淸昭應宮使，復爲天書扶侍使，遷給事中，眞拜三司使。祀汾陰，爲行在三司使。建會靈觀，謂復總領之。遷尙書禮部侍郞，進戶部，參知政事。建安軍鑄玉皇像，爲迎奉使。朝謁太淸宮，爲奉祀經度制置使、判亳州。帝賜宴賦詩以寵其行，命權管勾駕前兵馬事。謂獻白鹿并靈芝九萬五千本。還，判禮儀院，又爲修景靈宮使，摹寫天書刻玉篋，玉淸昭應宮副使。大內火，爲修葺使。歷工、刑、兵三部尙書，再爲天書儀衞副使，拜平江軍節度使、知昇州。

天禧初，徙保信軍節度使。三年，以吏部尙書復參知政事。是歲，祀南郊，輔臣俱進官。故事，嘗爲宰相而除樞密使，始得遷僕射，乃以謂檢校太尉兼本官爲樞密使。時寇準爲相，尤惡謂，謂媒蘖其過，遂罷準相。既而拜謂同中書門下平章事、昭文館大學士、監修國史、玉淸昭應宮使。周懷政事敗，議再貶準，帝意欲謫準江、淮間，謂退，除道州司馬。同列不敢言，獨王曾以帝語質之，謂顧曰：「居停主人勿復言。」蓋指曾以第舍假準也。

其後詔皇太子聽政，皇后裁制於內，以二府兼東宮官，遂加謂門下侍郎兼太子少傅，而李迪先兼少傳，乃加中書侍郎兼尙書左丞。故事，左右丞非兩省侍郎所兼，而謂意特以抑迪也。謂所善林特，自賓客改詹事，謂欲引爲樞密副使兼賓客，迪執不可，因大詬之。既入對，斥謂姦邪不法事，願與俱付御史雜治，語在迪傳。帝因格前制不下，乃罷謂爲戶部尙書，迪爲戶部侍郎；尋以謂知河南府，迪知鄆州。明日，入謝，帝詰所爭狀，謂對曰：「非臣敢爭，乃迪忿詈臣爾，願復留。」遂賜坐。左右欲設墩，謂顧曰：「有旨復平章事。」乃更以杌進，卽入中書視事如故。仍進尙書左僕射、門下侍郎、平章事兼太子少師。天章閣成，拜司空。乾興元年，封晉國公。

仁宗卽位，進司徒兼侍中〔三〕，爲山陵使。寇準、李迪再貶，謂取制草改曰：「當醜徒干紀之際，屬先王違豫之初，罹此震驚，遂至沈劇。」凡與準善者，盡逐之。是時二府定議，太后與帝五日一御便殿聽政。既得旨，而謂潛結內侍雷允恭，令密請太后降手書，軍國事進入印畫。學士草制辭，允恭先持示謂，閱訖乃進。蓋謂欲獨任允恭傳達中旨，而不欲同列與聞機政也。允恭倚謂勢，益橫無所憚。

允恭方爲山陵都監，與判司天監邢中和擅易皇堂地。夏守恩領工徒數萬穿地，土石相半，衆議日喧，懼不能成功，中作而罷，奏請待命。謂庇允恭，依違不決。內侍毛昌達自陵下還，以其事奏，詔問謂，謂始請遣使按視。既而咸謂復用舊地，乃詔馮拯、曹利用等就謂第議，遣王曾覆視，遂誅允恭。

後數日，太后與帝坐承明殿，召拯、利用等諭曰：「丁謂爲宰輔，乃與宦官交通。」因出謂嘗託允恭令後苑匠所造金酒器示之，又出允恭嘗干謂求管勾皇城司及三司衙司狀，因曰：「謂前附允恭奏事，皆言已與卿等議定，故皆可其奏；且營奉先帝陵寢，而擅有遷易，幾誤大事。」拯等奏曰：「自先帝登遐，政事皆謂與允恭同議，稱得旨禁中。臣等莫辨虛實，賴聖神察其姦，此宗社之福也。」乃降謂太子少保，分司西京。故事，黜宰相皆降制，時欲亟行，止令拯等卽殿廬召舍人草詞，仍榜朝堂，布諭天下。追其子珙、玘、玭、珷一官，落珙館職。

先是，女道士劉德妙者，嘗以巫師出入謂家。謂敗，逮繫德妙，內侍鞫之。德妙通款，謂嘗教言：「若所爲不過巫事，不若託言老君言禍福，足以動人。」於是卽謂家設神像，夜醮于園中，允恭數至請禱。及帝崩，引入禁中。又因穿地得龜蛇，令德妙持入內，紿言出其家山洞中。仍復敎云：「上卽問若，所事何知爲老君，第云『相公非凡人，當知之』。」謂又作頌，題曰「混元皇帝賜德妙」，語涉妖誕。遂貶崖州司戶參軍。諸子並勒停。玘又坐與德妙姦，除名，配隸復州。籍其家，得四方賂遺，不可勝紀。其弟誦、說、諫悉降黜。坐謂罷者自參知政事任中正而下十數人。在崖州踰三年，徙雷州，又五年，徙道州。明道中，授秘書監致仕，居光州，卒。詔賜錢十萬，絹百匹。

謂機敏有智謀，憸狡過人，文字累數千百言，一覽輒誦。在三司，案牘繁委，吏久難解者，一言判之，衆皆釋然。善談笑，尤喜爲詩，至於圖畫、博奕、音律，無不洞曉。每休沐會賓客，盡陳之，聽人人自便，而謂從容應接於其間，莫能出其意者。眞宗朝營造宮觀，奏祥異之事，多謂與王欽若發之。初，議營昭應宮，料功須二十五年，謂令以夜繼晝，每繪一壁給二燭，七年乃成。眞宗崩，議草遺制，軍國事兼取皇太后處分，謂乃增以「權」字；及太后稱制，又議月進錢充宮掖之用，由是太后深惡之，因雷允恭遂併錄謂前後欺罔事竄之。

在貶所，專事浮屠因果之說，其所著詩并文亦數萬言。家寓洛陽，嘗爲書自克責，敍國厚恩，戒家人毋輒怨望，遣人致于洛守劉燁，祈付其家。戒使者伺燁會衆僚時達之，燁得書不敢私，卽以聞。帝見感惻，遂徙雷州，亦出於揣摩也。謂初通判饒州，遇異人曰：「君貌類李贊皇。」既而曰：「贊皇不及也。」

夏竦字子喬，江州德安人。父承皓，太平興國初，上平晉策，補右侍禁〔三〕，隸大名府。契丹內寇，承皓繇間道發兵，夜與契丹遇，力戰死之，贈崇儀使，錄竦爲潤州丹陽縣主簿。

竦資性明敏，好學，自經史、百家、陰陽、律曆，外至佛老之書，無不通曉。爲文章，典雅藻麗。舉賢良方正，擢光祿寺丞，通判台州。召直集賢院，爲國史編修官、判三司都磨勘司，累遷右正言。帝幸亳州，爲東京留守推官。仁宗初封慶國公，王旦數言竦材，命教書資善堂。未幾，同修起居注，爲玉清昭應宮判官兼領景靈宮、會眞觀事，遷尚書禮部員外郎、知制誥。史成，遷戶部。景靈宮成，遷禮部郎中。

竦娶楊氏，楊亦工筆札，有鉤距。及竦顯，多內寵，寖與楊不諧，楊悍妬，卽與弟娟疏竦陰事，竊出訟之；又竦母與楊母相詬詈，偕訴開封府，府以事聞，下御史臺置劾，左遷職方員外郎、知黃州。後二年，徙鄧州，又徙襄州。屬歲饑，大發公廩，不足，竦又勸率州大姓，使出粟，得二萬斛，用全活者四十餘萬人。仁宗卽位，遷戶部郎中，徙壽、安、洪三州。洪俗尙鬼，多巫覡惑民，竦索部中得千餘家，敕還農業，毀其淫祠以聞。詔江、浙以南悉禁絕之。

竦材術過人，急於進取，喜交結，任數術，傾側反覆，世以爲姦邪。當太后臨朝，嘗上疏乞與修眞宗實錄，不報。既而丁母憂，潛至京師，依中人張懷德爲內助，宰相王欽若雅善竦，因左右之，遂起復知制誥，爲景靈判官、判集賢院，以左司郎中爲翰林學士、勾當三班院兼侍讀學士、龍圖閣學士，又兼譯經潤文官。遷諫議大夫，爲樞密副使、修國史，遷給事中。初，武臣賞罰無法，吏得高下爲姦，竦爲集前比，著爲定例，事皆按比而行。改參知政事、祥源觀使。增設賢良等六科，復百官轉對，置理檢使，皆竦所發。與宰相呂夷簡不相能，復爲樞密副使，遷刑部侍郎。史成，進兵部，尋進尚書左丞。

太后崩，罷爲禮部尚書、知襄州，改潁州。京東薦饑，徙青州兼安撫使。踰年，罷安撫，遷刑部尚書，徙應天府。寶元初，以戶部尚書入爲三司使。趙元昊反，拜奉寧軍節度使、知永興軍，聽便宜行事。徙忠武軍節度使、知涇州。還，判永興軍兼陝西經略、安撫、招討，進宣徽南院使。與陳執中論兵事不合，詔徙屯鄜州。

初，竦在涇州，朝廷遣龐籍就計事。竦上奏曰：

頃者繼遷逃背，屢寇朔方。至道初，洛苑使白守榮等率重兵護糧四十萬，遇寇浦洛河，糧卒並沒，守榮僅以身免。呂端始欲發兵，繇麟府、鄜延、環慶三路趣平夏，襲其巢穴，太宗難之。後命李繼隆、丁罕、范廷召、王超、張守恩五路入討。繼隆與罕合兵，行旬日，不見賊；守恩見賊不擊；超及廷召至烏白池，以諸將失期，士卒困敝，相繼引還。時繼遷當繼捧入朝之後，曹光實掩襲之餘，遁逃窮蹙，而猶累歲不能剿滅。先皇帝鑒追討之敝，戒疆吏謹烽候、嚴卒乘，來卽驅逐之，去無追捕也。然拓跋之境，自靈武陷沒之後，銀、綏割棄已來，假朝廷威靈，其所役屬者不過河外小羌爾。況德明、元昊相繼猖獗，以繼遷窮蹙，比元昊富實，勢可知也；以先朝累勝之士，較當今關東之兵，勇怯可知也；以興國習戰之師，方沿邊未試之將，工拙可知也；繼遷竄伏平夏，元昊窟穴河外，地勢可知也。若分兵深入，糗糧不支，師行賊境，利於速戰。儻進則賊避其鋒，退則敵躡其後，老師費糧，深可虞也。若窮其巢穴，須涉大河，長舟巨艦，非倉卒可具也。若浮囊挽梗，聯絡而進，我師半渡，賊乘勢掩擊，未知何謀可以捍禦？臣以爲不較主客之利，不計攻守之便，而議追討者，非良策也。因條上十事。時邊臣多議征討，朝廷鄉之，而竦言出師非便。旣而詔以涇原、鄜延兩路兵進討，會元昊稍求納款，范仲淹請留鄜延兵，繇是涇原兵亦不行。中國之師，卒不出塞。

竦上十事：一、教習彊弩以爲奇兵；二、羈縻屬羌以爲藩籬；三、詔唃廝囉父子并力破賊；四、度地形險易遠近、砦栅多少、軍士勇怯，而增減屯兵；五、詔諸路互相應援；六、募土人爲兵，州各一二千人，以代東兵；七、增置弓手、壯丁、獵戶以備城守；八、並邊小砦，毋積芻糧，賊攻急，則棄小砦入保大砦，以完兵力；九、關中民坐累若過誤者，許人入粟贖罪，銅一斤爲粟五斗，以贍邊計；十、損並邊冗兵、冗官及減騎軍，以舒饋運。當時頗採用之。

其募士人爲兵，令下而楊偕奏言：「西兵比繼遷時十增七八，縣官困於供億，今州復益一二千人，則歲費不貲；若訓習士卒，使之精銳，選任將帥，求之方略，自然以寡擊衆，以一當百矣。竦云『土兵訓練可代東兵』，此虛言也。自德明納款以來，東兵猶不可代，況今日乎？」朝廷下竦議，竦奏：「陝西防秋之敝，無甚東兵，不慣登陟，不耐寒暑，驕懦相習，廩給至厚。土兵便習，各護鄉土，山川道路，彼皆素知，歲省芻糧鉅萬。且收聚小民，免饑餓爲盜，代兵東歸，以衞京師，萬世利也。偕欲以寡擊衆，殆虛言也。」

偕復奏云：

自古將帥深入殊庭，霍去病止將輕騎八百，直棄大將軍數百里赴利，斬捕過當；又將萬騎踰烏盭，討遬僕，涉狐奴，歷五王國，過焉支山千有餘里，合兵鏖臯蘭下，殺折蘭王、盧侯王〔四〕，執昆邪王子，收休屠祭天金人。趙充國亦以萬騎破先零。李靖以驍騎三千破突厥，又以精騎一萬至陰山，斬首千餘級，俘男女十餘萬，擒頡利以獻。自漢以來，用少擊衆，不可勝數。竦在涇原守城壘，據險阻，來則禦之，去則釋之，不聞出師也。竦懼戰或敗衄，託以兵少爲辭爾。

竦言土兵各護鄉土，自古兵有九地〔一五〕，士卒近家，謂之散地，言其易離散也。第以近事言之，閤門祗候王文恩出師敗北，而土兵皆竄走，惟東兵僅二百人，殺敵兵甚衆。以此知兵之強弱，不繫東西，在將有謀與無謀爾。今邊郡參用東兵、土兵，若盡罷東兵，亦非計也。古人有言：「非隴西之民有勇怯，迺將吏之制巧拙異也。」今防邊東兵，人月受米七斗五升，土兵二石五斗，而竦乃言東兵廩給至厚，又不知之甚也。竦又言募土兵訓練以代東兵，且土兵數萬，須募足訓練，雖三二歲未得成效，兵精猶恐奔北，豈有驟加訓練而能取勝哉？

竦議遂屈。

竦雅意在朝廷，及任以西事，頗依違顧避，又數請解兵柄。改判河中府，徙蔡州。慶曆中，召爲樞密使。諫官、御史交章論：「竦在陝西畏懦不肯盡力，每論邊事，但列衆人之言，至遣敕使臨督，始陳十策。嘗出巡邊，置侍婢中軍帳下，幾致軍變。元昊嘗募得竦首者與錢三千，爲賊輕侮如此。今復用之，邊將體解矣。且竦挾詐任數，姦邪傾險，與呂夷簡不相能。夷簡畏其爲人，不肯引爲同列，既退，乃薦之以釋宿憾。陛下孜孜政事，首用懷詐不忠之臣，何以求治？」會竦已至國門，言者論不已，請不令入見。諫官余靖又言：「竦累表引學士。

疾，及聞召用，即兼驛而馳。若不早決，竦必堅求面對，敍恩感泣，復有左右爲之地，則聖聽惑矣。」章累上，即日詔竦歸鎭，竦亦自請還節。徙知亳州，改授吏部尙書。歲中，加資政殿學士。

竦之及國門也，帝封彈疏示之，旣至亳州，上書萬言自辨。復拜宣徽南院使、河陽三城節度使、判幷州。請復置宦者爲走馬承受。明年，拜同中書門下平章事、判大名府。又明年，召入爲宰相。制下而諫官、御史復言：「大臣和則政事修，竦前在關中，與執中論議不合，不可使共事。」遂改樞密使，封英國公。

請析河北爲四路。親事官夜入禁中，欲爲亂，領皇城司者皆坐逐，獨楊懷敏降官，領入內都知如故。言者以爲竦結懷敏而曲庇之。會京師同日無雲而震者五，帝方坐便殿，趣召翰林學士張方平至，謂曰：「夏竦姦邪，以致天變如此，宜出之。」罷知河南府，未幾，赴本鎭，加兼侍中。饗明堂，徙武寧軍節度使，進鄭國公。錫賚與輔臣等。將相居外，遇大禮有賜，自竦始。尋以病歸，卒。贈太師、中書令。賜謚文正，劉敞言：「世謂竦姦邪，而謚爲正，不可。」改謚文莊。

竦以文學起家，有名一時，朝廷大典策屢以屬之。多識古文，學奇字，至夜以指畫膚。文集一百卷。其爲郡有治績，喜作條敎，於閭里立保伍之法，至盜賊不敢發，然人苦煩擾。

治軍尤嚴，敢誅殺，即疾病死喪，拊循甚至。嘗有龍騎卒戍邊，羣剽，州郡莫能止，或密以告竦。時竦在關中，俟其至，召詰之，誅斬殆盡，軍中大震。其威略多類此。然性貪，數商販部中。在并州，使其僕貿易，爲所侵盜，至杖殺之。積家財累鉅萬，自奉尤侈，畜聲伎甚衆。所在陰間僚屬，使相猜阻，以鈎致其事，遇家人亦然。

子安期，字清卿，以父任爲將作監主簿，召試，賜進士出身。累遷太常博士，擢提點荆湖南道刑獄。除開封府推官，徙判官，判三司鹽鐵勾院，出爲京西轉運使。盜起部中，剽劫州縣，而光化軍戍卒相繼叛，勢且相合，安期督將吏捕斬殆盡。徙河東轉運使，累遷尚書工部郎中，徙江、淮發運使，入爲三司戶部副使。會元昊納款，西邊罷兵，命往陝西與諸路經略安撫司議損邊費，頗奏省吏員及汰邊兵之不任役者五萬人。擢天章閣待制，遂爲陝西都轉運使。徙河北，進兵部郎中。

時竦爲樞密使，爲請還所遷官，丐淮、浙一郡。復以爲工部郎中、江淮發運使，徙知永興軍。進龍圖閣直學士、吏部郎中、知渭州。簡弓箭手，得驍勇萬人爲步兵，騎又半之，教以戰陣法，繇是土兵勝他路。又籍塞下閑田，募人耕種，歲得穀數萬斛，以備振發，名曰貸倉。遷右諫議大夫，進樞密直學士，徙延州。未至，丁父憂。服除，辭所進職，復爲龍圖閣直學士兼侍讀，提舉集禧觀。以學士復知延州，州東北阻山，無城郭，虜騎嘗乘之。安期至，卽大築城。時方暑，士卒有怨言，安期益令廣袤計數百步，令其下曰：「敢言者斬。」躬自督役，不踰月而就。元昊請畫疆界，朝廷欲遣使，以問安期。安期對曰：「此不足煩王人，衙校可辦也。」議遂决。暴得疾，卒，詔遣中使護其喪以歸。

安期雖乘世資，頗以才自厲，朝廷數器使之，然無學術，而求入侍經筵，爲世所譏。其奉養聲伎，不減其父云。

論曰：王欽若、丁謂、夏竦，世皆指爲姦邪。眞宗時，海內乂安，文治洽和，羣臣將順不暇，而封禪之議成於謂，天書之誣造端於欽若，所謂以道事君者，固如是耶？竦陰謀猜阻，鈎致成事，一居政府，排斥相踵，何其患得患失也！欽若以贓賄干吏議，其得免者幸矣。然而黨惡醜正，幾敗國家，謂其尤者哉。

校勘記

〔一〕封冀國公　「公」字原脫，據長編卷一〇二、東都事略卷四九本傳補。

〔二〕兼侍中　「中」原作「郎」，據本書卷九仁宗紀、隆平集卷四、東都事略卷四九本傳改。

〔三〕右侍禁　「禁」字原脫，據隆平集卷一一、東都事略卷五四本傳補。

〔四〕殺折蘭王盧侯王　「折」原作「樓」，「盧侯」原作「虜侯」。按漢書卷五五霍去病傳作：「殺折蘭王，斬盧侯王。」長編卷一二五載楊偕此奏也作「殺折蘭王、盧侯王」，據改。

〔五〕自古兵有九地　「兵」字原脫。按長編卷一二五作「自古兵有九地」。又孫子有九地篇，其一爲「散地」，與本文正合。據補。

宋史卷二百八十四

列傳第四十三

陳堯佐 兄堯叟 弟堯咨 從子漸　宋庠 弟祁

陳堯佐字希元，其先河朔人。高祖翔，爲蜀新井令，因家焉，遂爲閬州閬中人。父省華字善則，事孟昶爲西水尉。蜀平，授隴城主簿，累遷櫟陽令。縣之鄭白渠爲鄰邑強族所據，省華盡去壅遏，水利均及，民皆賴之，徙樓煩令。端拱二年，太宗親試進士，伯子堯叟登甲科，占謝，辭氣明辨，太宗顧左右曰：「此誰子？」王沔以省華對。卽召省華爲太子中允，俄判三司都憑由司，改鹽鐵判官，遷殿中丞。河決鄆州，命省華領州事。俄爲京東轉運使，超拜祠部員外郎、知蘇州，賜金紫。時遇水災，省華復流民數千戶，殍者悉瘞之，詔書褒美。歷戶部、吏部二員外郎，改知潭州。

省華智辨有吏幹，入掌左藏庫，判吏部南曹，擢鴻臚少卿。景德初，判吏部銓，權知開封府，轉光祿卿。舊制，卿監坐朶殿，太宗以省華權涖京府，別設其位，升於兩省五品之南。省華以府事繁劇，請禁賓友相過，從之。未幾，因疾求解任，拜左諫議大夫，再表乞骸骨，不許，手詔存問，親閱方藥賜之。三年，卒，年六十八，特贈太子少師。

堯佐進士及第，歷魏縣、中牟尉，爲海喩一篇，人奇其志。以試祕書省校書郎知朝邑縣，會其兄堯叟使陝西，發中人方保吉罪，保吉怨之，誣堯佐以事，降本縣主簿。徙下邽，遷祕書郎、知眞源縣，開封府司錄參軍事，遷府推官。坐言事忤旨，降通判潮州。修孔子廟，作韓吏部祠，以風示潮人。民張氏子與其母濯于江，鱷魚尾而食之，母弗能救。堯佐聞而傷之，命二吏拏小舟操網往捕。鱷至暴，非可網得，至是，鱷弭受網，作文示諸市而烹之，人皆驚異。

召還，直史館，知壽州。歲大饑，出奉米爲糜粥食餓者，吏人悉獻米至，振數萬人。徙廬州，以父疾請歸，提點開封府界事，後爲兩浙轉運副使。錢塘江篝石爲隄，隄再歲輒壞。堯佐請下薪實土乃堅久，丁謂不以爲是，徙京西轉運使，後卒如堯佐議。徙河東路，以地寒民貧，仰石炭以生，奏除其稅。又減澤州大廣冶鐵課數十萬。徙河北，母老祈就養，召糾察在京刑獄，爲御試編排官，坐置等誤降官，監鄂州茶場。

天禧中，河決，起知滑州，造木龍以殺水怒，又築長堤，人呼爲「陳公堤」。初營永定陵，復徙京西轉運使，入爲三司戶部副使，徙度支，同修眞宗實錄。不試中書，特擢知制誥兼史館修撰，知通進、銀臺司。進樞密直學士、知河南府，徙并州。每汾水暴漲，州民輒憂擾，堯佐爲築堤，植柳數萬本，作柳溪，民頼其利。

召同修三朝史，代弟堯咨同知開封府，累遷右諫議大夫，爲翰林學士，遂拜樞密副使。祥符知縣陳詁治嚴急，吏欲罪詁，乃空縣逃去，太后果怒；而詁連呂夷簡親，執政以嫌不敢辨。事下樞密院，堯佐獨曰：「罪詁則姦吏得計，後誰敢復繩吏者？」詁由是得免。以給事中參知政事，遷尚書吏部侍郎。

太后崩，執政多罷，以戶部侍郎知永興軍。過鄭，爲郡人王文吉以變事告，下御史中丞范諷劾治，而事乃辨。改知廬州，徙同州，復徙永興軍。初，太后遣宦者起浮圖京兆城中，前守姜遵盡毀古碑碣充磚甓用，堯佐奏曰：「唐賢臣墓石，今十亡七八矣。子孫深刻大書，欲傳之千載，乃一旦與瓦礫等，誠可惜也。其未毀者，願敕州縣完護之。」徙鄭州。會作章惠太后園陵，州供張甚嚴，賜書褒諭。既而拜同中書門下平章事、集賢殿大學士。以災異數見，罷爲淮康軍節度使、同中書門下平章事、判鄭州。以太子太師致仕，卒，贈司空兼侍中，謚文惠。

堯佐少好學，父授諸子經，其兄未卒業，堯佐竊聽已成誦。初肄業錦屏山，後從种放於終南山，及貴，讀書不輟。善古隸八分，爲方丈字，筆力端勁，老猶不衰。尤工詩。性儉約，見動物必戒左右勿殺，器服壞，隨輒補之，曰：「無使不全見棄也。」號「知餘子」。自誌其墓曰：「壽八十二不爲夭，官一品不爲賤，使相納祿不爲辱，三者粗可歸息於父母棲神之域矣。」陳摶嘗謂其父曰：「君三子皆當將相，惟中子貴且壽。」後如摶言。有集三十卷，又有潮陽編、野廬編、愚丘集、遺興集。

堯叟字唐夫，解褐光祿寺丞、直史館，與省華同日賜緋，遷祕書丞。久之，充三司河南東道判官。時宋、亳、陳、潁民饑，命堯叟及趙況等分振之。再遷工部員外郞、廣南西路轉運使。嶺南風俗，病者禱神不服藥，堯叟有集驗方，刻石桂州〔一〕驛。又以地氣蒸暑，爲植樹鑿井，每三二十里置亭舍，具飲器，人免暍死。會加恩黎桓，爲交州國信使。初，將命者必獲贈遺數千緡，桓責賦斂於民，往往斷其手及足趾。堯叟知之，遂奏召桓子，授以朝命，而却其私覿。又桓界先有亡命來奔者，多匿不遣，因是海賊頻年入寇。堯叟悉捕亡命歸桓，桓感恩，併捕海賊爲謝。

先是，歲調雷、化、高、藤、容、白諸州兵，使輦軍糧汎海給瓊州。其兵不習水利，率多沉溺，咸苦之。海北岸有遞角場，正與瓊對，伺風便一日可達，與雷、化、高、太平四州地水路接近。堯叟因規度移四州民租米輸于場，第令瓊州遣蜑兵具舟自取，人以爲便。

咸平初，詔諸路課民種桑棗，堯叟上言曰：「臣所部諸州，土風本異，田多山石，地少桑蠶。昔云入蠻之綿，諒非五嶺之俗，度其所產，恐在安南。今其民除耕水田外，地利之博者惟麻苧爾。麻苧所種，與桑柘不殊，既成宿根，旋擢新幹，俟枝葉裁茂則刈穫之，周歲之間三收其苧。復一固其本，十年不衰。始離田疇，卽可紡績。然布之出，每端止售百錢，蓋織者衆、市者少，故地有遺利，民艱資金。臣以國家軍須所急，布帛爲先，因勸諭部民廣植麻苧，以錢鹽折變收市之，未及二年，已得三十七萬餘匹。自朝廷克平交、廣，布帛之供，歲止及萬，較今所得，何止十倍。今樹藝之民，相率競勸；杼軸之功，日以滋廣。欲望自今許以所種麻苧頃畝，折桑棗之數，諸縣令佐依例書曆爲課，民以布赴官賣者，免其算稅。如此則布帛上供，泉貨下流，公私交濟，其利甚博。」詔從之。代還，加刑部員外郎，充度支判官。

未幾，會撫水蠻酋蒙令國殺使臣擾動，命堯叟爲廣南東、西兩路安撫使，賜金紫遣之。事平，遷兵部，拜主客郎中、樞密直學士、知三班兼銀臺通進封駁司、制置羣牧使。

河決澶州王陵口，詔往護塞之，遂與馮拯同爲河北、河東安撫副使。時中外上封奏者甚衆，命與拯詳定利害，及與三司議減冗事。俄與拯並拜右諫議大夫、同知樞密院事。有言三司官吏積習依違，文牒有經五七歲不決者，吏民抑塞，水旱災沴，多由此致。請委逐部判官檢覆判決，如復稽滯，許本路轉運使聞奏，命官推鞫，以警弛慢。乃詔堯叟與拯舉常參官幹敏者，同三司使議減煩冗，參決滯務。堯叟請以秘書丞直史館孫冕同領其事，凡省去煩冗文帳二十一萬五千餘道，又減河北冗官七十五員。

五年，郊祀，進給事中。會王繼英爲樞密使，以堯叟簽署院事，奉秩恩例悉同副使，遷工部侍郎。眞宗幸澶淵，命乘傳先赴北砦按視戎事，許以便宜。景德中，遷刑部、兵部二侍郎，與王欽若並知樞密院事。眞宗朝陵，權東京留守。每裁劓刑禁，雖大辟亦止面取狀，亟決遣之，以故獄無繫囚。眞宗曰：「堯叟素有裁斷，然重事宜付有司按鞫而詳察之。」因密加詔諭。

俄兼羣牧制置使。始置使，卽以堯叟爲之，及掌樞密，卽罷其任；至是，以國馬戎事之本，宜得大臣總領，故又委堯叟焉。自是多立條約。又著監牧議，述馬政之重。預修國史。

大中祥符初，東封，加尚書左丞。詔撰朝覲壇碑，進工部尚書，獻封禪聖製頌，帝作歌答之。祀汾陰，爲經度制置使、判河中府。禮成，進戶部尚書。時詔王欽若爲朝覲壇頌，表讓堯叟，不許。別命堯叟撰親謁太寧廟頌，加特進，賜功臣。又以堯叟善草隸，詔寫途中御製歌詩刻石。

五年，與欽若並以本官檢校太傅、同平章事，充樞密使，加檢校太尉。從幸太清宮，加開府儀同三司。未幾，與欽若罷守本官，仍領羣牧。明年，復與欽若以本官檢校太尉、同平章事，充樞密使。堯叟素有足疾，屢請告。九年夏，帝臨問，勞賜加等。疾甚，表求避位，遣閤門使楊崇勳至第撫慰，以詢其意。堯叟詞志頗確，優拜右僕射、知河陽。肩輿入辭，至便坐，許三子扶掖升殿，賜詩爲餞，又賜仲子希古緋服。

天禧初，病亟，召其子執筆，口占奏章，求還輦下，詔許之。肩輿至京師，卒，年五十七。廢朝二日，贈侍中，謚曰文忠，錄其孫知言、知章爲將作監主簿。長子師古賜進士出身，後爲都官員外郎。希古至太子中舍，坐事除籍。

堯叟偉姿貌，强力，奏對明辨，多任知數。久典機密，軍馬之籍，悉能周記。所著請盟錄三集二十卷。

母馮氏，性嚴。堯叟事親孝謹，怡聲侍側，不敢以貴自處。家本富，祿賜且厚，馮氏不許諸子事華侈。景德中，堯叟掌樞機，弟堯佐直史館，堯咨知制誥，與省華同在北省，諸孫任官者十數人，宗親登科者又數人，榮盛無比。賓客至，堯叟兄弟侍立省華側，客不自安，多引去。舊制登樞近者，母妻卽封郡夫人。堯叟以父在朝，母止從父封，遂以妻封表讓于母，朝廷援制不許。父既卒，帝欲褒封其母，以問王旦。旦曰：「雖私門禮制未闋，公朝降命亦無嫌也。」乃封上黨郡太夫人，進封滕國，年八十餘無恙，後堯叟數年卒。

堯咨字嘉謨，舉進士第一，授將作監丞、通判濟州，召爲祕書省著作郎、直史館、判三司度支句院，始合三部句院兼總之。擢右正言、知制誥。崇政殿試進士，堯咨爲考官，三司使劉師道屬弟幾道以試卷爲識驗，坐貶單州團練副使。復著作郎、知光州。

尋復右正言、知制誥，知荆南。改起居舍人，同判吏部流內銓。舊格，選人用舉者數遷官，而寒士無以進，堯咨進其可擢者，帝特遷之。改右諫議大夫、集賢院學士，以龍圖閣直學士、尙書工部郎中知永興軍。長安地斥鹵，無甘泉，堯咨疏龍首渠注城中，民利之。然豪侈不循法度，敞武庫，建視草堂，闢三門，築甬道，出入列禁兵自衞。用刑慘急，數有杖死者。嘗以氣凌轉運使樂黃目，黃目不能堪，求解去，遂徙堯咨知河南府。既而有發堯咨守長安不法者，帝不欲窮治，止削職徙鄧州，才數月，復知制誥。

堯咨性剛戾，數被挫，忽忽不自樂。堯叟進見，帝問之，對曰：「堯咨豈知上恩所以保佑者，自謂遭讒以至此爾！」帝賜詔條其事切責，乃皇恐稱謝。還，判登聞檢院，復龍圖閣直學士。坐失舉，降兵部員外郎。喪母，起復工部郎中、龍圖閣直學士、會靈觀副使。邊臣飛奏唃厮囉立文法召蕃部欲侵邊，以爲陝西緣邊安撫使。再遷右諫議大夫、知秦州，徙同州，以尙書工部侍郎權知開封府。入爲翰林學士，以先朝初牓甲科，特詔班舊學士蔡齊之上。換宿州觀察使，知天雄軍，位丞郎上。堯咨內不平，上章固辭，皇太后特以隻日召見，敦諭之，不得已，拜命。自契丹修好，城壁器械久不治，堯咨葺完之。然須索煩擾，多暴怒，列軍士持大梃侍前，吏民語不中意，立至困仆。以安國軍節度觀察留後知鄆州。建請浚新河，自魚山至下杷以導積水。拜武信軍節度使、知河陽，徙澶州，又徙天雄軍。所居棟摧，大星霣于庭，散爲白氣。已而卒，贈太尉，謚曰康肅。

堯咨於兄弟中最爲少文，然以氣節自任。工隷書。善射，嘗以錢爲的，一發貫其中。兄弟同時貴顯，時推爲盛族。子述古，太子賓客致仕；博古，篤學能文，爲館閣校勘，早卒。

從子漸字鴻漸，少以文學知名於蜀。淳化中，與其父堯封皆以進士試廷中，太宗擢漸第，輒辭不就，願擢其父，許之。至咸平初，漸始仕，爲天水縣尉。時學者罕通揚雄太玄經，漸獨好之，著書十五篇，號演玄，奏之。召試學士院，授儀州軍事推官。舉賢良方正科，不中，復調隴西防禦推官，坐法免歸，不復有仕進意，蜀中學者多從之遊。堯咨不學，漸心薄之。堯咨後貴顯，與漸益不同，因言漸罪戾之人，聚徒太盛，不宜久留遠方。卽召漸至京師，授潁州長史。丁謂等知其無他，得改鳳州團練推官，遷耀州節度推官。卒，有文集十五卷，自號金龜子。

宋庠字公序，安州安陸人，後徙開封之雍丘。父玘〔三〕，嘗爲九江掾，與其妻鍾禱于廬阜。鍾夢道士授以書曰：「以遺爾子。」視之，小戴禮也，已而庠生。他日見許眞君像，卽夢中見者。

庠，天聖初，舉進士，開封、試禮部皆第一，擢大理評事、同判襄州。召試，遷太子中允、直史館，歷三司戶部判官，同修起居注，再遷左正言。郭皇后廢，庠與御史伏閤爭論，坐罰金。久之，知制誥。時親策賢良、茂才等科，而命與武舉人雜視。庠言：「非所以待天下士，宜如本朝故事，命有司設次具飲膳，斥武舉人令別試。」詔從之。

兼史館修撰、知審刑院。密州豪王澥私釀酒，鄰人往捕之，澥紿奴曰：「盜也。」盡使殺其父子四人。州論奴以法，澥獨不死。宰相陳堯佐右澥，庠力爭，卒抵澥死。改權判吏部流內銓，遷尚書刑部員外郎。仁宗欲以爲右諫議大夫、同知樞密院事，中書言故事無自知制誥除執政者，乃詔爲翰林學士。帝遇庠厚，行且大用矣。

庠初名郊，李淑恐其先己，以奇中之，言曰：「宋，受命之號；郊，交也。合姓名言之爲不祥。」帝弗爲意，他日以諭之，因改名庠。寶元中，以右諫議大夫參知政事。庠爲相儒雅，練習故事，自執政，遇事輒分別是非。嘗從容論及唐入閤儀，庠退而上奏曰：

入閤，乃有唐隻日於紫宸殿受常朝之儀也。唐有大內，又有大明宮，宮在大內之東北，世謂之東內，高宗以後，天子多在。大明宮之正南門曰丹鳳門，門內第一殿曰含元殿，大朝會則御之；第二殿曰宣政殿，謂之正衙，朔望大册拜則御之；第三殿曰紫宸殿，謂之上閤，亦曰內衙，隻日常朝則御之。天子坐朝，須立仗於正衙殿，或乘輿止御紫宸，卽喚仗自宣政殿兩門入，是謂東、西上閤門也。

以本朝宮殿視之：宣德門，唐丹鳳門也；大慶殿，唐含元殿也；文德殿，唐宣政殿也；紫宸殿，唐紫宸殿也。今欲求入閤本意，施於儀典，須先立仗文德庭，如天子止御紫宸，卽喚仗自東、西閤門入，如此則差與舊儀合。但今之諸殿，比於唐制南北不相對爾。又按唐自中葉以還，雙日及非時大臣奏事，別開延英殿，若今假日御崇政、延和是也。乃知唐制每遇坐朝日，卽爲入閤，其後正衙立仗因而遂廢，甚非禮也。

庠與宰相呂夷簡論數不同，凡庠與善者，夷簡皆指爲朋黨，如鄭戩、葉清臣等悉出之，乃以庠知揚州。未幾，以資政殿學士徙鄆州，進給事中。參知政事范仲淹去位，帝問宰相章得象，誰可代仲淹者，得象薦宋祁。帝雅意在庠，復召爲參知政事。慶曆七年春旱，用漢災異策免三公故事，罷宰相賈昌朝，輔臣皆削一官，以庠爲右諫議大夫。帝嘗召二府對資政殿，出手詔策以時事，庠曰：「兩漢對策，本延巖穴草萊之士，今備位政府而比諸生，非所以尊朝廷，請至中書合議條奏。」時陳執中爲相，不學少文，故夏竦爲帝畫此謀，意欲困執中也。論者以庠爲知體。

明年，除尚書工部侍郎，充樞密使。皇祐中，拜兵部侍郎、同中書門下平章事、集賢殿大學士。享明堂，遷工部尚書。嘗請復羣臣家廟，曰：「慶曆元年赦書，許文武官立家廟，而有司終不能推述先典，因循顧望，使王公薦享，下同委巷，衣冠昭穆，雜用家人，緣偷襲弊，甚可嗟也。請下有司論定施行。」而議者不一，卒不果復。

三年，祁子與越國夫人曹氏客張彥方遊。而彥方僞造敕牒，爲人補官，論死。諫官包拯奏庠不戢子弟，又言庠在政府無所建明，庠亦請去。乃以刑部尚書、觀文殿大學士知河南府，後徙許州，又徙河陽，再遷兵部尚書。入覲，詔綴中書門下班，出入視其儀物。以檢校太尉、同平章事充樞密使，封莒國公。數言：「國家當愼固根本，畿輔宿兵常盈四十萬，羨則出補更戍，祖宗初謀也，不苟輕改。」既而與副使程戡不協，戡罷，而御史言庠昏惰，乃以河陽三城節度、同平章事、判鄭州，徙相州。以疾召還。

英宗即位，移鎭武寧軍〔三〕，改封鄭國公。庠在相州，即上章請老，至是請猶未已。帝以大臣故，未忍遽從，乃出判亳州。庠前後所至，以愼靜爲治，及再登用，遂沉浮自安。晚愛信幼子，多與小人遊，不謹。御史呂晦請敕庠不得以二子隨，帝曰：「庠老矣，奈何不使其子從之。」至亳，請老益堅，以司空致仕。卒，贈太尉兼侍中，謚元獻。帝爲篆其墓碑曰「忠規德範之碑」。

庠自應舉時，與祁俱以文學名擅天下，儉約不好聲色，讀書至老不倦。善正訛謬，嘗校定國語，撰補音三卷。又輯紀年通譜，區別正閏，爲十二卷。掖垣叢志三卷，尊號錄一卷，別集四十卷。天資忠厚，嘗曰：「逆詐恃明，殘人矜才，吾終身弗爲也。」沈邈嘗爲京東轉運使，數以事侵庠。及庠在洛，邈子監麴院，因出借縣人負物，杖之，道死實以他疾。而邈子爲府屬所惡，欲痛治之以法，庠獨不肯，曰：「是安足罪也！」人以此益稱其長者。弟祁。

祁字子京，與兄庠同時舉進士，禮部奏祁第一，庠第三。章獻太后不欲以弟先兄，乃擢庠第一，而置祁第十。人呼曰「二宋」，以大小別之。釋褐復州軍事推官。孫奭薦之，改大理寺丞、國子監直講。召試，授直史館，再遷太常博士、同知禮儀院。有司言太常舊樂數增損，其聲不和。詔祁同按試。李照定新樂，胡瑗鑄鍾磬，祁皆典之，事見樂志。預修廣業記成，遷尚書工部員外郎、同修起居注、權三司度支判官。方陝西用兵，調費日蹙，上疏曰：

兵以食爲本，食以貨爲資，聖人一天下之具也。今左藏無積年之鏹，太倉無三歲之粟，南方冶銅匱而不發〔四〕，承平如此，已自彫困，良由取之既殫、用之無度也。朝廷大有三冗，小有三費，以困天下之財。財窮用褊，而欲興師遠事，誠無謀矣。能去三冗、節三費，專備西北之屯，可曠然高枕矣。

何謂三冗？天下有定官無限員，一冗也；天下廂軍不任戰而耗衣食，二冗也；僧道日益多而無定數，三冗也。三冗不去，不可爲國。請斷自今，僧道已受戒具者姑如舊，其他悉罷還爲民，可得耕夫織婦五十餘萬人，一冗去矣。天下廂軍不擇孱小尪弱而悉刺之，纔圖供役，本不知兵，又且月支廩粮，歲費庫帛，數口之家，不能自庇，多去而爲盜賊，雖廣募之，無益也。其已在籍者請勿論，其他悉驅之南畝，又得力耕者數十萬，二冗去矣。國家郡縣，素有定官，譬以十人爲額，常以十二加之，即遷代、罪謫，隨取之而有。今一官未闕，羣起而逐之，州縣不廣於前，而官五倍於舊，吏何得不苟進，官何得不濫除。請詔三班審官院內諸司、流內銓明立限員，以爲定法。其門廕、流外、貢舉等科，實置選限，稍務擇人，俟有闕官，計員補吏，三冗去矣。

何謂三費？一曰道場齋醮，無有虛日，且百司供億，至不可貲計。彼皆以祝帝壽、奉先烈、祈民福爲名，臣愚以爲此主者爲欺盜之計爾。陛下事天地、宗廟、社稷、百神，犧牲玉帛，使有司端委奉之，歲時薦之，足以竦明德、介多福矣，何必希屑屑之報哉？則一費節矣。二曰京師寺觀，或多設徒卒，添置官府，衣糧率三倍他處。居大屋高廡，不徭不役，坐蠹齊民，其尤者也。而又自募民財，營建祠廟，雖曰不費官帑，然國與民一也，捨國取民，其傷一焉，請罷去之，則二費節矣。三曰使相節度，不隸藩要。夫節相之建，或當邊鎮，或臨師屯，公用之設，勞衆而饗賓也。今大臣罷黜，率叨恩除，坐靡邦用，莫此爲甚。請自今地非邊要、州無師屯者，不得建節度；已帶節度，不得留近藩及京師，則三費節矣。

臣又聞之，人不率則不從，身不先則不信。陛下能躬服至儉，風示四方，衣服起居，無踰舊規，後宮錦綉珠玉，不得妄費，則天下響應，民業日豐，人心不搖，師役可舉，風行電照，飲馬西河。蠢爾戎首，在吾掌中矣！

徙判鹽鐵句院，同修禮書。次當知制誥，而庠方參知政事，乃以爲天章閣待制，判太常禮院、國子監，改判太常寺。庠罷，祁亦出知壽州，徙陳州。還知制誥、權同判流內銓，以龍圖閣直學士知杭州，留爲翰林學士。提舉諸司庫務，數釐正弊事，增置勾當公事官，其屬言利害者，皆使先稟度可否，而後議於三司，遂著爲令。徙知審官院兼侍讀學士。庠復知政事，罷祁翰林學士，改龍圖學士、史館修撰，修唐書。累遷右諫議大夫，充羣牧使。庠爲樞密使，祁復爲翰林學士。

景祐中，詔求直言，祁奏：「人主不斷是名亂。春秋書：『殞霜，不殺菽。』天威暫廢，不能殺小草，猶人主不斷，不能制臣下。」又謂：「與賢人謀而與不肖者斷，重選大臣而輕任之，大事不圖而小事急，是謂三患。」其意主於彊君威，別邪正，急先務，皆切中時病。

會進溫成皇后爲貴妃。故事，命妃皆發册，妃辭則罷册禮。然告在有司，必俟旨而後進。又凡制詞，既授閤門宣讀，學士院受而書之，送中書，結三省銜，官告院用印，乃進內。祁適當制，不俟旨，寫告不送中書，徑取官告院印用之，亟封以進。后方愛幸，覬行册禮，得告大怒，擲于地。祁坐是出知許州。甫數月，復召爲侍讀學士、史館修撰。祀明堂，遷給事中兼龍圖閣學士。坐其子從張彥方游，出知亳州。兼集賢殿修撰。

歲餘，徙知成德軍，遷尚書禮部侍郎。請弛河東、陝西馬禁，又請復唐馱幕之制。居三月〔五〕，徙定州，又上言：

天下根本在河北，河北根本在鎭、定，以其扼賊衝，爲國門戶也。且契丹搖尾五十年，狼態猘心，不能無動。今垂涎定、鎭，二軍不戰，則薄深、趙、邢、洺〔六〕，直擣其虛，血吻婪進，無所顧藉。臣竊慮欲兵之強，莫如多穀與財；欲士訓練，莫如善擇將帥；欲人樂鬥，莫如賞重罰嚴；欲賊顧望不敢前，莫如使鎭重而定彊。夫恥怯尙勇，好論事，甘得而忘死，河北之人，殆天性然。陛下少勵之，不憂不戰。以欲戰之士，不得善將，雖鬥猶負。無穀與財，雖金城湯池，其勢必輕。

今朝廷擇將練卒，制財積糧，乃以陝西、河東爲先，河北爲後，非策也。西賊兵銳士寡，不能深入，河東天險，彼憚爲寇。若河北不然，自薊直視，勢同建瓴，賊鼓而前，如行莞衽。故謀契丹者當先河北，謀河北者捨鎭、定無議矣。臣願先入穀鎭、定，鎭、定既充，可入穀餘州。列將在陝西、河東有功狀者，得遷鎭、定，則鎭、定重。天下久平，馬益少，臣請多用步兵。夫雲奔飇馳，抄後掠前，馬之長也；彊弩巨梃，長槍利刀，什伍相聯，大呼薄戰，步之長也。臣料朝廷與敵相攻，必不深入窮追，毆而去之，及境則止，此不待馬而步可用矣。臣請損馬益步，故馬少則騎精，步多則鬥健，我能用步所長，雖契丹多馬，無所用之。

夫鎭、定一體也，自先帝以來爲一道，帥專而兵不分，故定搤其胸，則鎭擣其脅，勢自然耳。今判而爲二，其顯顯有害者，屯砦山川要險之地裂而有之，平時號令文移不能一，賊脫叩營壘，則彼此不相謀，尙肯任此責邪！請合鎭、定爲一路，以將相大臣領之，無事時以鎭爲治所，有事則遷治定，指授諸將，權一而責有歸，策之上也。陛下當居安思危，熟計所長，必待事至而後圖之，殆矣。

河東馬彊，士習善馳突，與鎭、定若表裏，然東下井陘，不百里入鎭、定矣。賊若深入，以河東健馬佐鎭、定兵，掩其惰若歸者，萬出萬全，此一奇也。臣聞事切於用者，不可以文陳，臣所論件目繁碎，要待刀筆吏委曲可曉，臣已便俗言之，輒別上擇將畜財十封，乞下樞密院、三司裁制之。

又上禦戎論七篇。加端明殿學士，特遷吏部侍郎、知益州。尋除三司使。右司諫吳及嘗言祁在定州不治，縱家人貸公使錢數千緡，在蜀奢侈過度。既而御史中丞包拯亦言祁益部多游燕，且其兄方執政，不可任三司。乃加龍圖閣學士、知鄭州。唐書成，遷左丞，進工部尙書。以羸疾請便醫藥，入判尙書都省。踰月，拜翰林學士承旨，詔遇入直許一子主湯藥。復爲羣牧使，尋卒。遺奏曰：「陛下享國四十年，東宮虛位，天下係望，人心未安。爲社稷深計，莫若擇宗室賢材，進爵親王，爲匕鬯之主。若六宮有就館之慶，聖嗣蕃衍，則宗子降封郡王，以避正嫡，此定人心、防禍患之大計也。」

又自爲誌銘及治戒以授其子：「三日斂，三月葬，愼無爲流俗陰陽拘忌也。棺用雜木，漆其四會，三塗即止，使數十年足以腊吾骸、朽衣巾而已。毋以金銅雜物置冢中。且吾學不名家，文章僅及中人，不足垂後。爲吏在良二千石下，勿請謚，勿受贈典。冢上植五株柏，墳高三尺，石翁仲他獸不得用。若等不可違命。若等兄弟十四人，惟二孺兒未仕，以此諉莒公。莒公在，若等不孤矣。」後贈尙書。

祁兄弟皆以文學顯，而祁尤能文，善議論，然淸約莊重不及庠，論者以祁不至公輔，亦以此云。修唐書十餘年，自守亳州，出入內外嘗以稿自隨，爲列傳百五十卷。預修籍田記、集韻。又撰大樂圖二卷，文集百卷。祁所至，治事明峻，好作條教。其子遵治戒不請謚，久之，學士承旨張方平言祁法應得謚，謚曰景文。

論曰：咸平、天聖間，父子兄弟以功名著聞于時者，於陳堯佐、宋庠見之。省華聲聞，由諸子而益著。堯佐相業雖不多見，世以寬厚長者稱之。堯叟出典方州，入爲侍從，課布帛，修馬政，減冗官，有足稱者。庠明練故實，文藻雖不逮祁，孤風雅操，過祁遠矣。君子以爲陳之家法，宋之友愛，有宋以來不多見也，嗚呼賢哉！

校勘記

〔一〕桂州　原作「柱州」，據隆平集卷五、東都事略卷四四本傳改。

〔二〕父玘　「玘」原作「杞」，據宋祁景文集卷六二宋玘行狀、王珪華陽集卷三六宋庠神道碑改。

〔三〕移鎮武寧軍　「寧」字原脫，據華陽集卷三六宋庠神道碑、長編卷二〇〇、東都事略卷六五本傳改。

〔四〕南方冶銅匱而不發　「南方」原作「尙方」。據景文集卷二六上三冗三費疏、長編卷一二五、編年綱目卷一〇改。

〔五〕居三月　「三」原作「正」，據琬琰集上編卷七宋祁神道碑、編年綱目卷一四改。

〔六〕則薄深趙邢洺　「薄」原作「博」。景文集卷二九上便宜箚子作：「則進薄深、趙、邢、洺」，「博」當是「薄」之訛。據改。

宋史卷二百八十五

列傳第四十四

陳執中 劉沆 馮拯子行己 仲己 賈昌朝弟昌衡 從子炎 伯祖父琰 梁適孫子美

陳執中字昭譽，以父恕任，爲秘書省正字，累遷衞尉寺丞、知梧州。上復古要道三篇，眞宗異而召之。帝屬疾，春秋高，大臣莫敢言建儲者，執中進演要三篇，以蚤定天下根本爲說。翌日，帝以他疏示輔臣，皆贊曰「善」。帝指其袖中曰：「又有善於此者。」出之，乃演要也。因召對便殿，勞問久之，擢右正言。逾月，遂立皇太子。

明年，坐考御試進士卷差謬，貶衞尉寺丞、監岳州酒務。稍復殿中丞、通判撫州，復右正言。

曹利用壻盧士倫除福建運使，憚遠不行，利用爲請，乃改京東。執中嘗劾奏之，利用挾私忿，出執中知漢陽軍。及利用得罪，乃召爲羣牧判官、權三司鹽鐵判官、知諫院、提舉諸司庫務，以尚書工部員外郎兼御史知雜、同判流內銓，遷三司戶部副使。

明道中，安撫京東，進天章閣待制。使還，知應天府，徙江寧府、揚州，再遷工部郎中，改龍圖閣直學士、知永興軍，拜右諫議大夫、同知樞密院事。

元昊寇延州，手詔咨訪輔臣攻守方略，執中既上對，退復奏疏曰：「元昊乘中國久不用兵，竊發西垂，以游兵困勁卒，甘言悅守臣，一旦連犯亭障，延安幾至不保。此蓋范雍納詭說，失於戒嚴；劉平輕躁，喪其所部。上下紛擾，遠近震駭。自金明李士彬族破，而並邊籬落皆大壞。塞門、金明相距二百里，宜列修三城，城屯兵千人，益募弓箭手。寇大至則退保，小至則出鬥。選閤門祗候以上爲寨主〔二〕、都監，以諸司使爲盧關一路都巡檢，以兵二千屬之，使爲三砦之援。熟羌居漢地久者，委邊臣拊存之；反覆者，破逐之。至於新拊黠羌，如涇原康奴、滅臧、大蟲族，久居內地，常有叛心，不肆剪除，恐終爲患。今軍須之出，民已愁嘆，復欲偏修城池如河北之制，及夏須成，使神運之猶恐不能，民力其堪此乎？陝西地險，非如河北，惟涇州、鎭戎軍勢稍平易，若不責外守而勞內營，非策之上也。宜修並邊城池，其次如延州之鄜、同，環慶之邠、寧，不過五七處，量爲營葺，則科率減、民力蘇矣。今賊勢方張，宜靜守以驕其志，蓄銳以挫其鋒，增土兵以備守禦，省騎卒以減轉饟。然後徐議盪平，改張節度，更須主張，將臣橫議不入，則忠臣盡節而捐軀矣。」

既而議刺土兵，久不決，罷知青州。又以資政殿學士知河南府，改尚書工部侍郎、陝西同經略安撫招討使。與夏竦同知永興軍，議邊事多異同，詔令互出巡邊，乃屯涇州，令諸部曰：「寇籍吾水草，鈔邊圖利，不除，且復至。」命悉焚之。表解兵柄，以爲兵尚神密，千里稟命，非所以制勝，宜屬四路各保疆圉。朝議善之。就知陝州，復徙青州。於是請城傅海諸州，朝廷重興役，有詔不許。執中不奉詔，卒城之。

明年，沂卒王倫叛，趣淮南，執中遣巡檢傅永吉追至采石磯，捕殺之。召拜參知政事。諫官孫甫、蔡襄極論不可，帝遣使馳賜敕告。踰年，拜同中書門下平章事、集賢殿大學士兼樞密使。西夏納款，與宰相賈昌朝請解樞密。七年春，旱，昌朝罷，執中降給事中。已而加昭文館大學士、監修國史，踰月復官。

皇祐初，以足疾辭位，自陳不願爲使相、大學士，學士孫抃當制，遂以尚書左丞知陳州。宰相文彥博、宋庠以爲禮薄，帖麻改兵部尚書。遷吏部、觀文殿大學士。久之，拜集慶軍節度使、同平章事、判大名府。河決商胡，走大名，程琳欲爲堤，不果成而去。執中乘年豐調丁夫增築二百里，以障橫潰。以吏部尚書復拜同平章事、昭文館大學士。每朝退，閉中書東便門，以防漏泄。三司勾當公事及監場務官，權勢所引者，皆奏罷之，內外爲之肅然。

會張貴妃薨，治喪皇儀殿，追册爲后。王洙、石全彬務以非禮導帝意，執中隨輒奉行，至以洙爲員外翰林學士，全彬領觀察使，給留後奉。久之，嬖妾笞小婢出外舍死，御史趙抃列八事奏劾執中，歐陽脩亦言之。至和三年春，旱，諫官范鎭言：「執中爲相，不病而家居。陛下欲弭災變，宜速退執中以快中外之望。」既而御史中丞孫抃，與其屬郭申錫、毋湜、范師道、趙抃請合班論奏，詔令輪日入對，卒罷執中爲鎭海軍節度使、同平章事、判亳州。踰年辭節，改尙書左僕射、觀文殿大學士，封英國公，徙河南府，又徙曹州，皆不赴。過都，以疾賜告，就第拜司徒、岐國公致仕，卒，贈太師兼侍中。

執中在中書八年，人莫敢干以私，四方問遺不及門，惟殿前都指揮使郭承祐數至其家，爲御史所言，遂詔中書、樞密自今非聚廳無見賓客。及議謚，禮官韓維曰：「執中以公卿子，遭世承平，因緣一言，遂至貴顯。天子以後宮之喪，問所以葬祭之禮，執中位上相，不能總率羣司考正儀典，知治喪皇儀非嬪御之禮，追册位號於宮闈有嫌，建廟用樂踰祖宗舊制，皆白而行之，此不忠之大者。閨門之內，禮分不明，夫人正室疎薄自絀，庶妾賤人悍逸不制，其治家無足言者。宰相不能秉道率禮，正身齊家，方杜門深居，謝絕賓客，曰：『我無私也，我不黨也。』豈不陋哉？謚法：『寵祿光大曰榮』，『不勤成名曰靈』。執中出入將相，以一品就第，寵祿光大矣；得位行政，賢士大夫無述焉，不勤成名矣：請謚曰榮靈。」後改謚恭襄，詔謚曰恭。帝篆其墓碑曰「褒忠之碑」。

子世儒，官至國子博士，妻李與羣婢殺世儒所生母，世儒與謀，皆棄市。

劉沆字沖之，吉州永新人。祖景洪。始，楊行密得江西，衙將彭玕據州自稱太守，屬景洪以兵，欲脅衆附湖南，景洪僞許之。復以州歸行密，退居不仕。及徐温建國，以禮聘之，不起，官其子煦爲殿直都虞候。父素，不仕，以財雄里中，喜賓客。景洪嘗告人曰：「我不從彭玕，幾活萬人，後世當有隆者。」因名所居北山曰後隆山。山有牛僧孺讀書堂，卽故基築臺曰聰明臺。沆母夢衣冠丈夫曰牛相公來，已而有娠，乃生沆。

及長，倜儻任氣。舉進士不中，自稱「退士」，不復出，父力勉之。天聖八年，始擢進士第二，爲大理評事、通判舒州。有大獄歷歲不决，沆數日决之。章獻太后建資聖浮圖，內侍張懷信挾詔命，督役嚴峻，州將至移疾不敢出，沆奏罷懷信。再遷太常丞、直集賢院，出知衡州。大姓尹氏欺鄰翁老子幼，欲竊取其田，乃僞作賣劵，及鄰翁死，遂奪而有之。其子訴于州縣，二十年不得直，沆至，復訴之。尹氏持積歲稅鈔爲驗，沆曰：「若田千頃，歲輸豈特此耶？爾始爲劵時，嘗如敕問鄰乎？其人固多在，可訊也。」尹氏遂伏罪。遷太常博士，歷三司度支、戶部判官、同修起居注，擢右正言、知制誥、判吏部流內銓。奉使契丹，館伴杜防強沆以酒，沆霑醉拂袖起，因罵之，坐是出知潭州。又降知和州，改右諫議大夫、知江州。

時湖南蠻猺數出寇，至殺官吏。以沆爲龍圖閣直學士、知潭州兼安撫使，許便宜從事。沆大發兵至桂陽，招降二千餘人，使散居所部，而蠻酋降者皆奏命以官。又募士兵分捕餘黨，破桃油平、能家源，斬馘甚衆。已而賊復出，殺裨將胡元，坐降知鄂州，徙京南，還給事中，徙洪州。還，知審刑院，除知永興軍。頃之，以龍圖閣學士權知開封府，數發隱伏。祀明堂，遷尙書工部侍郎。踰年，拜參知政事。

初，沆在府，有張彥方者，客越國夫人曹氏家，受富民金，爲僞告敕。既敗繫獄，沆抵彥方死，辭不及曹氏。曹氏，張貴妃母也。沆既用，諫官、御史皆謂沆於彥方獨不盡，疑以此進，爭論之，帝不聽。貴妃薨，追册皇后，沆爲監護使。數月，拜同中書門下平章事、集賢殿大學士，改園陵使。御史中丞孫抃、御史范師道毋湜言，宰相不當爲贈后典葬，不報。既葬，賜后閤中金器數百兩，力辭，而請其子瑾試學士院，遂帖職。

時中書可否多用例，人或援例以訟，而法有不行。沆進言三弊曰：「近臣保薦辟請，動踰數十，皆浮薄權豪之流交相薦舉。有司以之貿易，而遂使省、府、臺、閣華資要職，路分、監司邊防寄任，授非公選，多出私門。又職掌吏人遷補有常，而或減選出官、超資換職、堂除便家、先次差遣之類。此近臣保薦之弊一也。審官、吏部銓、三班當入川、廣，乃求近地，當入近地，又求在京，及堂除升陟省府、館職、檢討之類。此近臣陳匄親屬之弊二也。其敍錢穀管庫之勞、捕賊昭雪之賞，常格雖存，僥倖猶甚。以法則輕，以例則厚，執政者不能持法，多以例與之。此敍勞干進之弊三也。願詔中書、樞密，凡三事毋用例，餘聽如舊。」事既施行，而衆頗不悅，尋如舊。

文彥博、富弼復入爲相。彥博爲昭文館大學士，弼監修國史，沆遷兵部侍郎，位在弼下。論者以爲非故事，由學士楊察之誤，乃帖麻改沆監修國史，弼爲集賢殿大學士。沆既疾言事官，因言：「自慶曆後，臺諫官用事，朝廷命令之出，事無當否悉論之，必勝而後已，專務抉人陰私莫辨之事，以中傷士大夫。執政畏其言，進擢尤速。」沆遂舉行御史遷次之格，滿二歲者與知州。御史范師道、趙抃歲滿求補郡，沆引格出之，中丞張昪等言沆挾私出御史。時樞密使狄青亦因御史言，罷知陳州，沆奏曰：「御史去陛下將相，削陛下爪牙，此曹所謀，臣莫測也。」昪等益論辨不已，罷沆爲觀文殿大學士、工部尙書、知應天府。遷刑部尙書，徙陳州。

沆長於吏事，性豪率，少儀矩。然任數，善刺探權近過失，陰持之以軒輊取事，論者以此少之。卒，贈左僕射兼侍中。知制誥張瓌草詞詆沆，其家不敢請謚。帝爲篆墓碑曰「思賢之碑」。子瑾，嘗爲天章閣待制，坐法免，後以功復職。

馮拯字道濟。父俊，事漢湘陰公劉贇。贇死，俊與從行千餘人繫侍衞獄，周太祖赦出之，授檢校太子賓客，戍安遠軍駁馬鎮，辭不行，因徙居河陽。

拯以書生謁趙普，普奇其狀，曰：「子富貴壽考，宜不下我。」舉進士，補大理評事、通判峽州，權知澤州，徙坊州，遷太常丞。江南旱，命馳傳振貸貧乏，察官吏能否，還奏稱旨。權知石州，擢右正言，歲餘代歸。出使河北，與轉運使樊知古計邊儲。還判三司戶部理欠憑由司，爲度支判官。

淳化中，有上封請立皇太子者，拯與尹黃裳、王世則、洪湛伏閤請立許王元僖，太宗怒，悉貶嶺外。拯知端州，既至，上言請遣使括諸路隱丁、更制版籍及議鹽法通商，凡十餘事。太宗欲召還參知政事，寇準素不悅拯，乃徙知鼎州。改通判廣州。郊祀畢，覃恩，拯與通判彭惟節皆遷尙書員外郞，惟節以太常博士爲屯田員外，而拯以左正言爲虞部員外。拯書名舊在惟節上，及奏事如故，準切責之。拯上書言準阿意不平，準坐此罷。

拯以母喪請內徙，命知江州。眞宗卽位，進比部員外郞。御史中丞李惟清表爲推直官，判三司度支勾院，遷駕部。咸平初，坐試開封進士賦涉譏訕，下拯御史臺，未幾釋之。

明年，兼侍御史知雜事。時西北用兵，王超、傅潛將兵出定、瀛間，觀望玩寇，拯極論之，不報。超等果逗撓覆軍。命拯按傅獄，抵潛罪，竄流之。擢祠部郎中、樞密直學士，權判吏部流內銓。以審官及銓法未備，建請凡蔭補京官，試讀一經，書家狀通習爲中格，始得仕。同勾當三班院。向敏中宣撫河北、河東，拯及陳堯叟爲副，宴餞長春殿。

明年，以右諫議大夫同知樞密院事。帝欲修綏州，謀諸輔臣，拯與宰相向敏中等皆曰便。宰相呂蒙正、參知政事王旦王欽若皆曰宜棄勿修。帝遣洪湛馳驛往視，還，上七利二害，卒修完之。時上封者言：「三司多滯務，州郡稟疑事，吏民訴理寃獄，依違不决者輒數歲，水旱或由於此。」詔拯選幹強吏同三司使裁冗事、督舉稽留，遂與判度支勾院孫冕省帳牘二十一萬五千本，併廢冗官十五員。

遷尚書工部侍郎、簽書樞密院事。賜手札訪邊事，拯謂：「備邊之要，不扼險以制敵之衝，未易勝也。若於保州、威虜間，依徐、鮑河爲陣，其形勢可取勝矣。前歲王顯違詔不邀要地，契丹初壓境，王師未行，而契丹騎已入鈔，賴霖雨乃遁去。比王超奏敵已去，而東路奏敵方來，既聚軍中山以救望都，而兵困糧匱，將臣陷歿幾盡，超等僅以身免。今防秋，宜於唐河增屯兵至六萬，控定武之北爲大陣，邢州置都總管爲中陣，天雄軍置鈐轄爲後陣，罷莫州、狼山兩路兵。」從之。

景德中，爲參知政事，再遷兵部侍郎。攝事享太廟，有司供帳幔，守奉人宿廟室前，喧囂不肅，拯以聞。詔專爲廟享製帟幕什器，藏宗正寺，禁吏卒登廟階。

王濟上編敕，帝以其煩簡不一，語輔臣曰：「顯德敕尤煩，蓋世宗嚴急，出于一時之意，臣下莫敢言其失也。」王旦進曰：「詔敕宜簡，近亦傷於煩。」拯對曰：「開寶間，除諸州通判敕，刑獄、錢穀悉條列約束，今則略矣。」時契丹始盟，拯言邊方騷動，武臣幸之以爲利。帝曰：「朝廷以信爲守，然戒備不可廢也，此外，當靜治以安吾民爾。爾其奉承之。」

大中祥符初，嚴貢舉糊名法。拯與王旦論選舉帝前，拯請兼攷策論，不專以詩賦爲進退。帝曰：「可以觀才識者，文論也。」拯論事多合帝意如此。封泰山，爲儀仗使。禮成，進尙書左丞。以疾在告，數請罷，帝以手詔諭旨，又命宰相王旦就第勸拯起視事。從祀汾陰，爲儀仗使，遷工部尙書。復以疾求罷，拜刑部尙書、知河南府，聽以府事委官屬。七年，除御史中丞，又以疾辭，除戶部尙書、知陳州。眞宗嘗謂王旦曰：「拯固求閑郡，何邪？」旦對曰：「馬知節嘗譏拯好富貴，所欲節度使爾。拯恐爲知節所量，不敢請大藩，殆爲此也。」再知河南府，遷兵部尙書，入判尙書都省，以吏部尙書、檢校太傅、同中書門下平章事充樞密使。其冬，拜右僕射兼中書侍郎、太子少傅、同平章事、集賢殿大學士，進左僕射。乾興元年，進封魏國公，遷司空兼侍中。輔臣會食資善堂，召議事，丁謂獨不預。謂知得罪，頗哀請。錢惟演遽曰：「當致力，無大憂也。」拯熟視惟演，惟演踧踖。及對承明殿，太后怒甚，語欲誅謂。拯進曰：「謂固有罪，然帝新卽位，亟誅大臣，駭天下耳目。謂豈有逆謀哉？第失奏山陵事耳。」太后怒少解。謂旣貶，拯代謂爲司徒、玉淸昭應宮使、昭文館大學士、監修國史，又爲山陵使，奉安眞宗御容于西京。尋在病告，帝賜白金五千兩，拯叩頭稱謝。五上表願罷相，拜武勝軍節度使、檢校太尉兼侍中、判河南府。卽臥內賜告及旌纛，遣內司賓撫問。還奏其家儉陋，被服甚質。太后賜以衾裯錦綺屛，然拯平居自奉侈靡，顧禁中不知也。旣卒，贈太師、中書令，謚文懿。

拯氣貌嚴重，宦者傳詔至中書，不延坐。工部尙書林特嘗詣第，累日不得通，白以咨事，使詣中書；旣至，又遣堂吏謂之曰：「公事何不自達朝廷？」卒不見，特大愧而去。錢惟演營入相，拯以太后姻家力言之，遂出惟演河陽。子行己、伸己。

行己字肅之，以父任爲右侍禁、涇原路駐泊都監、知憲州，因治狀增秩。歷石、保、霸、冀、莫五州，所至有能稱。

夏人既納款，疆候播言契丹治兵幽燕，大爲戰具。議者欲解西備北，行己言：「遼、夏爲與國，元昊入貢，容懷詭計，幽燕治兵，或爲虛聲，邊鄙之虞，恐不在河朔也。」

皇祐中，知定州，韓琦薦爲路鈐轄。徙知代州，管幹河東緣邊安撫事。夏人掠麟州，蕃部且盜耕屈野河西田，遇官軍逴邏者，輒聚射。詔行己計之。行己言：「此姦民無忌憚，非君長過，不宜以細故啓大釁，但加戒戢足矣。」

五臺山寺調廂兵義勇繕葺，爲除和羅轂三萬，行己謂不可捐歲入之儲，以事不急之務。進西上閤門使，四遷客省使，更高陽關、秦鳳、定州、大名府路馬步總管，以衞州防禦使致仕，預洛陽耆英之集。元祐中，終金州觀察使，年八十四。

仲己字齊賢，以蔭補右侍禁。累遷西頭供奉官，授閤門祗候、桂州兵馬都監。轉運使俞獻可辟知廉州。久之，安化蠻擾邊，獻可又薦知宜州。

天聖中，改桂、宜、融、柳、象沿邊兵馬都監，遂專溪峒事。以禮賓使復知宜州。代還，道改供備庫使、知邕州。治舍有井，相傳不敢飲，飲輒死。仲己日汲自供，終更無恙。旁城數里，有金花木，土俗言花開卽瘴起，人不敢近。仲己故以花盛時酣燕其下，亦復無害。明道中，改東染院使、領榮州刺史、梓夔路兵馬鈐轄，遷洛苑使、知桂州兼廣西鈐轄。道江陵，會安化蠻犯邊，官軍不利，仁宗遣中人趣仲已討之。仲已日夜疾馳至宜州，繕器甲，募丁壯，轉糧餉，由三路以進。仲已臨軍，單騎出陣，語酋豪曰：「朝廷撫汝甚厚，汝乃自取滅亡耶！今我奉天子命來，汝聽吾言則生，不則無噍類矣。」衆仰泣羅拜曰：「不圖今日再見馮公也。」明日，蠻渠棄兵械率衆降軍門。

初，部卒以覆將畏匿，仲已曰：「紀律不明，主將也，戰士何罪？」請於朝，貸其死。以勞遷西上閤門使、知宜州。樂善蠻寇武陽，仲已遣諭禍福，蠻大悅，悉還所掠。又莫世堪負險強黠，抄劫邊戶，爲疆場患。仲已設伏擒捕，皆置于法。遷果州團練使。在宜二年，徙桂州，改右武衛大將軍，守本官分司西京，卒。

始，安化蠻叛，區希範應募擊賊。賊平，希範詣闕，自言其功。朝廷下宜州，仲已謂希範無功妄要賞，遂編管全州。其後希範遁歸，謀爲亂，欲殺仲已，嶺外騷然，議者皆罪仲已焉。

賈昌朝字子明，眞定獲鹿人。晉史官緯之曾孫也〔二〕。天禧初，眞宗嘗祈穀南郊，昌朝獻頌道左，召試，賜同進士出身，主晉陵簿。賜對便殿，除國子監說書。孫奭判監，獨稱昌朝講說有師法。他日書路隨、韋處厚傳示昌朝曰：「君當以經術進，如二公。」爲潁川郡王院伴讀。再遷殿中丞，歷知宜興、東明縣。奭侍讀禁中，以老辭，薦昌朝自代，召試中書，尋復國子監說書。上言：「禮，母之諱不出於宮。今章獻太后易月制除，猶諱父名，非尊宗廟也。」詔從之。景祐中，置崇政殿說書，以授昌朝。誦說明白，帝多所質問，昌朝請記錄以進，賜名邇英延義記注，加直集賢院。

太平興國寺災，是夕，大雨震雷。朝廷議修復，昌朝上言：「易震之象曰：『洊雷震，君子以恐懼修省。』近年寺觀屢災，此殆天示警告，可勿繕治，以示畏天愛人之意。」西域僧獻佛骨、銅像，昌朝請加賜遣還，毋以所獻示中外。悉行其言。天章閣置侍講，亦首命昌朝。累遷尙書禮部郎中、史館修撰。

劉平爲元昊所執，邊吏誣平降賊，議收其家。昌朝曰：「漢族殺李陵，陵不得歸，而漢悔之。先帝厚撫王繼忠家，終得繼忠用。平事未可知，使收其族，雖平在，亦不得還矣。」乃得不收。擢知制誥、權判吏部流內銓兼侍講。初，銓法，縣令奉錢滿萬二千，乃舉令。昌朝曰：「法如此，則小縣終不得善令。請槪舉令，而與之奉如大縣。」

進龍圖閣直學士、權知開封府，遷右諫議大夫、權御史中丞兼判國子監。議者欲以金繒咯契丹使攻元昊，昌朝曰：「契丹許我有功，則責報無窮矣。」力止之。乃上言曰：「太祖初有天下，監唐末五代方鎭武臣、士兵牙校之盛，盡收其威權，當時以爲萬世之利。及太宗時，將帥率多舊人，猶能仗威靈，稟成算，出師禦寇，所向有功。近歲恩倖子弟，飾廚傳，鈞名譽，多非勳勞，坐取武爵，折衝攻守，彼何自而知哉？然邊鄙無事，尙得自容。自西羌之叛，士不練習，將不得人，以屢易之將馭不練之士，故戰則必敗。此削方鎭太過之弊也。況親舊、恩倖，出即爲將，素不知兵，一旦付以千萬人之命，是驅之死地矣。此用親舊、恩倖之弊也。今楊崇勳、李昭亮尙任邊鄙，望速選士代之。方鎭守臣無數更易，刺史以上，宜愼所授，以待有功。此救弊之一端也。」又上備邊六事：

其一曰馭將帥。自古帝王，以恩威馭將帥，賞罰馭士卒，用命則軍政行而戰功集。太祖脫裘帽賜王全斌曰：「今日居此幄，尙寒不可禦，況伐蜀將士乎？」此馭之以恩也。曹彬、李漢瓊討江南，太祖召彬至前，立漢瓊等於後，授以劍曰：「副將以下，不用命者得專戮之。」漢瓊等股栗而退，此馭之以威也。太祖雖削武臣之權，然一時賞罰及用財集事，皆聽其專，有功則賞，有敗則誅。今每命將帥，必先疑貳，非近倖不信，非姻舊不委。今陝西四路，總管而下，鈐轄、都監、巡檢之屬，悉參軍政，謀之未成，事已先漏，甲可乙否，上行下戾，主將不專號令，故動則必敗。請自今命將，去疑貳，推恩惠，務責以大效，得一切便宜從事。偏裨有不聽令者，以軍法論，此馭將之道也。

其二曰復土兵。今河北河東強壯、陝西弓箭手之類，土兵遺法也。河北鄉軍，其廢已久，陝西土兵，數爲賊破，存者無幾。臣以謂河北、河東強壯，已召近臣詳定法制，每鄉爲軍。其材能絕類者，籍其姓名遞補之。陝西蕃落弓箭手，貪召募錢物，利月入糧奉，多就黥涅爲營兵。宜優復田疇，使力耕死戰，世爲邊用，可以減屯戍、省供饋矣。內地州縣，增置弓手，如鄉軍之法而閱試之。

其三曰訓營卒。太祖朝，令諸軍毋得食肉衣帛，營舍有粥酒肴則逐去，士卒有服繒綵者笞責之。異時被鎧甲、冒霜露，戰勝攻取，皆此曹也。今營卒驕惰，臨敵無勇。舊例三年轉員，謂之落權正授，雖未能易此制，即不必一例使爲總管、鈐轄，擇有才勇可任將帥者授之。況今之兵仗製造，殊不適用。宜按八陣、五兵之法，以時教習。使啓殿有次序、左右有形勢，前却相附，上下相援，令之曰：「失一隊長，則斬一隊。」何慮衆不爲用乎？

其四曰制遠人。今四夷蕩然與中國通，在北則臣契丹，其西則臣元昊，二國合從，有掎角中國之勢。借使以歲幣羈縻之，臣恐不可勝算。古之備邊，西有金城、上郡，北則雲中、鴈門。今自滄之秦，綿亙數千里，無山河之阻，獨恃州縣鎭戍爾。歲所供贍，又不下數千萬，一穀不熟，或至狼狽。契丹近歲兼用燕人治國，建官一同中夏。元昊據河南列郡而行賞罰，此中國患也。宜度西方諸國如沙州、嗢厮、明珠、滅臧之族，近北如黑水女眞、高麗、新羅之屬，舊通中國，募人往使，誘之使歸我，則勢分而釁生，體解而瓦裂矣。

其五曰綏蕃部。屬戶者，邊垂之屏翰也。延有金明，府有豐州，皆戎人內附之地。朝廷恩威不立，彊敵迫之，塞上諸州，藐焉孤壘，蕃部旣壞，土兵亦衰，破敵之日，未可期也。臣請陝西緣邊諸路，守臣皆帶「安撫蕃部」之名，擇其族大有勞者爲酋帥，如河東折氏之比，庶可爲吾藩籬之固也。

其六曰謹覘候。古者守封疆，出師旅，居則有行人之覘國，戰則有前茅之慮無，其謹如此。太祖命李漢超鎭關南，馬仁瑀守瀛州，韓令坤鎭常山，賀惟忠守易州，何繼筠領棣州，郭進控山西，武守琪戍晉陽，李謙溥守隰州〔三〕，董遵誨屯環州，王彥昇守原州，馮繼業鎭靈武。筦榷之利，悉輸之軍中，聽其貿易，而免其征稅。邊臣富於財，得以爲間諜，羌夷情狀，無不預知。二十年間，無外顧之憂。今日西鄙任邊事者，敵之情狀與山川、道路險易之勢，絕不通曉。使蹈不測之淵，入萬死之地，肝腦塗地，狼狽相藉，何以破敵制勝耶？願監藝祖任將帥之制，邊城財用悉以委之。募敢勇之士爲爪牙，臨陣自衞，無殺將之辱；募死力爲覘候，而望敵知來，無陷兵之恥。

書奏，多施行之。

昌朝請度經費，罷不急。詔與三司合議，歲所省緡錢百萬。又言：「朝臣七十，筋力衰者，宜依典故致仕，有功狀可留者勿拘。」因疏耄昏不任事者八人，令致仕。慶曆三年，拜參知政事。上言：「用兵以來，天下民力頗困。請詔諸路轉運使，毋得承例折變科率，須科折者，悉聽奏裁。雖奉旨及三司文移，於民不便者，亦以上聞。」

以工部侍郎充樞密使，尋拜同中書門下平章事、集賢殿大學士，仍兼樞密使。居兩月，拜昭文館大學士，監修國史。元昊歸石元孫，議賜死。昌朝獨曰：「自古將帥被執，歸者多不死。」元孫由是得免。詔有司議升祔奉慈廟三后，有司論不一。昌朝曰：「章獻母儀天下，章懿誕育聖躬，宜如祥符升祔元德皇后故事。章惠於陛下有慈保之恩，當別享奉慈廟如故。」乃奉二后神主，升祔眞宗廟。密詔遷中外官一等，優賜諸軍，昌朝與同列力疏，乃止。又詔遷二府官，益固辭。元昊既款附，請宰相罷兼樞密使。

六年，日食。帝謂昌朝等曰：「謫見于天，願歸罪朕躬。卿宜究民疾苦，思所以利安之。」昌朝對曰：「陛下此言，足以弭天變，臣敢不夙夜孜孜以奉陛下。」帝又曰：「人主懼天而修德，猶人臣畏法而自新也。」昌朝因頓首謝。明年春，旱，帝避正寢，減膳。昌朝引漢災異册免三公故事，上表乞罷。

參知政事吳育數與昌朝爭議上前，論者多不直昌朝。有向綬者知永靜軍，疑通判譖己，誣以事，迫令自殺。高若訥知審刑院，附昌朝議，欲從輕坐。吳育力爭，綬卒減死一等。未幾，若訥爲御史中丞，言大臣廷爭不肅，故雨不時若，遂罷育，而除昌朝武勝軍節度使、檢校太傅、同中書門下平章事、判大名府兼北京留守司、河北安撫使。帝賜銀飾肩輿。尋以討貝州賊有功，移山南東道節度使。楊偕言賊發昌朝部中，不當賞。弗從。

契丹聚亡卒勇伉者，號「投來南軍」。邊法，卒亡自歸者死。昌朝除其法，歸者輒遷補，於是來者稍衆，因廉知契丹事。契丹遂拒亡卒，黜南軍不用。邊人以地外質，契丹故稍侵邊界。昌朝爲立法，質地而主不時贖，人得贖而有之，歲餘，地悉復。

三司使葉淸臣移用河北庫錢，昌朝格詔不與，淸臣論列不已，遂出淸臣河陽，徙昌朝判鄭州。過闕入覲，留爲祥源觀使，拜尙書右僕射、觀文殿大學士、判尙書都省，朝會班中書門下，視其儀物。歲中求外，復除山南東道節度使、右僕射、檢校太師兼侍中、判鄭州。固辭僕射、侍中，改同中書門下平章事，賜中謝，自昌朝始也。

母喪去位，服除，判許州。召對邇英閣，帝問乾卦，昌朝上奏曰：「乾之上九稱：『亢龍有悔。』悔者，凶災之萌，爻在亢極，必有凶災。不言凶而言悔者，以悔有可凶可吉之義，修德則免悔而獲吉矣。『用九，見羣龍無首，吉』。聖人用剛健之德，乃可決萬機。天下久盛，柔不可以濟，然亢而過剛又不能久。獨聖人外以剛健決事，內以謙恭應物，不敢自矜爲天下首，乃吉也。」手詔優答。又言：「漢、唐都雍，置三輔內翼京師，朝廷都汴，而近京諸郡皆屬他道，制度不稱王畿。請析京東之曹州，京西之陳、許、滑、鄭，皆隸開封府，以四十二縣爲京畿。」帝納之。將行，命講讀官餞于資善堂。復判大名府兼河北安撫使。時河決商胡，昌朝請復故道，不從。語在河渠志。六塔功敗，濱、棣、德、博〔四〕民多水死，昌朝振救之甚力。內侍劉恢往視，還言河決趙征村，與帝名嫌爲不祥，時皆謂昌朝使之以搖當國者。嘉祐元年，進封許國公，又兼侍中，尋以同中書門下平章事爲樞密使。

三年，宰相文彥博請罷，諫官、御史恐昌朝代彥博，乃相與言昌朝建大第，別創客位以待宦官，宦官有矯制者，樞密院釋不治。遂以鎭安軍節度使、右僕射、檢校太師、侍中兼充景靈宮使，出判許州。又以保平軍節度、陝州大都督府長史移大名府兼安撫使。英宗卽位，徙鳳翔節度使，加左僕射、鳳翔尹，進封魏國公。治平元年，以侍中守許州，力辭弗許。明年，以疾留京師，乃以左僕射、觀文殿大學士判尙書都省，卒，年六十八，謚曰文元。御書墓碑曰「大儒元老之碑」。所著羣經音辨、通紀、時令、奏議、文集百二十二卷。

昌朝在侍從，多得名譽。及執政，乃不爲正人所與，而數有攻其結宦官、宮人者。初，昌朝侍講時，同王宗道編修資善堂書籍，其實敎授內侍，諫官吳育奏罷之。及張方平留唐詢，而詢譖育，世以爲昌朝指也。然言者謂昌朝釋宦官嬌制，後驗問無事實云。

子章，館閣校勘，蚤世。靑，朝請大夫。弟昌衡。

昌衡字子平。舉進士，爲梓州路轉運判官。賈人請富順井鹽，吏視賄多寡爲先後，昌衡一隨月日給之。瀘州邊夷蠻，故時守以武吏，昌衡請由東銓調選。蠻驅馬來市，官第其良駑爲二等，上者送秦州，下者輒輕估直而抑買，昌衡請嚴禁之。徙提點淮南刑獄、廣東轉運使，徙兩浙路。熙寧更法度，核吏治，昌衡數以利害聞，神宗獎其論奏忠益。召爲戶部副使、提舉市易司，課羨，增秩右諫議大夫，加集賢殿修撰、知河南府，歷陳、鄆、應天府、鄧州。以正議大夫致仕，卒。從子炎。

炎字長卿，以昌朝蔭，更歷筦庫，積遷至工部侍郎。政和中，以顯謨閣待制知應天府，徙鄆州、永興。初，陝西行鐵錢久，幣益輕。蔡京設法盡斂之，更鑄夾錫錢，幣稍重。京去相，轉運使李譓、陳敦復見所斂已多，遽請罷鑄。鐵錢旣復行，其輕加初，自關以西皆罷市，民不聊生。炎獨一切弛禁，聽從其便。其後，宣徽使童貫又以兩者重輕相形，遂盡廢夾錫不得用，民益以爲苦。炎徙知延安，因表言：「錢法屢變，人心愈惑。今人以爲利者，臣見其害；以爲是者，臣見其非。中產之家，不過畜夾錫錢一二萬，旣棄不用，則惟有守錢而死耳。邊甿生理蕭條，官又一再變法，鄜延去敵迫近，民殊不安。民不安則邊不可守，願得內郡以養母。」乃命爲潁州，未行，復留。又與貫制疆事不合，貫沮之，改河陽，又改鄧州。加直學士、知永興。入對，留爲工部侍郎。貫簽書樞密院河西、北兩房，侍從邀炎俱往賀，炎曰：「故事無簽書兩房者，彼非執政，何賀爲？」會以疾卒，年五十八。贈銀青光祿大夫。

昌朝伯祖父琰。琰字季華，晉中書舍人、給事中緯之子也〔五〕。以蔭授臨淄、雍丘主簿，歷通判澧州。太宗尹京，奏以爲開封府推官，加左贊善大夫。及卽位，超拜左正議大夫、樞密直學士。未幾，擢三司副使。太平興國二年，卒。

琰風神峻整，有吏幹，佐太宗居幕府凡五年，勤於所職。昆弟五人，琰最幼，及琰歷官而諸兄相繼死。琰拊循孤幼，聚族凡百口，分給衣食，庭無間言，士大夫以此稱之。

琰子湜、汾。湜至軍器庫使。交阯黎桓之簒丁璿也，朝廷以孫全興將兵討焉。湜與王僎同掌軍事，黎桓僞降，全興信之，軍遂北，湜、僎並坐失律誅。汾至殿中丞。湜子昌符，賜同學究出身。汾子昌齡，第進士，爲屯田員外郎。

梁適字仲賢，東平人，翰林學士顥之子也。少孤，嘗輯父遺文及所自著以進，眞宗曰：「梁顥有子矣。」授秘書省正字。爲開封工曹，知崑山縣。徙梧州，奏罷南漢時民間折稅。更舉進士，知淮陽軍，又奏減京東預買紬百三十萬。論景祐赦書不當錄朱梁後，仁宗記其名，尋召爲審刑詳議官。

梓州妖人白彥歡依鬼神以詛殺人，獄具，以無傷讞。適駮曰：「殺人以刃或可拒，而詛可拒乎？是甚於刃也。」卒論死。有鳥似鶴集端門，稍下及庭中，大臣或倡以爲瑞，適曰：「此野鳥入宮庭耳，何瑞之云？」

嘗與同院燕肅奏何次公案，帝顧曰：「次公似是漢時人字。」肅不能對，適進曰：「蓋寬饒、黃霸皆字次公。」帝悅，因詢適家世，益器之。他日宰相擬適提點刑獄，帝曰：「姑留之，俟諫官有闕，可用也。」遂拜右正言。

林瑀由中旨侍講天章閣，適疏其過。又言：「夏守贇爲將無功，不宜復典宥密。」會婦黨任中師執政，以嫌改直史館，修起居注。奉使陝西，與范仲淹條邊機十餘事。進知制誥、權發遣開封府。歲餘，出知兗州。萊蕪冶鐵爲民病，當役者率破產以償，適募人爲之，自是民不憂治戶，而鐵歲溢。再遷樞密直學士、知延州。告歸治葬，過京師，得入見，自言前爲朋黨擠逐，留爲翰林學士，御史交劾之，以侍讀學士知澶州，徙秦州。入知審刑院，擢樞密副使。

張堯佐一日除四使，言者爭之力，帝頗怒。適曰：「臺諫論事，職耳。堯佐恩賞過，恐非所以全之。」遂奪二使。儂智高入寇，移嫚書求邕、桂節度，帝將受其降。適曰：「若爾，嶺外非朝廷有矣。」乃遣狄青討之。賊平，帝曰：「向非適言，南方安危，未可知也。」遷參知政事。契丹欲易國書稱南北朝，適曰：「宋之爲宋，受之於天，不可改也。契丹亦其國名，自古豈有無名之國哉。」遂止。進同中書門下平章事、集賢殿大學士。大璫王守忠求爲節度使，適持不可；張貴妃治喪皇儀殿，又以爲不可。將以適爲園陵使，適言國朝以來無此制，由是寖與陳執中不合。

適曉暢法令，臨事有膽力，而多挾智數，不爲淸議所許。御史馬遵、吳中復極論其貪黷怙權，罷知鄭州。京師茶賈負公錢四十萬緡，鹽鐵判官李虞卿案之急，賈懼，與吏爲市，內交於適子弟，適出虞卿提點陝西刑獄。及罷，帝卽還虞卿三司。復加觀文殿大學士、知秦州。古渭初建砦，間爲屬羌所鈔，益兵拒守，羌復驚疑。適具牛酒，召諭其種人，且罷所益兵，羌不爲患。徙永興軍。夏人盜耕屈野河西田累年，朝廷欲正封，以適爲定國軍節度使、知幷州，至則悉復侵地六百里。還，知河陽，領忠武、昭德二鎭、檢校太師，復爲觀文殿大學士，以太子太保致仕，進太傅。熙寧三年，卒，年七十，贈司空兼侍中，謚曰莊肅。

孫子美，紹聖中，提舉湖南常平。時新復役法，子美先諸路成役書，就遷提點刑獄。建中靖國初，除尙書郎中，中書舍人鄒浩封還之，改京西轉運副使。諫議大夫陳次升又言「子美緣章惇姻家，連使湖外，承迎其旨意，一時逐臣在封部者，多被其虐，不宜使在近畿。」及徙成都路，累遷直龍圖閣、河北都轉運使，傾漕計以奉上，至捐緡錢三百萬市北珠以進。崇寧間，諸路漕臣進羨餘，自子美始。北珠出女眞，子美市於契丹，契丹嗜其利，虐女眞捕海東青以求珠。兩國之禍蓋基於此，子美用是致位光顯。宣和四年，以疾罷爲開府儀同三司、提舉嵩山崇福宮。卒，贈少保。子美爲郡，縱侈殘虐，然有幹才，所至辦治云。

論曰：此五人者，皆以文吏爲宰相。執中建儲一言，適契上意，不然，何超遷之驟也。然與劉沆皆寡學少文，希世用事。馮拯議論多迎合主意，昌朝明經術而尙阿私，梁適曉法令而挾智術，斯君子所不與也。若執中不受私謁，沆臨事強果，拯從容一言免謂於誅死，此又足稱者焉。

校勘記

〔一〕寨主　原作「塞主」，據長編卷一二六改。

〔二〕晉史官緯之曾孫也　「曾」上原衍「從」字。按王珪華陽集卷三七賈昌朝墓誌銘、隆平集卷五、東都事略卷六五本傳，都說昌朝是賈緯的曾孫，據刪。

〔三〕李謙溥守隰州　「隰」原作「慶」，據本書卷二七三李進卿傳論、長編卷一三八改。

〔四〕濱棣德博　「濱」原作「賓」，宋代賓州在廣南西路，於地理上不合。本書卷九一河渠志、長編卷一八一引歐陽脩疏、長編卷一八二引周沆疏，說到六塔河水患，都作「濱、棣、德、博」，據改。

〔五〕晉中書舍人給事中緯之子也　「緯」原作「偉」。按上文賈昌朝傳說賈緯是昌朝曾祖父，本傳說琰是昌朝伯祖父，此「賈偉」與前「賈緯」應是一人。舊五代史卷一三一有賈緯傳，「開運中累遷中書舍人」，「太祖即位，改給事中」，與此處所敍正合。據改。